U0526314

本书获浙江省哲学社会科学规划资助课题

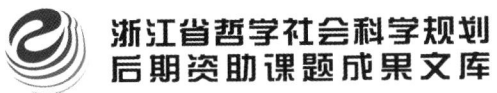
浙江省哲学社会科学规划
后期资助课题成果文库

中国货币政策区域效应理论与实证研究

Zhongguo Huobi Zhengce Quyu
Xiaoying Lilun Yu Shizheng Yanjiu

王丹 著

中国社会科学出版社

图书在版编目(CIP)数据

中国货币政策区域效应理论与实证研究 / 王丹著. —北京：中国社会科学出版社，2015.2
ISBN 978 - 7 - 5161 - 5664 - 3

Ⅰ.①中⋯　Ⅱ.①王⋯　Ⅲ.①货币政策 - 研究 - 中国　Ⅳ.①F822.0

中国版本图书馆 CIP 数据核字(2015)第 041836 号

出 版 人	赵剑英
责任编辑	宫京蕾
特约编辑	李晓丽
责任校对	周　昊
责任印制	何　艳

出　　版	中国社会科学出版社
社　　址	北京鼓楼西大街甲 158 号
邮　　编	100720
网　　址	http://www.csspw.cn
发 行 部	010 - 84083685
门 市 部	010 - 84029450
经　　销	新华书店及其他书店
印刷装订	北京市兴怀印刷厂
版　　次	2015 年 2 月第 1 版
印　　次	2015 年 2 月第 1 次印刷
开　　本	710×1000　1/16
印　　张	12.5
插　　页	2
字　　数	209 千字
定　　价	42.00 元

凡购买中国社会科学出版社图书，如有质量问题请与本社联系调换
电话：010 - 84083683
版权所有　侵权必究

目 录

第一章 导论 …………………………………………………………（1）
  第一节 问题的提出 ………………………………………………（1）
  第二节 研究意义 …………………………………………………（2）
  第三节 研究方法 …………………………………………………（3）
    一 理论分析和实证研究相结合 ………………………………（3）
    二 比较分析方法 ………………………………………………（3）
    三 归纳演绎和逻辑推导方法 …………………………………（4）
    四 调研和访谈 …………………………………………………（4）
  第四节 研究思路与框架 …………………………………………（4）
第二章 相关概念界定及文献综述 …………………………………（8）
  第一节 相关概念界定 ……………………………………………（8）
    一 货币政策的内涵与外延 ……………………………………（8）
    二 区域效应的内涵与外延 ……………………………………（11）
    三 货币政策区域效应的内涵与外延 …………………………（12）
  第二节 对区域的划分和界定 ……………………………………（14）
    一 国外研究中对区域的划分和界定 …………………………（14）
    二 国内研究中对区域的划分和界定 …………………………（15）
    三 本文研究中对区域的划分和界定 …………………………（16）
  第三节 文献综述 …………………………………………………（17）
    一 货币政策区域效应研究方法的述评 ………………………（17）
    二 货币政策区域效应成因的述评 ……………………………（23）
    三 治理区域非均衡政策的述评 ………………………………（32）
  第四节 本章小结 …………………………………………………（39）

第三章　中国货币政策与区域经济：历史演进与现状 (41)
第一节　中国货币政策实践的历史演进与现状 (41)
一　货币政策决策机构的发展历程 (41)
二　货币政策决策机制的国际比较 (43)
三　货币政策工具的阶段性实践 (45)
四　中国货币政策的特殊性 (52)
第二节　中国区域经济差异 (54)
一　区域经济发展水平差异 (54)
二　区域经济结构差异 (57)
三　区域经济周期差异 (62)
四　区域金融结构差异 (64)
第三节　本章小结 (69)

第四章　货币政策区域效应理论模型 (72)
第一节　区域 AD-AS 模型 (72)
一　区域 AD-AS 模型的构建 (72)
二　区域 AD-AS 模型的解释 (75)
三　中国区域 AD-AS 模型的比较 (76)
四　区域 AD-AS 模型的局限性 (77)
第二节　区域货币乘数模型 (77)
一　货币乘数模型的引入 (77)
二　区域货币乘数模型的构建 (78)
三　中国基础货币区域投放和区域货币乘数的比较 (79)
四　区域货币乘数模型的局限性 (80)
第三节　区域货币政策乘数模型 (80)
一　区域货币政策乘数模型的修正 (80)
二　中国区域货币政策乘数差异的实证检验 (82)
三　区域货币政策乘数模型的局限性 (85)
第四节　本章小结 (85)

第五章　中国货币政策区域效应作用机理 (88)
第一节　基于货币政策工具视角的作用机理 (88)
一　再贷款路径 (88)
二　再贴现路径 (90)

三　公开市场业务路径 …………………………………… (91)
　　四　准备金率路径 ………………………………………… (91)
　　五　存贷款利率路径 ……………………………………… (92)
　　六　窗口指导路径 ………………………………………… (93)
　第二节　基于资产价格波动视角的作用机理 ………………… (93)
　　一　货币政策影响资产价格的路径分析 ………………… (93)
　　二　房地产价格传导路径分析 …………………………… (94)
　　三　股票价格传导路径分析 ……………………………… (98)
　第三节　基于区域经济结构差异视角的作用机理 …………… (99)
　　一　产业结构差异 ………………………………………… (99)
　　二　金融结构差异 ………………………………………… (101)
　　三　企业结构差异 ………………………………………… (102)
　　四　国际收支结构差异 …………………………………… (104)
　第四节　基于区域投资收益率差异视角的作用机理 ………… (107)
　第五节　本章小结 ……………………………………………… (109)

第六章　中国货币政策区域产出效应实证研究 ……………… (113)
　第一节　实证研究方法 ………………………………………… (113)
　　一　单位根检验 …………………………………………… (113)
　　二　协整分析 ……………………………………………… (113)
　　三　向量误差修正模型 …………………………………… (114)
　　四　脉冲响应函数 ………………………………………… (115)
　　五　方差分解 ……………………………………………… (115)
　第二节　变量选取、数据来源和变量的平稳性检验 ………… (116)
　　一　变量选取 ……………………………………………… (116)
　　二　数据来源和变量定义 ………………………………… (117)
　　三　变量的单位根检验 …………………………………… (119)
　第三节　货币政策区域产出效应实证研究 …………………… (120)
　　一　货币供给量、利率与区域产出协整分析 …………… (120)
　　二　向量误差修正模型 …………………………………… (122)
　　三　脉冲响应分析 ………………………………………… (127)
　　四　方差分解 ……………………………………………… (131)
　第四节　本章小结 ……………………………………………… (132)

第七章　中国货币政策区域价格效应实证研究 (134)
第一节　实证研究方法 (134)
第二节　变量选取、数据来源和变量平稳性检验 (134)
　　一　变量选取 (135)
　　二　数据来源和变量定义 (135)
　　三　变量的单位根检验 (136)
第三节　货币政策区域价格效应实证研究 (137)
　　一　货币供给量与区域价格协整分析 (137)
　　二　向量误差修正模型 (139)
　　三　脉冲响应分析 (144)
　　四　方差分解 (145)
第四节　本章小结 (146)

第八章　中国货币政策区域效应成因——基于各省份数据的实证分析 (148)
第一节　计量方法说明 (148)
第二节　变量选择和数据来源 (148)
第三节　实证结果及解释 (153)
第四节　本章小结 (155)

第九章　结论与政策建议 (156)
第一节　主要结论 (156)
第二节　政策建议 (158)
　　一　完善货币政策制定模式 (158)
　　二　控制资产价格过快上涨 (161)
　　三　优化区域经济金融结构 (162)
　　四　缩小区域投资效率差异 (165)
第三节　研究展望 (167)

附录 (168)
参考文献 (184)

第一章

导　论

第一节　问题的提出

货币政策是指中央银行通过一定的货币政策工具影响经济变量，进而实现宏观经济目标的一系列政策措施。可见，货币政策是具有总量调控作用的政策工具。但是从现实经济运行来看，区域经济对货币政策的反应并不一致，无论从反应时滞和反应大小来看，都存在着明显的差别。对欧盟、美国、印度、澳大利亚、德国等经济体的研究表明，货币政策区域效应在大国经济中是广泛存在的。

中国人民银行每次采取扩张或紧缩的货币政策，客观上都对区域经济造成了不同的影响。比如，2007年人民银行通过频频加息和多次提高准备金率的方式实施紧缩的货币政策，导致珠三角和长三角地区中小企业由于资金链中断出现了大面积的倒闭，对东部地区经济造成了较大的冲击。货币政策对区域经济的差异性影响已经成为备受关注的问题。

我国区域经济之间存在较大的差距，根据国务院发展研究中心（2005）对我国区域的划分方式，我国内地区域可以划分为东部、中部、西部、东北四大板块。这四大板块之间存在着显著的差异，东部沿海地区大部分省份经济发达，人均收入水平较高；东北地区人均收入在四大板块中位列第二，但是由于国有经济比重较高，经济增长速度缓慢，企业对市场信号反应较不敏感；中部地区人均收入水平低于前两个地区；西部地区人均收入水平最低，资金投入产出率低于其他地区。四大区域的产业结构、企业结构、对外开放程度、市场化程度等也存在较大的差异。在这样的区域经济差异下，货币政策对区域经济的影响必然会存在显著的不同。如果货币政策的制定和实施缺乏对区域经济的考虑，很可能导致货币政策对区域经济产生较大的负向效应，进一步扩大区域经济发展差距，对区域经济协调发展造成不利影响。

目前对货币政策区域效应作用机理的研究却还仅仅止步在对于现实经验的局部性总结，以定性分析居多，缺乏理论分析框架。少量的实证研究由于变量的选择、样本的区别、方法的应用等存在一定差别，得出了差异较大甚至彼此相反的结论。可见，有必要研究在中国特定的经济金融环境下，货币政策对区域经济的影响模式和导致区域效应产生的原因。

基于以上的思考，本书选择了"中国货币政策区域效应理论与实证研究"作为研究主题，试图回答几个问题：

第一，我国货币政策是否对区域经济产生了差异性的影响？我国货币政策效应的区域差异程度有多大？

第二，哪些因素会引起我国货币政策效应的区域差异？我国货币政策是通过怎样的作用机理对区域经济产生影响的？

第三，如何减少我国货币政策对区域经济产生的负向效应？

第二节 研究意义

从目前已有的研究来看，国外对于货币政策区域效应研究主要集中在实证上面，理论较少；而国内的研究较为初步，大多数为对现实经济的定性总结，只有少数的实证研究。本书首次建立了适合中国货币政策区域效应的理论分析框架，分析了中国货币政策区域效应的作用机理。对中国的经验数据进行分析，定量研究了中国货币政策效应的区域差异程度，并对货币政策区域效应的成因进行了有针对性的检验。为中国货币政策区域效应的研究提供了较为规范的理论和实证分析框架。

我国属于发展中国家，又经历了市场化改革的转轨阶段，与国外相比，我国的区域差异不仅仅体现在规模、结构等简单的差异上，还体现在由体制导致的更复杂的差异上。央行独立性、货币政策制定过程、操作模式、政策实施环境与国外都存在很大不同，货币政策的执行方式和操作工具等也经历了明显的变迁，货币政策的区域传导更加复杂，中国的货币政策区域效应研究也因此具有更大的复杂性和挑战性。有必要对中国的经验数据进行分析，得出适用于我国经济现实的结论，并就此提出减少货币政策变动对区域负向影响的政策建议，这对区域经济协调发展而言具有重要的现实意义。

可见，对中国货币政策区域效应进行系统和深入的研究具有重要的理论和现实意义。

第三节　研究方法

一　理论分析和实证研究相结合

在理论分析上，引入 AD – AS 模型，刻画了货币政策对区域经济的几种影响模式，并结合现实分析了我国货币政策区域效应可能遵循的理论模式。引入了货币乘数模型和货币政策乘数模型分析货币政策对区域经济的作用机制。由于货币政策扩张和紧缩对于各个区域影响的非对称效应，乘数机制无法刻画货币政策对区域经济影响的所有特征，本书结合货币政策对产业、企业、商业银行、资产价格等各种渠道的传导机制，对货币政策区域效应的作用机理进行了进一步的具体分析。

在实证研究方面，本书采用了时间序列动态计量方法分别对我国货币政策区域产业效应和区域价格效应进行了分析，首先对相关变量进行单位根检验，分析变量是否具有平稳性；并对各个变量的时间序列进行了协整检验，在此基础上建立了 VEC 模型，并得出各个区域的脉冲响应函数，对各个区域产出和价格变量受货币政策冲击后的动态响应结果进行了比较，并通过方差分解得出了货币政策对区域产出和价格影响的贡献程度。

通过对各个省份的 VEC 模型进行估计，得出了各个省份的产出对货币政策冲击的累积脉冲响应值，采用了变量相关散点图相结合的方法检验了我国经济的结构性差异对货币政策区域效应的影响。

二　比较分析方法

由于本书主要的研究目的在于分析货币政策对各个区域的差异性影响。因此比较分析方法贯穿于全书的始终。

第一，对各个区域经济发展程度、区域经济结构差异、区域经济周期差异、区域金融结构差异进行了比较，得出结论认为，货币政策在这样的实施环境中对区域经济会产生差异性的影响。

第二，比较分析了东部发达地区和中西部欠发达地区 AS 曲线的斜率差异，在此基础上，得出我国区域经济受货币政策影响后产出和价格变动的差异。

第三，比较分析了东部发达地区和中西部欠发达地区基础货币分布差异、通货—存款比率差异、存款准备金比率差异，得出货币供给量变动差异。

第四，比较分析了区域货币政策乘数差异，得出了货币政策变动对区域经济的差异性影响。

第五，用比较分析的方法解释了各个区域产出和价格对货币政策冲击的动态响应结果。

第六，比较了美国联邦储备银行和中国人民银行区域分支行在货币政策决策中所起的作用。在此基础上，提出货币政策制定和实施时应充分考虑货币政策区域效应。

三　归纳演绎和逻辑推导方法

通过对人民银行演变历程和货币政策工具的阶段性实施的考察，归纳出我国货币政策在对区域经济影响方面的几个特殊性，这是货币政策区域效应作用机理分析的基础。

通过货币政策对产业、企业、商业银行、资产价格、国际收支差额等因素的差异性影响，推导出货币政策区域效应的作用机理。

四　调研和访谈

笔者曾多次向人民银行相关部门了解货币政策在区域分支行的实际操作情况。也多次对商业银行直接从事信贷工作的相关人员进行访谈，了解货币政策调控对股份制商业银行和区域中小银行的信贷发放和回收的影响，以及不同规模的企业受宏观经济调控的影响程度。

第四节　研究思路与框架

本书以中国货币政策对区域经济影响存在差异性的事实为问题导向，分析了在中国特定的经济金融环境下，货币政策对区域经济影响的理论模式，货币政策对区域经济产生差异性影响的作用机理；并实证研究了货币政策区域效应各个地区的差异程度，检验了货币政策区域效应的影响因素和传导途径。最后提出了减少货币政策对区域经济负向效应的对策建议。

除第一章导论外，本书主体共分为四个部分。

第一部分：包括第二章和第三章，研究基础篇。

第二章是相关概念的界定和文献综述。货币政策区域效应是一个比较新的研究课题，在不同的文献中，货币政策和区域效应的含义并不一致。因此在对相关概念的界定当中，本书介绍了货币政策和区域效应的内涵和相关研究对货币政策区域效应的衡量方式。对不同地区和国家的货币政策区域效应的研究进行了梳理，并总结归纳了货币政策区域效应各时期的研究方法、货币政策区域效应的成因、应对区域非均衡政策等方面的相关研究。已有文献表明，无论从理论还是从实证研究而言，货币政策区域效应都存在着很大的研究空间。

第三章介绍了中国人民银行的发展历程，把货币政策实施历程分为直接调控和间接调控两个阶段，并比较了直接调控和间接调控下货币政策的实施效果。通过对人民银行演变历程和货币政策工具的阶段性实施的考察，发现中国货币政策具有几个可能对区域经济产生差异性影响的特殊性。对我国的区域经济发展水平差异、区域经济结构差异、区域经济周期差异、区域金融结构的差异进行了分析，认为货币政策在这些差异下可能会对我国各个区域的经济产生不同的影响。

以上分析表明，我国的货币政策区域效应的研究既要采用国外的理论和实证研究方法，也要联系我国货币政策的特殊性和区域金融经济差异的实际，对我国货币政策对区域经济的影响进行具体的分析。这就引出了本书的第二部分：我国货币政策区域效应的理论模型和作用机理。同时，第三章中对区域经济金融差异的定性和定量的描述为我国货币政策区域效应机理分析提供了经验证据。

第二部分：第四章和第五章，理论篇。

第四章分析了在区域 AD – AS 模型中，货币政策冲击区域经济达到新的均衡后产出和价格变动；并试图结合实际情况对我国的货币政策对区域价格和产出影响的模式进行了分析和推断。把货币乘数模型应用到了货币政策区域效应当中，分析了我国的区域基础货币投放差异，比较了区域货币乘数。并引入了区域货币政策乘数模型，比较了我国区域货币政策乘数的大小。为货币政策区域效应的理论模型分析提供了标准的研究范式。

尽管传统的宏观经济学理论提供了货币政策区域效应作用机理的理论分析框架。但是由于货币政策扩张对于我国各个区域的影响与货币政策紧缩对于各个区域的影响存在明显的非对称效应，而且货币政策影响区域经济的机制也受到多种因素的作用，乘数机制无法刻画货币政策对区域经济影响的所有特征，需要对货币政策区域效应的作用机理进行更具体的理论和实证分析。这就引出了本书的第五章，中国货币政策区域效应作用机理。

第五章结合货币政策相关理论和中国经验事实和数据，从货币政策工具、资产价格波动、区域经济金融结构差异、资金投资收益差异等视角分析了我国货币政策对区域经济影响的具体作用机理。机理分析表明，有些因素导致货币政策对东部地区的影响比较大，有些因素又导致了货币政策对中西部等地区的影响比较大，而货币政策导致的区域正向效应和负向效应也并不对称。因此要得出货币政策对区域经济的具体影响程度，还需要通过对中国的现实数据进行经验研究加以具体分析。而作用机理当中所列的各种成因与货币政策效应的区域差距二者之间的相关程度，也需要通过实证分析进行检验。这就引出了第六章，中国货币政策区域产出效应实证研究。

第三部分：第六章、第七章、第八章，实证篇。

本篇的实证研究解答了以下几个问题：第一，检验我国货币政策区域效应是否存在；第二，检验各个地区的货币政策效应存在怎样的差异；第三，检验货币政策区域效应的影响因素和传导途径。

在理论和机理分析的基础上，本篇通过单位根检验、协整检验、VEC模型、脉冲响应函数、方差分解研究了我国货币政策的区域产出效应和价格效应。并采用了变量相关散点图的方法分析了我国货币政策效应的成因。

货币政策区域产出效应实证结果表明：中部地区受货币政策影响的区域效应较大，东部次之，东北地区较低，西部地区最低。货币政策区域价格效应实证结果表明：各个区域价格的动态响应程度较为类似，货币政策冲击基本没有造成我国各个区域价格出现差异性的变动。我国货币政策区域效应成因的实证结果表明：产业结构、企业结构、国际收支结构、银行结构在解释货币政策区域效应上具有显著性。

第四部分：第九章，结论和政策篇。

第九章总结了本书主要观点，针对我国货币政策效应对区域经济影响的差异性，具体从完善货币政策制定模式、控制资产价格过快上涨、优化区域经济金融结构、缩小区域投资效率差异四个方面提出了相应的政策建议,最后展望了未来的研究方向。

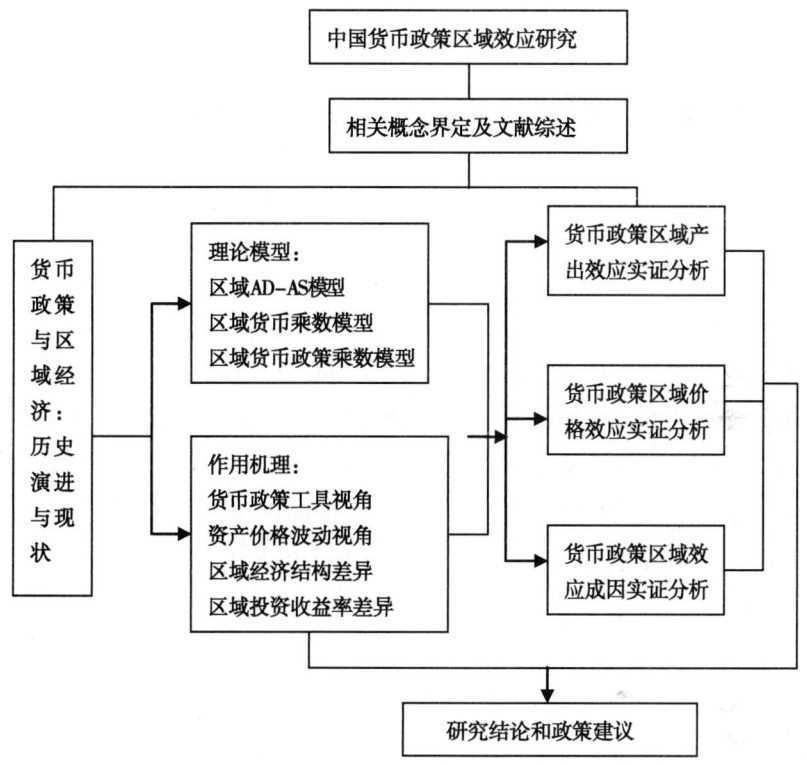

图1.1 研究框架图

第二章

相关概念界定及文献综述

货币政策的非对称效应是广泛存在着的，可以分为以下几个领域：包括货币政策扩张和紧缩的非对称效应、货币政策的产业非对称效应、货币政策的时间非对称效应、货币政策的区域非对称效应。

在各个领域中，区域非对称性无疑是这些领域中被予以最多关注的。从欧盟、美国、印度、澳大利亚、德国等经济体的研究来看，区域效应在大国经济中是广泛存在的；由于我国和国外的经济环境存在着很大的差异，结构失衡情况相当严重，经济发展水平、经济发展阶段都不处在同一个层次上，区域效应更加明显。并且我国利率尚未完全市场化，对于货币总量的调控手段与国外存在差异，货币政策的利率传导途径以及货币政策的信贷传导途径和国外存在显著的不同，针对我国货币政策区域效应的研究很有必要。但是这个问题在我国学术界所受的关注还远远不够。本书将对货币政策区域效应的相关概念进行界定。并且对国内外文献所研究的几个基本问题分别进行综述，包括货币政策区域效应的研究方法、货币政策区域效应的成因、治理区域非均衡的对策三个方面。

第一节 相关概念界定

一 货币政策的内涵与外延

在货币政策区域效应的研究中，货币政策本身的含义相当广泛，有的学者以准备金、再贴现率、公开市场业务等货币政策的工具来表示，有的学者用基础货币来表示，有的学者用货币供给量或者信贷总量等货币政策中介目标来表示，也有的学者用联邦基金利率或者短期利率等货币政策的执行目标来表示。对于发达国家的研究大多使用利率作为货币政策衡量指标，而对于发展中国家的研究则倾向于货币供给量、信贷总量或者贷款总量，原因是货币政策的变动在发达国家基本是以利率的变动为执行目标的，而发展中国家则经常是用货币总量作为货币政策中介目标。

外文文献大部分时候都是用利率作为货币政策的衡量指标。例如卡里诺和蒂凡那（Carlino & DeFina, 1998）对于美国货币政策区域效应的研究使用的指标是联邦基金利率。德·卢西奥和伊兹奎尔多（De Lucio & Izquierdo, 1998）使用了 1980 年 1 月到 1995 年 4 月的季度数据研究了统一货币政策对西班牙各地区的不同影响。并选用了利率、M3 等作为货币政策变量。阿什克拉夫特（Ashcraft, 2001）的美国各个州对货币政策实施反应的研究采用了联邦基金利率作为货币政策变量。阿诺德和弗拉格特（Arnold & Vrugt, 2004）在货币政策对于德国区域产出影响的研究中，使用了名义短期利率作为货币政策指标。佩尔斯曼（Peersman, 2004）分析了欧洲中央银行货币政策是否在欧元区国家存在差异，同样使用了名义短期利率作为货币政策指标。

表 2.1　国外研究中货币政策和区域效应衡量指标、样本期间对比

	国家和地区	货币政策衡量指标	区域效应衡量指标	样本期间
菲什坎德 Fishkind（1977）	美国	货币供应（M2）增长率	产出、个人收入、就业量、失业率	Y1948—1970
卡里诺和蒂凡那 Carlino & DeFina（1998, 1999）	美国	联邦基金利率	个人真实收入和就业率	Q1958.1—1992.4
德·卢西奥和伊兹奎尔多 De Lucio & Izquierdo（1998）	西班牙	货币供应（M3）和名义利率	就业	Q1980.1—1995.4
弗兰坦东尼和舒 Frantantoni & Schuh（2001）	美国	联邦基金利率、30 年期名义按揭利率	人均真实房产投资额、人均真实非房产 GDP	Q1966.1—1998.2
阿什克拉夫特 Ashcraft（2001）	美国	联邦基金利率以及货币供应（M1）	总收入和真实个人收入	Q1969.1—1999.4
巴尔塞尔斯和诺威尔 Balcells & Novell（2001）	欧盟	欧盟整体利率	GDP	Y1960—1997
纳恰内、雷和高希 Nachane, Ray & Ghosh（2002）	印度	真实货币供给增长率（M3/P）	GDP、食品价格与总体价格之比	Y1969—1999
吉亚琴托 Giacinto（2002）	美国	联邦基金利率	个人收入增长率	Q1958.2—2000.4
申克 Schunk（2003）	美国	联邦基金利率	真实个人收入	Q1959.1—2003.2

续表

	国家和地区	货币政策衡量指标	区域效应衡量指标	样本期间
阿诺德和弗拉格特 Arnold & Vrugt(2004)	德国	名义短期利率	真实 GDP	Y1970—2000
佩尔斯曼 Peersman(2004)	欧盟	短期名义利率	真实 GDP	Q1980.1—1998.4
韦伯 Weber(2006)	澳大利亚	货币供应(M1)	GSP(州总产出) SFD(州最终需求)	Q1985.4—2001.1
汉森、赫斯特和帕克 Hanson, Hurst & Park(2006)	美国	联邦储备利率	真实人均收入	Q1970.2—2003.4

注：M 表示月度数据、Q 表示季度数据、Y 表示年度数据。区域效应衡量指标都是地区范围的指标，货币政策衡量指标中未注明的都表示全国指标。

而发展中国家研究使用的是货币总量作为衡量货币政策的指标。纳恰内、雷和高希（Nachane, Ray & Ghosh, 2002）在对印度货币政策区域效应的研究中，把真实货币供给定义为 M3/P，用真实货币供给的增长率作为衡量货币政策的指标①。

国内的研究者大部分用的是 M1/M2、贷款总量等指标来衡量货币政策。这主要是因为我国的利率尚未市场化，利率的变动只能代表我国货币政策实施的一部分，并没有 M1、M2 那么有代表性。于则（2006）的货币政策代理变量采用了货币政策供给量 M2。张晶（2006）的货币政策变量选取狭义货币供应量 M1 和广义货币供应量 M2 的相应月度数据，通过同期全国的工业品出厂价格把货币政策变量修正为真实货币供应量②。

表2.2　　国内研究中货币政策和区域效应衡量指标、样本期间对比

	货币政策衡量指标	区域效应衡量指标	样本期间
于则(2006)	M2（广义货币供应量，下同）	GDP	Y1990—2003
李海海(2006)	M2	GDP、CPI	Y1985—2004
刘玄、王剑(2006)	M2	工业总产值	M1997.1—2004.8
丁文丽(2006)	信贷量、M2	GDP	Y1993—2002

---

① 关于国外货币政策衡量指标的对比见表2.1。
② 关于国内货币政策衡量指标的对比见表2.2。

续表

	货币政策衡量指标	区域效应衡量指标	样本期间
张晶（2006）	M1（狭义货币供应量和）M2	工业增加值	M2000.4—2005.12
周孟亮、李明贤（2007）	金融机构贷款额	GDP、CPI	Y1978—2004
张晶（2007）	各地区国有银行贷款额	人均GDP	Y1978—2005
吴伟军、方霞（2008）	利率	消费增长率	Y1984—2006
蒋益民、陈璋（2009）	M2、金融机构贷款余额	实际GDP、GDP评价指数	Y1978—2006
李宝仁、邬琼、杨倩（2011）	现金投放&金融机构存款	实际GDP	Y1994—2009
何丽娜（2012）	广义货币供应量（M2）	真实GDP、CPI	Q2004.1—2011.2

注：M表示月度数据、Q表示季度数据、Y表示年度数据。区域效应衡量指标都是地区范围的指标，货币政策衡量指标中未注明的都表示全国指标。

也有部分文献从货币政策工具角度研究货币政策区域效应。耿同劲（2003）分析了区域间经济差异对法定存款准备金率、再贷款率、再贴现率、公开市场业务等货币政策工具以及基础货币投放和贷款效应的影响。焦瑾璞、孙天琦、刘向耘（2006）货币政策分为存款准备金率、再贴现、再贷款、信贷政策四个方面研究了货币政策区域效应。

在本书的理论和机理分析当中，人民银行为了实现最终目标而采取的一系列政策措施都可以归结为货币政策。比如在货币政策区域效应作用机理分析当中，从货币政策工具角度分析货币政策区域效应作用机理时，对区域经济产生影响的各种货币政策工具都属于货币政策的范畴。在实证分析当中，货币政策则主要是以广义货币M2作为衡量指标。

二 区域效应的内涵与外延

不同的文献对区域效应的衡量方式大多采用可以代表经济发展状况的各类指标。菲什坎德（Fishkind，1977）对比了美国货币政策对于印地安纳州的经济效应和全国的经济效应，选择了总产出、个人收入、总就业量、失业率、转移支付等作为印地安纳州和美国经济的衡量指标；卢西奥和伊兹奎尔多（De Lucio & Izquierdo，1998）对西班牙统一货币政策区域影响的实证研究采用了就业作为最终效应的衡量指标；卡里诺和蒂凡那（Carlino & DeFina，1998）采用了个人真实收入和就业率衡量货币政策带来的区域效应；阿什克拉夫特（Ashcraft，2001）研究了美国各个州总收入对于货币政策的反应；纳恰内、雷和高希（Nachane，Ray & Ghosh，2002）在对印度的研究中除了使用GDP之外，还用了食品价格与总体价格之比作为衡量货币政策效应的变量进行VAR分析。因为新兴市场化国家经济通常对于食品价格比较敏感。食品构成了他们消费组合的重要组成部分，尤其是在落后地区，大部分收入都被用于购买食品，因此，食品价格指数作为一个变量包含在内；欧扬和沃尔（Owyang & Wall，2005）对美国货币政策传导的区域差异研究选用了CPI（消费者物价指数）、PI（个人收入总量）作为衡量区域效应的指标[①]。曾拥政（2011）采用实际投资来衡量货币政策的区域投资效应。

可见，区域效应是指各个区域对于货币政策冲击产生的不同反应，这种反应可以用货币政策最终目标来衡量，包括区域收入、区域就业以及物价等指标。最主要的两大指标就是价格和产出。本文的实证分析当中就采用了区域产出和区域物价水平来衡量区域效应。

三 货币政策区域效应的内涵与外延

在不同的研究文献中，货币政策区域效应的含义并不完全一致。拜厄斯（Bias，1992）把已有的研究文献分为两类：一类是统一货币政策对于区域金融变量的影响，另一类是统一货币政策对于区域非金融变量的影响。宏观货币政策对于区域非金融变量的影响是通过区域金融变量间接作用于区域非金融变量实现的。

具体来讲，货币政策对于如个人收入或者就业这样的地区非金融变量影响要经过这样的传导过程：首先是宏观货币政策影响如区域货币供应等这样的地区金融变量，然后再通过地区金融变量影响地区非金融变量，或者我们可以称为实际经济变量。我们可以把货币政策的区域效应分为两个阶段：第一个阶段是货币政策到金融变量传导的阶段，也就是统一货币政策对于区域金融变量的影响；第二个阶段是从金融变量向实际经济变量传导的阶段。在国内研究中，周孟亮也提出类似的划分方法，把货币政策传导机制分为内部传导机制和外部传导机制。

目前绝大多数实证研究都属于宏观货币政策对于区域经济变量影响的

[①] 关于国外区域效应衡量指标的对比见表2.1。

研究。例如卡里诺和蒂凡那（Carlino & DeFina，1998）就选用了联邦基金利率、非借入准备金等衡量货币政策，检验了对个人真实收入和就业率表示美国八大区域①真实经济的影响。阿什克拉夫特（Ashcraft，2001）研究了货币政策对于美国各个州产出的影响。埃尔伯恩和哈恩（Elbourne & Haan，2004）研究了10个EU国家价格和产出对于货币政策的反应。阿诺德和弗拉格特（Arnold & Vrugt，2004）估计了从1970—2000年间利率对于德国区域产出的影响。另外，弗兰坦东尼和舒（Fratantoni & Schuh，2003）、欧扬和沃尔（Owyang & Wall，2005）、汉森、赫斯特和帕克（Hanson、Hurst & Park，2006）等大部分研究都属于这个范畴之内的。

我国的大部分研究也是如此。例如，刘玄和王剑（2006）对于货币政策传导区域差异的研究，实证检验了M2对于实体经济最终产出的影响；丁文丽（2006）对于东中西部广义货币供给量和信贷量与国内生产总值和物价指数之间因果关系的研究；周孟亮、李明贤（2007a）用全国金融机构贷款作为中央银行统一货币政策的指示变量，选取国内生产总值作为全国和区域层面的产出指标，全国和区域层面的居民消费物价指数作为物价指标，选取全国层面的金融机构贷款作为我国货币政策的指示变量。

关于宏观货币政策对于区域金融变量的影响，研究文献相对较少。琼恩和米勒（Jeon & Miller，2003）检验了基础货币衡量的货币政策变动对于美国各个地区银行贷款变动的影响。周孟亮、李明贤（2007b）从两方面分析了货币政策内部传导的区域差异，他们所提出的内部传导是指中央银行到商业银行金融机构的传导过程。

在本书当中，货币政策区域效应是指统一货币政策冲击对一个国家各个地区经济的差异性影响。这个影响效果通常是由区域内的产出或者是价格来衡量。此外，本书把货币政策扩张对区域经济的正向促进作用界定为货币政策对区域经济的正向效应，把货币政策紧缩对区域经济的负向冲击作用界定为货币政策对区域经济的负向效应。

---

① 美国八大经济区域是美国BEA（Bureau of Economic Analysis，美国经济分析局）提出的划分标准，以下本书均简称为BEA八大区域。

第二节 对区域的划分和界定

一 国外研究中对区域的划分和界定

大多数对于美国的研究都是根据美国 BEA 八大区域或者是分为 48 个州进行研究的。卡里诺和蒂凡那（Carlino & DeFina，1998a）按照 BEA 八大区域的划分方法研究货币政策冲击对于区域经济是否具有非对称效应，研究表明五个核心区域——新英格兰、中东、平原、东南和平原以西——对于货币政策的反应与美国平均的反应比较接近，另外三个非中心地带则很不相同，五大湖地区对于货币政策变动明显更敏感，而其他两个（西南和洛基山脉）地区敏感度比五大湖地区高出很多。

卡里诺和蒂凡那（Carlino & Defina，1998b）在货币政策区域效应相关研究结论的基础上构建了一个指数，根据对于统一货币政策敏感性，把欧盟各个国家进行了排名。指数表明国家可以分为三类：芬兰、爱尔兰、西班牙可能对于货币政策冲击的反应最大；而法国、意大利和荷兰相反，可能反应相对较小；而奥地利、比利时、葡萄牙、德国、卢森堡可能接近欧盟的平均水平。

卡里诺和蒂凡那（Carlino & DeFina，1999）使用时间序列技术检验了货币政策对于 1958 年 1 月到 1994 年 4 月期间的美国各个州的区域效应。研究表明，以建筑业和耐用品制造业为代表的利率敏感产业比重较高的地区对于货币政策的反应更强烈，受货币政策影响更大。有些州则对于货币政策冲击很不敏感，但是这些州对于能源价格的变化却非常敏感，能源价格的相对下降会使他们的真实个人收入下降，他们主要以钻探业和采矿业为主。相反，有些州以能源消耗为主，如新泽西州，能源相对价格涨幅下降 1 个百分点使得他们个人真实上升 2 个百分点。他们也发现科罗拉多州约、北卡罗来纳州对于货币政策反应的敏感度比全国平均水平要低。其中一个原因是这些州利率敏感的产业所占比重较低。

又比如，纽约的金融、保险和不动产与平均水平相比具有更高的集中度，这使得纽约的反应程度比较小。纽约建筑业和耐用品制造业占比小也是反应有限的原因之一。

弗兰坦东尼和舒（Frantantoni & Schuh，2001）、欧扬和沃尔（Owyang

&Wall，2005）用不同的方式对美国各地区进行了划分。他们在BEA划分方法的基础上把48个州进一步划分为19个地区，每个地区都包括某个BEA地区中的2—4个州。他们用这个19个地区代替原本的BEA八大地区重新评价了前面使用的VAR模型的结论。

舒（Schunk，2003）通过两个样本期间对于联邦基金利率对每个州的冲击效应进行研究，发现随着各个州资本密集程度的下降，货币政策对于各个州影响的差异程度也下降了。

韦伯（Weber，2003）把澳大利亚分为两个地区：一个是温和的东南部地区，以制造业和服务业为主；另一个是广大的内陆和北部地区，以采矿业和畜牧业为主。货币政策对于内陆和北部地区的影响比东南部人口中心的影响更大，因为初级产品主要用于出口，而服务业则在国内消费。并认为澳大利亚联邦储备银行必须协调内陆和北部地区以及东南部沿海的经济利益。

之所以很多作者把各个较小的区域（例如美国的各个州）界定为几个较大范围的区域，原因是对太多的区域进行研究将会很大程度上的减少自由度，尤其是VAR（Vector Autoregressive）模型或者是联立方程组系统。

二 国内研究中对区域的划分和界定

由于我国各个地区存在结构性差异，各区域具有复杂多变的经济特征，对于我国货币政策区域效应研究中的区域划分方法也各不相同。

最常见的划分方式是东、中、西三大地带的划分方式。贾卓鹏、贺向明（2004）用最优货币区理论解释我国单一货币政策对各地区影响的研究中，把我国分为东、中、西三大地区。吴旭、蒋难、唐造时（2004）从我国金融发展区域化角度分析金融调控政策区域化时也采用了东、中、西部三大经济带。耿同劲（2003）、周孟亮、王凯丽（2005）、刘玄、王剑（2006）、张晶（2007）、周孟亮、李海艳（2007）也都采用了东、中、西部这样的划分方法。

也有学者采取了不同的划分方式。中国人民银行九江市中心支行（1999）把我国各个地区归为欠发达地区和发达地区两类，认为货币政策收缩阶段，欠发达地区反应比发达地区明显；货币政策扩张阶段，发达地区反应比欠发达地区明显。并以江西省九江市为例，指出即使是在信贷呈扩张趋势的1998年和1999年第一季度，江西省九江市金融机构供应明显偏紧。谢国忠（2005）认为我国存在着三种不同的经济状况，长三角和珠三角的发达省份应该实施紧缩的货币政策；北部、中部地区和长江上游地区等落后省份，应该采取扩张的货币政策。而长三角和珠三角的周边地区，比如江西、安徽和山东应该采取介于发达省份和落后省份之间的货币政策。于则（2006）把我国各个省、自治区分为东部、中部、西部、京津冀和东北5个区域。丁文丽（2006）通过聚类分析对我国31个省、市、自治区重新分类，分为与传统东中西部分类不同的新东中西部三大区域，并在这个分类基础上对中国货币政策效力区域非对称性进行了经验证明。李海海（2006）把我国31个省、市、自治区分为北部沿海、东部沿海、南部沿海、黄河中游、长江中游、大西南、大西北、东北八大综合经济区。周孟亮、李明贤（2007）用VAR模型对于货币政策区域差异性研究进行实证研究时，采用了从我国东部、中部和西部地区分别选取了两个代表性省份的方法。蒋益民、陈璋（2009）也采用八大经济区的划分方法。何丽娜（2012）采用樊纲等（2010）东、中、西三大区域的划分方法，其依据是根据市场化程度和经济周期波动相似度进行的聚类划分。

当然，也有的学者采取了并不以地理区域为标准的划分方式。吴国华（2004）认为，与对各个地区影响相比，货币政策变动导致的城乡间、大小企业间、企业与居民间的差异更加明显。蒋晓婕、马晔华（2007）运用VAR向量自回归模型，检验了货币政策冲击在城市和农村地区的不同反应深度和反应时滞，认为导致货币政策城乡传导差异的首要原因在于农村信贷供求失衡，提出了疏通农村货币政策传导渠道的对策建议。

三 本书研究中对区域的划分和界定

国务院发展研究中心（2005）发表报告指出，中国传统的东、中、西三大地带的区域划分方式不能精确刻画中国的区域经济特征，应该把中国内地划分为"东部、中部、西部、东北四大板块，并将四大板块划分为八大综合经济区"①。曹永琴（2007）在分析中国货币政策效应的区域差异时就采纳了这种划分方法。中国人民银行从2004年开始发布的《中国区域金融

---

① 根据国务发展研究中心（2005）的报告，这八大综合经济区具体划分为东北综合经济区（辽宁、吉林、黑龙江）、北部沿海综合经济区（北京、天津、河北、山东）、东部沿海综合经济区（上海、江苏、浙江）、南部沿海综合经济区（福建、广东、海南）、黄河中游综合经济区（陕西、山西、河南、内蒙古）、长江中游综合经济区（湖北、湖南、江西、安徽）、大西南综合经济区（云南、贵州、四川、重庆、广西）、大西北综合经济区（甘肃、青海、宁夏、西藏、新疆）。

运行报告》也采用了东部、中部、西部、东北四大板块划分方法。

本书也按照以上的划分方法把中国内地划分为东部、中部、西部、东北四大板块，但是并没有进一步划分为八大综合经济区。原因在于，八大综合经济区的划分方式应用并不广泛，八大综合经济区彼此之间的差距不像东部、中部、西部、东北四大板块那样具有差距显著的特征，不利于区域间的横向比较。

东部地区包括北京、天津、河北、山东、上海、江苏、浙江、广东、海南、福建十个省和直辖市；中部地区包括湖南、山西、安徽、江西、河南、湖北六个省；西部地区包括陕西、内蒙古、甘肃、宁夏、青海、新疆、重庆、四川、广西、云南、贵州、西藏十二个省、自治区、直辖市；东北地区包括辽宁、吉林和黑龙江三个省。在本书以后的内容当中，除非特别注明，否则这四大地区均按照上述标准划分。

本书分析当中也常常采用把中国的区域划分为东部发达地区和中西部等欠发达地区的二分法，这种划分方法大部分用于我国货币政策区域效应的理论分析和作用机理分析当中。

第三节　文献综述

一　货币政策区域效应研究方法的述评

对于货币政策区域效应的实证研究方法是以卡里诺和蒂凡那（Carlino & DeFina, 1996, 1998, 1999）的一系列研究为分界线的。

卡里诺和蒂凡那（Carlino & DeFina）之前，我们可以把研究方法大致划分为最优货币区理论、宏观结构模型、简化模型。在流派上还可以分为货币主义、凯恩斯主义、古典综合主义、新凯恩斯主义、后凯恩斯主义等。并且研究还结合了国际贸易、国际金融等理论。关于这些经济学流派和国际贸易、国际金融等理论的经典内容可以在相关教科书上找到，本书不再赘述。

而卡里诺和蒂凡那（Carlino & DeFina）之后建立在 VAR 方法上的研究较少涉及学术流派归属的讨论，更多地倾向于对问题的实证研究。从方法上来讲，VAR 方法代表了计量方法的进化，它是支持卡里诺和蒂凡那（Carlino & DeFina）之后所有研究的技术基础。VAR 计量方法让研究者可以专注于自己要考察的因素和结果，而不需要包含其他的宏观变量，VAR

方法应用之后，货币政策区域效应的研究完全进入了一个全新的时代。

（一）最优货币区理论

最优货币区理论是最早的研究货币政策区域效应的一个理论框架。由蒙代尔（Mundell，1961）提出，最早由麦格尼菲柯（Magnifico，1973）应用在欧洲货币联盟中。根据这个方法，在存在结构性差异的情况下，统一的货币政策将会存在区域非对称效应。由于采用统一的货币，区域间无法通过贬值调节经济波动，只有经济具有足够的灵活性时，非对称性冲击才可以获得补偿，例如工资和价格的弹性和生产要素的流动性。目前已经有很多这方面的文献，试图识别欧洲货币联盟（EMU）国家是否满足这些经济灵活性的要求。但是对于欧洲货币联盟是否是最优货币区这个问题始终存在争议（富恩特斯和道（Fuentes & Dow，2003））。贾卓鹏、贺向明（2004）用最优货币区标准来衡量我国区域经济状况，认为我国作为单一货币区没有达到最优货币区标准，我国单一的货币政策可能加剧地区间的不平衡。但是文章没有论证单一货币政策加剧地区间不平衡的传导机理。宋旺、钟正生（2006）根据生产力自由流动标准、产品多样化标准、经济开放度标准、通货膨胀率标准，得出我国仍未达到最优货币区标准，实行单一货币政策将导致货币政策区域差异效应出现。黄国妍（2009）从最优货币区理论出发，检验我国货币政策区域效应，发现我国仍未达到最优货币区标准。

最优货币区方法在分析货币政策区域效应上具有一定局限性，在最优货币区理论框架下，只能判断货币政策效应是否存在区域差异，无法分析货币政策区域效应的具体作用机理。

（二）大型宏观经济模型

宏观结构模型是通过宏观经济中重要变量之间的关系，列出联立方程，并通过实际数据对这些联立方程的参数进行估计，得出宏观变量之间的关系。因为理论基础的不同，宏观结构方程有各种不同的形式。

菲什坎德（Fishkind，1977）选用了帕廷金（Patinkin，1965）提出的宏观结构，并且进行了修改，使这个宏观结构可以反映州经济的特殊情况，并以国际贸易理论为模型的出发点，指出州经济体和小国经济体有很多相似之处，因为两者都是小型、开放的经济体，他们都受到外部贸易部门的强烈影响。最终得出的宏观结构模型包含了34个同步方程的非线性动态体系，其中包含了24个变量。该模型认为货币政策通过三种方式发生作用：资本的成本、资本的可获得性、财富效应。

加里森和张（Garriosn & Chang, 1979）对美国八个地区进行了实证检验，认为货币政策和财政政策对于那些耐用品制造业集中度更高的地区影响更大。（富恩特斯和道 Chase, 1981）对美国八个地区（四个城市和四个农村）的区域模型进行了估计，这个模型包含了 164 个方程、114 个恒等式和 38 个外生变量（Dow and Fuentes, 1997）。

但是，进入 20 世纪 90 年代，使用大型宏观结构模型的学者越来越少，因为大型宏观结构模型的数据难以获得，并且存在估计不准确的缺陷。

（三）简化模型

简化模型是指把地区经济的结构方程列出后，解出每个地区的简化形式方程。衡量经济行为的衡量指标是内生变量，而全国政府支出、税收入和货币供给等是外生变量。贝尔（Bear, 1976）的相关成果是这个领域早期影响力较大的文献。他用加拿大的数据估计了一个简化模型，以评价货币供给的区域影响。

与宏观结构模型相比，简化模型的优势是形式简单、可以解决严重的地区数据缺少问题，而结构方程常常因缺少可靠数据难以获得财政和货币政策确切的地区效应。但是简化模型存在着许多缺陷，贝尔（Bear, 1976）的研究假设无论什么样的全国简化模型估计偏误都影响不大，但是莫迪利亚尼和安多（Modigliani & Ando, 1976）就指出了全国简化模型在一些情况下将会出现偏误。而马瑟和斯特恩（Mathur & Stern, 1980）通过理论推导和实证研究检验了是否简化模型的估计存在偏误。他们通过模型推导得出，如果全国的简化模型存在偏误，那么在两区域的简单模型中，将会至少有一个区域的估计出现有偏误的系数。他们也通过对两个不同的样本区间进行实证检验，研究了是否财政乘数和货币乘数会存在显著的变动。他选用了两个样本期间：一个样本期间是 1952 年第一季度到 1968 年第二季度，第二个样本期间是 1952 年的以季度到 1976 年第四季度[①]。估计结果表明，区域的货币乘数和财政乘数随着时间的变化都存在不稳定性，尤其是在大多数地区的财政乘数都上升了。因此他们认为区域简化形式方程和全国简化形式方程同样存在估计偏误的问题，对采用简化模型获取区域政策乘数的有效性提出了质疑。

---

① 通过对第二个样本期间的估计，Friedman (1977) 已经得出如果在样本中加入更多的数据，全国财政乘数将会增大，而货币乘数将会保持不变。

(四) 向量自回归模型

最早的向量自回归模型（Vector Autoagression，以下简称 VAR）模型是由西姆斯（Sims，1980）年提出的，当时是作为对大型宏观结构模型的一种替代。原因是大型宏观结构模型总是需要进行一系列假设，但是这些假设事实上并不可信。VAR 模型能够克服了这样的问题，成为了现在时间序列实证研究广泛应用的方法。

卡里诺和蒂凡那（Carlino & DeFina，1998，1999）的研究是货币政策区域效应采用 VAR 技术的经典代表作。他们对于美国 48 个毗连的州在 1958 年到 1992 年间的真实个人收入的影响进行了分析。从估计出来的 SVAR 模型（结构向量自回归模型）得到的脉冲反应函数表明联邦基金利率在预期外每增加一个百分点，州真实人均收入就会下降。收入水平的最大化效应发生在政策冲击后的 8 个季度。有些州对货币政策的反应有着显著的差异。

从 1998 年之后，对于货币政策区域效应的研究基本都采用 VAR 模型、结构向量自回归（以下简称 SVAR）模型以及对 VAR 进行一定形式的改进后的模型。因此，很多卡里诺和蒂凡那（Carlino & DeFina，1998，1999）之后的研究对文献进行回顾时也奉卡里诺和蒂凡那（Carlino & DeFina）为经典，对于之前的文献很多时候并不提及。

卢西奥和伊兹奎尔多（Lucio & Izquierdo，1998）对西班牙各个地区 1980 年 1 月到 1995 年 3 月的季度数据进行了 VAR 估计后，进行了方差分解、然后计算了脉冲响应函数。发现西班牙各地区对于统一的货币政策的反应是不一样的。M3 的增加提高了每个地区的就业率和产出，但是效果的大小不同。纳恰内、雷和高希（Nachane，Ray & Ghosh，2002）用 SVAR 方法对印度货币政策区域效应进行了研究。阿诺德和弗拉格特（Arnold & Vrugt，2004）用了 VAR 模型来获得脉冲响应，脉冲响应揭示了德国 10 个属于西德地区的省份的产出对货币政策冲击反应的差异。

埃尔伯恩和哈恩（Elbourne & Haan，2004）对 EU 国家货币政策区域效应使用的各种 VAR 方法进行了回顾。估计了 10 个 EU 国家的 43 个 VAR 模型，并对价格和产出的反应大小进行了稳健性的排序。认为这些 VAR 模型的主要差异在于两种不同样本期间的选用、额外变量的加入、递归、长期以及结构性识别方法的采用。并且计算了递归 VAR 和结构 VAR 中产出和价格对切凯蒂（Cecchetti，1999）采用的金融机构变量响应的相关性，最终反驳了切凯蒂（Cecchetti，1999）的观点（法律体系导致了金融结构，因而进一步导致了非对称传导），认为法律体系和金融机构这之间并没有相关性。

吉亚琴托（Giacinto，2002）对 VAR 模型进行了改良，建立 SVAR 模型并通过利用空间计量经济学中的技术把地理信息纳入到了模型形式中。他们认为要研究空间上的互相影响，采用在给定区域下进行建模的 VAR 形式是很必要的，这对于标准 VAR 模型而言似乎是不可行的，因为自由度的缺乏。而他们提出了新的 VAR 形式，用空间相邻的信息获取了对于中等或者大维度的面板来说比较可行的联合估计参数约束。引入同步空间相关性结构模型后，对于参数识别问题进行处理（需要进行参数约束）。并检验了模型的实证效果，进一步证实了脉冲响应函数中的地区异质性。

VAR 模型与之前的模型相比具有许多优越性：第一，传统的联立方程组（例如前面提到的宏观结构模型）需要以经济理论为基础，对变量关系通过严密的方程组加以描述。但是很多情况下，经济理论的发展并不足以对计量研究提供一个可靠的模型系统。而在宏观结构模型中，内生变量既出现在方程的左侧也出现在方程的右侧，令方程的估计的推断变得更加困难。沃尔特·恩德斯（Walter Enders，2006）指出了解决方法，当我们对变量是否真是外生变量的情况不自信时，传递函数分析的自然扩展就是均等对待每一个变量。VAR 模型能够实现这一要求，VAR 模型把系统中每一个内生变量作为系统中内生变量的滞后值的函数构造模型，把单变量自回归模型推广到由多元时间序列变量组成的"向量自回归模型"（高铁梅，2006）。第二，VAR 模型能够方便的对区域进行横向比较。第三，宏观结构模型几乎要包含宏观经济中所有重要作用变量数据，对数据要求较高。VAR 模型在数据的使用上比较节省，只需要寻找与研究相关的几个变量的数据。

近年来，我国的学者（于则，2006；李海海，2006；刘玄、王剑，2006；张晶，2006；丁文丽，2006；周孟亮、李明贤，2007）也采用 VAR 模型对货币政策区域效应进行了实证研究。

但是，我们注意到，国内 VAR 方法中变量的采用和国外 VAR 中变量的采用存在一个很重要的差异。

我们首先来看卡里诺和蒂凡那（Carlino & DeFina，1999）VAR 模型中的变量

$$Z_{s,t} = (\Delta x_{s,t}, \Delta x_{r-s,t}, \Delta x_{r2,t}, \cdots, \Delta x_{r8,t}, \Delta c_{1,t}, \Delta c_{2,t}, \Delta c_{3,t}, \Delta m_t)' \quad (2.1)$$

在式（2.1）中，t 代表时间，Δx_s 是州 s 的真实收入增长，Δx_{r-s} 是州 s

所在的 BEA（Bureau of Economic Analysis）地区的真实收入减去该州真实收入的增长率，Δx_{r2} 到 Δx_{r8} 是其他七个 BEA 地区的真实收入增长，Δc_1 到 Δc_3 是三个宏观经济控制变量，Δm 是货币政策衡量指标，$Z_{s,t}$ 表示13维的内生变量向量。

从模型中选取的各个变量可以看出，卡里诺和蒂凡那（Carlino&DeFina，1999）的 VAR 模型中不仅包含了影响区域经济的宏观经济变量以及货币政策变量，也包含了各个区域的经济变量。这样做是考虑到了区域的溢出效应，解释了地区间的相互影响（例如，货币政策直接影响了区域 i，通过与区域 j 的贸易，货币政策以间接影响了区域 j，反之亦然）。它克服了早期模型只是衡量货币政策对于每个地区的影响，没有解释地区间的相互作用的缺陷。当然，最理想的做法是在单一的模型中把货币政策对于50个州的影响都包含在内。但是 VAR 模型只是对于一个有限数量的变量适用。而不是50再加上所要求的那些变量。所以，货币政策的差别效应通常都是以地区的形式而不是以州的形式来衡量的。大多数的研究都使用经济研究局（BEA）八个地区的划分方法。

但是我国的大部分学者（于则，2006；李海海，2006；刘玄、王剑，2006；丁文丽，2006）在建立 VAR 模型中的时候，并没有包含其他区域变量。

例如于则（2006）的变量表示为：

$$Z_{i,t} = y_{i,t}, y_t, m_t]' \qquad (2.2)$$

在式（2.2）中，$y_{i,t}$ 表示在 t 期地区 i 的实际国内生产总值，y_t 表示 t 期全国的实际国内生产总值，m_t 表示 t 期的货币供应量。$Z_{i,t}$ 表示3维的内生变量向量。

于则（2006）的模型中并没有包含其他区域的经济变量。刘玄、王剑（2006）选取了货币供给（M2）、市场利率（R）、规定资产投资（INV）、工业总产值（OUTPUT）四个变量建立 VAR 系统。这其中也没有包含其他区域的经济变量。丁文丽（2006）和李海海（2006）也同样没有包含其他区域的经济变量。这样的模型潜在的含义是不考虑地区之间的互相影响。

这样做主要是由于数据的限制。于则（2006）的样本期间为1990—2003年，包含14个样本点；而模型中的区域有5个，如果包含进去其他区域变量，将会减少4个自由度，无法进行计量研究。丁文丽（2006）采用的是1994—2003年的年度数据，样本点本身只有10个，这样的结果本身的说服力就不够，显然不能再添加变量减少自由度了。刘玄、王剑

(2006) 采用的是 1997 年 1 月至 2004 年 8 月的月度数据, 样本点有 92 个。但是他们也并没有把其他区域经济变量包含到 VAR 模型当中。李海海 (2006) 选取了 1985—2004 年的各省区年度数据, 样本点有 20 个, 也不适合包含更多的其他区域经济变量。

张晶 (2006) 的模型向量设定为

$$VX_t = [\Delta y_{1,t}, \Delta y_{2,t}, \Delta y_{3,t}, \Delta p_t, m_t] \qquad (2.3)$$

在式 (2.3) 中, $\Delta y_{1,t}$ 表示第 i 个经济区域 t 期的真实国民生产总值和其他相关的衡量指标, $i = 1, 2, 3$ 分别代表东部、中部和西部地区; Δp_t 表示相对价格指数, m_t 表示货币政策变量。可见, 张晶的结构 VAR 模型是包含各个地区经济指标的。我们看到她选取的是 2000 年 4 月至 2005 年 12 期间的月度数据, 去掉缺失的数据后样本期间是 67 个月, 这样的样本期间允许模型包含其他区域经济变量。但是张晶 (2006) 的实证研究时间跨度较短, 这减弱了实证结果在验证理论时的可信度。

(五) 其他模型

吴伟军、方霞 (2008) 根据预防性储蓄理论模型, 用面板数据估计了我国各个省、市、自治区的居民消费储蓄行为参数, 这些参数差异导致货币政策利率传导效应不一致。

蒋益民、陈璋 (2009) 采用了改进的结构 VAR 模型 (Structrual VAR, SVAR), 纳入内生变量的当期关系, 提取误差项中的变量当期关系, 明确模型的经济含义。

董志勇、黄迈、周铭山 (2010) 采用时空参数状态空间模型估计 1985—2007 年各区域的动态货币政策乘数, 用以克服 VAR 模型的只能识别经济发展中与政策内生反应无关的货币政策冲击和政策变动的效应, 而时变参数的状态空间模型能够体现中国经济转轨阶段经济变量间的结构变化。

李宝仁、邬琼、杨倩 (2011) 采用面板数据模型对我国 31 个省份 1994—2009 年各省数据进行分析, 建立变系数模型, 分析各省经济对货币政策敏感性。

二 货币政策区域效应成因的述评

(一) 货币政策区域效应的传导渠道

从已有研究来看, 认为成因主要集中在区域信贷获得成本和区域信贷的可获得性两大因素上。

摩尔和希尔（Moore & Hill，1982）认为本地银行对于外部银行而言具有更低的监督成本。费恩等人（Faini et al.，1993）和梅苏里（Messori，1993）也指出意大利南部经济发展缓慢和本地银行垄断以及银行低效率有关。这些都导致了区域银行对于货币政策区域效应具有显著的影响。货币政策对于银行资产负债表的影响也体现在长短期利率构成和调整能力方面，地区间银行长短期利率分布差异和银行改变资产负债表的能力也会导致不同地区对于货币政策 $VX_t = [\Delta y_{1,t}, \Delta y_{2,t}, \Delta y_{3,t}, \Delta p_t, m_t]$ 的不同反应（BIS，1995）。汉森和沃勒（Hanson & Waller，1996）发现区域银行政策和区域增长率之间有显著的相关性。

卢西奥和伊兹奎尔多（Lucio&Izquierdo，1998）认为真实经济对于货币政策的吸收存在不充分性，这缘自于各个地区宏观和微观结构的不同。从微观结构来看，紧缩的货币政策降低了资本金和实物资产的价格，这使企业的财务报表发生了变化，可以获得的贷款规模也发生了变化。通过收入效应，货币政策也影响了居民的消费行为。从宏观结构来看，不同地区的实体部门构成不同，货币政策敏感部门在不同区域所占的比重也不同，这会引起各个区域对于统一货币政策的不同反应。那些对利率变动较为敏感的行业，例如制造业和建筑业占比更高的区域受到紧缩作用就更大。

切凯蒂（Cecchetti，1999）也同样认为这些因素导致了欧洲货币政策传导的不对称性，并且指出这背后的深层原因是欧盟各国法律传统存在差异。他认为不同的金融结构差异是由国家间的法律传统导致的（见图2.1）。

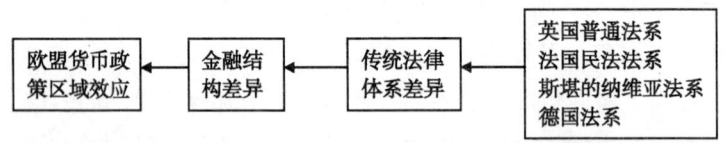

图 2.1　货币政策区域效应成因（Cecchetti）

但是埃尔伯恩和哈恩（Elbourne&Haan，2004）通过实证检验得出了与切凯蒂（Cecchetti）相反的结论，发现金融结构与法律传统之间并没有相关性。

卡里诺和蒂凡那（Carlino & DeFina，1999）的实证研究提供了货币政策具有区域差异的原因。认为美国各个州对于货币政策反应程度与产业结构变量显著相关，为货币政策利率渠道提供了证据，而州水平上的数据没有为信贷渠道提供支持。

他们的研究发现，州对于货币政策的长期反应与制造业比重正相关，这可以通过货币政策的利率渠道解释，因为制造业通常是利率敏感的行业。但是小公司比较多的州对于货币政策反应程度没有显著的效应。而且，小银行比重比较大的州对于货币政策冲击的敏感性反而小。这与卡什亚布和斯特恩（Kashyap & Stein，1994）的观点相反。

总之，以卡里诺和蒂凡那（Carlino & Defina）为代表的一系列文献研究主要是从产业结构、银行规模和企业规模这三个角度来寻找货币政策区域效应的成因，而这三个影响因素通过利率渠道和信贷渠道发生作用。

这三个原因也成为之后该领域经济学家进行检验的三个重要因素，而卡里诺和蒂凡那（Carlino & Defina，1998，1999）的研究也成为货币政策区域效应研究的经典范式，见图2.2。

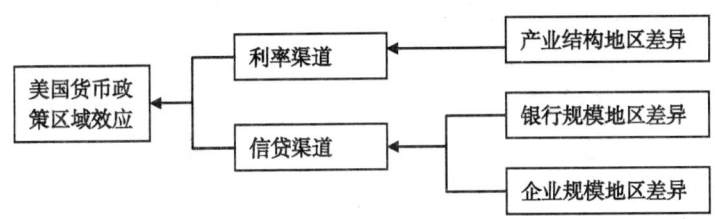

图2.2 货币政策区域效应成因（Carlino 和 DeFina）

（二）区域金融结构和经济结构的差异

卢西奥和伊兹奎尔多（Lucio & Izquierdo，1998）认为货币政策传导机制有两个阶段，所以有两个环节将会对于货币政策冲击作出反应，第一个是金融环境，第二个是相应的真实经济。首先，真实经济部门对于货币政策吸收存在不充分性，因为宏观和微观结构的不同。从微观结构看，一个紧缩性货币政策降低了资本金和实物资产的价格，也使得财务的边际价值发生了变化，通过收入效应增加了负债者的收入，减少了那些债权人的收入（巴伦、库代尔和莫作恩（Barran，Coudert & Mojon，1997））。这些效应都将会影响居民的消费行为，消费的增加与贷款者的金融头寸净值相关，尤其是拥有债券作为金融资产的居民，其消费行为将会对紧缩的货币政策产生明显的反应。从宏观结构看，不同的实体部门构成对货币政策的敏感程度不同，货币政策敏感部门在不同区域所占的份额不同，这会引起对于统一货币政策的不同区域反应卡里诺和蒂凡那（Carlino & DeFina，1997）。那些对利率比较敏感的行业（制造业和建筑业）占比更高的区域受到紧缩作用就更大。而公司规模是获得信贷能力的一个指标。同小公司只能依赖狭窄的信贷渠道相比,大公司可以通过股市融资或者是国际市场融资。同样,一个地区金融机构的内部结构和规模也对于货币冲击有不同的传导。大银行可以比小银行获得更多的国际资金(卡什亚布和斯特恩(Kashyap & Stein, 1994))。

在那些大银行分布比较多的地区货币政策效应可能较弱。金融机构数量少以及小的金融机构将会导致区域融资能力较弱(鲁迪布什(Rudebusch, 1995)),银行产业的垄断者将会试图保护他们的垄断利益,例如放慢利率下降向信贷传导的过程。有实证证据表明,当西班牙官方利率变动时,银行利率和货币政策对于公司和个人不同作用存在刚性(萨斯特雷(Sastre, 1991)以及艾迪斯科里维·霍尔丹(Escrivay Haldane, 1994))。

另外,紧缩货币政策会影响银行的债券和贷款的比率,由于债券和贷款的相互替代时不完全的,所以公司将面对更高的外部融资成本,所以贷款的供给将会减少(伯南克和格特勒(Bernanke & Gertler, 1995 以及伯南克和布林德(Bernanke & Blinder, 1992)),因此我们可以看到公司外部融资就会发生变动。另外,扩张的货币政策将会的导致抵押品市场价值下降(清泷和摩尔(Kiyotaki & Moore, 1997)),于是公司就更难获得贷款。最后,汉森和沃勒(Hanson & Waller, 1996)发现区域银行政策和区域增长率之间有显著的相关性,阿莫斯、科曼尼和温金特(Amos, Kermani & Wingender, 1986)认为区域增长在区域信贷紧缩时会下降。摩尔和希尔(Moore & Hill, 1982)认为本地银行对于外部银行而言具有更低的监督成本,所以有些研究提出非正式的借贷渠道(非银行形式)基本上是本地性的(OECD)。如果区域在这些性质上存在差异,那么就会存在货币政策的区域效应。而本地银行将会成为货币政策的区域稳定器。

卢西奥和伊兹奎尔多(Lucio & Izquierdo, 1998)对西班牙各个地区的实证检验结果表明,那些对于借贷进行更严格控制的地区政府对货币政策反应更敏感,货币政策敏感行业比重较高的地区业对于货币政策反应更强烈。最后,那些劳资谈判比较多的地区对于货币政策反应更灵敏。名义工资谈判的余地越大,货币政策的真实效应就会越明显。

纳恰内、雷和高希(Nachane, Ray & Ghosh, 2002)研究了印度的货币政策区域效应,并且寻找了原因。这些原因包括:利率敏感性行业结构各州的差异,各个州企业构成的差异,各个州金融深化程度的差异。

阿诺德和弗拉格特（Arnold & Vrugt，2004）研究了德国货币政策区域差异是否和区域经济的结构特征有关系，例如产业结构、公司规模、银行规模以及开放程度。得出结论认为货币政策区域效应差异与产出构成相关，但是和公司规模和银行规模不相关。

汉森、赫斯特和帕克（Hanson, Hurst & Park，2006）认为真实经济行为中的不同波动可能因为特殊的冲击或者是不同传导机制下的普遍冲击。产业结构或者是金融部门结构在区域水平上的不同经常被认为是这些差异的根源，尽管地区劳动市场、自然资源禀赋、支出和税收政策、管制环境或者其他特征上的不同可能都是起作用的因素。并通过实证表明认为银行部门对国家的各个不同区域产生不同的货币政策传导机制也起到了重要的作用。

把各种货币政策区域效应产生原因的观点综合起来，可以划分为经济结构差异和金融结构差异两大方面（见图2.3），经济结构差异具体包含宏观层面上的产业结构在利率敏感度上的差异和微观层面上企业规模的差异。金融结构差异具体包含银行规模、银行经营状况、银行集中程度、其他融资渠道等差异，并且这些差异之所以能影响货币政策效应的前提是信息不对称和市场失灵的存在，这导致了企业和个人对于本地区银行以及其他融资渠道的高度依赖。

（三）货币政策区域效应的内生性成因和外生性成因

富恩特斯和道（Fuentes & Dow，2003）认为，货币政策区域效应的原因除了在经济结构和金融结构的差异以外，还应该考虑经济主体的行为因素，也就是在货币政策具有内生性的假设前提之下，银行流动性偏好、存款者和借款者的流动性偏好对于货币政策区域效应都有影响。原因是随着金融体系的发展，中央银行对于货币供给的直接控制能力下降，货币供给在经济过程中具有越来越强的内生性。从传导机理来看，这过程包含三个主体，企业、银行（金融机构）、存款者（投资者、居民）。并认为外生性和内生性的区分是很关键的，因为这决定了货币政策区域效应的关键变量。

早期对货币政策区域效应都认为货币政策是外生的，因此早期对于货币政策区域效应进行研究的凯恩斯主义者进行建模的时候，认为货币政策是通过利率变动对总需求的组成要素来发生作用的，例如，菲什坎德（Fishkind，1977）采用的宏观结构模型。而货币主义者则把商业周期看作是货币冲击导致的，认为区域对于商业周期的不同反应是通过区域产品需求或者是收入弹性的差异导致的（例如，贝尔（Beare，1976））。

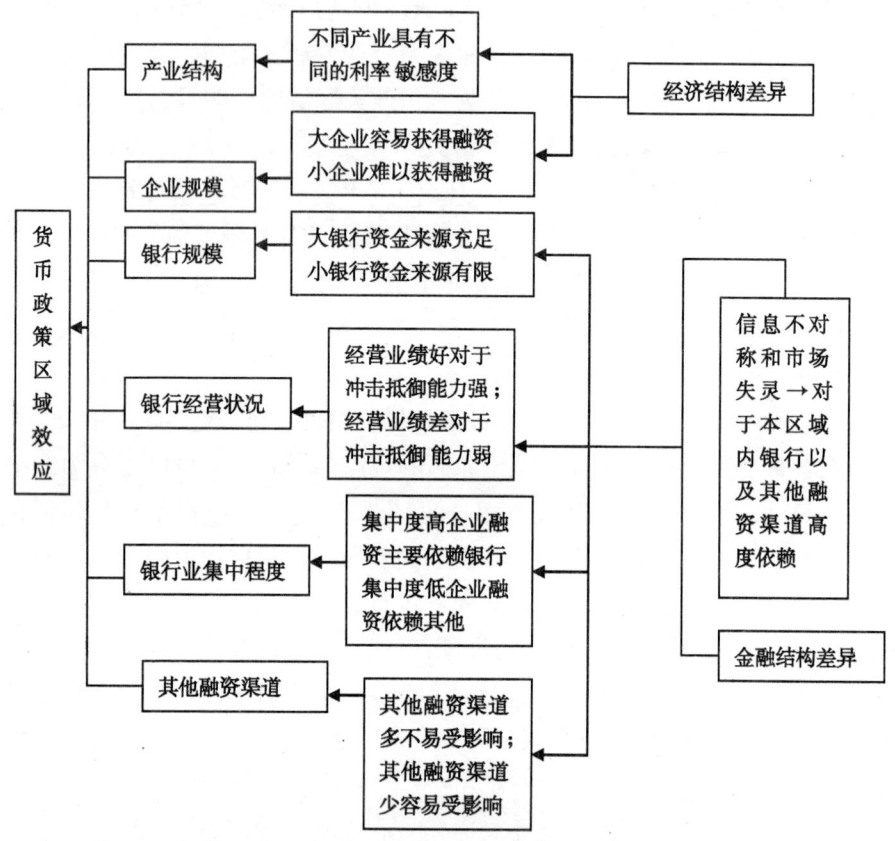

图 2.3 货币政策区域效应成因：各观点综合

但是，后凯恩斯货币理论认为随着银行系统的发展，信贷的增加更多的依赖于银行和借款者的流动性偏好，而不是依赖于中央银行的直接干预。因此，银行的发展阶段将会影响到银行借款能力，银行系统越发达，银行在给定存款基础的情况下信贷扩张能力就越强。银行越落后，受到低水平储蓄率约束的可能性就越大。另外，流动性偏好因素通过银行和存款者两个主体发生作用，即：银行在区域内借贷意愿和将存款者的行为偏好。较高的流动性偏好可能因为存款者采用了流动性更好的资产组合而降低了本地区的信用供给，这可能导致了金融资源从周边地区向核心地区的流动。但是，较高的流动性偏好了降低了地区的资金需求，因为投资者比较差的预期也不愿意借债。流动性偏好通常是以短期形式讨论的，但是周边地区经济较大的波动性，财富在波动中受到的保护较少，这会导致这些地区的流动性偏好随着时间也会产生较大的波动性。但是也存在流动性偏好产期的区域差异。周边地区在长期里表现出的流动性偏好要高于核心地区,因为他们对于不稳定性具有更大的脆弱性。因此,银行发展阶段以及流动性偏好的地区差异可能导致一些地区在信用获得性方面具有更高的不稳定性。

因此,对货币政策区域效应的分析不应该仅仅局限于"非对称冲击"上,也应该分析货币政策对于微观主体行为影响。对于货币政策区域效应原因的探寻可以总结为表2.3,表2.3中的货币政策区域效应成因既包含了经济结构和金融结构因素,也包含了对相关经济主体行为差异的分析。

表 2.3　　　　　　货币政策区域效应成因:一个全面的总结

结构性因素(仅从货币供给角度,认为货币政策是纯粹的外生变量)	经济结构	产业结构	不同产业对于商业周期的敏感度;利率弹性差异
		总需求结构	消费(耐用品和非耐用品)和投资(固定资产、建筑业等)对于利率变动、国民收入和信贷限制的反应差异; 进出口对于汇率、利率、信贷限制的反应(区域开放程度的差异、进出口边际以及其平均倾向、进出口产品结构)
		企业结构	企业规模:对于银行借款的依赖程度、其他融资渠道、获得银行信贷的成本(谈判能力的强弱)和可获得性、抵押品等方面
	金融结构		金融市场分割程度(信息收集成本、执行以及风险评价成本); 与金融中心的距离、其他金融中介的发达程度; 银行扩张信贷的能力(银行发达程度)
行为因素(货币政策具有内生性)	货币供给因素		银行流动性偏好 存款者的流动性偏好(存款者的资产组合)
	货币需求因素		借款者流动性偏好(借款意愿),等等

注:根据 Rodriguez-Fuentes & Dow(2003)给出的图表整理得出。

从已有的实证结果来看,货币政策差异效应唯一令人信服的解释就是地区间产业结构的差异,对于其他解释,不同的方法和不同的数据选取得出的实证结果并不一致,对于货币政策区域效应原因的探寻仍然存在着很大的争议。

(四)国内文献对货币政策区域效应成因的研究

周孟亮、王凯丽(2005)认为我国区域金融差异的存在使货币供给调控的实际效果与预期效果存在较大差异,区域金融差异表现为区域间金融组织结构、金融价格、微观主体金融努力程度的差异。并从紧缩和扩张货币政策两个方面论述了区域金融差异是如何导致货币调控失灵的。并进一步提出了货币供给调控政策。周孟亮、王凯丽(2006)从不同区域的投资、消费利率敏感性差异、开放程度差异和商业银行发展和结构差异等区域结构性因素分析了货币政策区域效应产生的原因，认为基于我国区域金融差异的货币政策传导机制研究有利于实现区域经济协调发展。而周孟亮、李海艳（2007）专门论述了区域文化差异导致了区域经济主体金融努力的差异，认为这是导致货币政策效应区域差异化的深层次原因。

丁文丽（2006）认为区域金融非均衡运行与统一货币政策之间存在矛盾，导致货币政策实施出现了地区差异。但是她对于区域金融的概念界定模糊，很多情况下可以与区域经济相互替代。周敏（2006）研究了欧元区货币政策传导机制，认为银行的非中介化过程、金融资产证券化和以保险养老金形式实现的契约化进程在各个成员国的不平衡发展是导致统一的货币政策在各个成员国实施效果产生差异的原因。

刘玄、王剑（2006）区域层面数据的计量分析表明，货币政策传导的速度和深度都显著不同。传导速度差异导致了区域经济周期非同步，传导深度差异导致了区域经济增长非对称。东部地区对货币政策敏感性高于中西部地区。归纳了影响货币政策传导效率的因素，相关分析表明，中小企业、地区开放度、非国有经济比重与传导效果有显著的正相关关系，大企业比重和国有经济比重与传导效果有显著的负相关关系。文章提出的货币政策导致了经济周期的观点仍然有待商榷。

闫红波（2007）认为货币政策传导存在区域差异，各个地区的产业结构、企业特征、居民的消费决策、金融发展水平及结构是货币政策区域效应的成因，采用 VAR 模型、Logistic 模型和 Pearson 检验等计量方法对这些因素进行了实证分析。

蒋益民、陈璋（2009）建立三大指标分析货币政策区域效应影响因素：区域金融结构指标、区域生产力指标、区域产业结构指标。实证检验结果表明：区域生产力水平与货币政策区域效应相关性较高，生产力较高的地区货币脉冲响应的峰值较大。

韩蓓（2009）从微观主体差异角度分析我国货币政策传导机制区域效应产生的原因。在不同地区银行、企业、居民微观主体的特征存在较大差异的情况下，统一的货币政策将通过信用传导机制产生差异性的区域效力。

何晓夏（2010）分析了上市公司数量、股票公司市值、银行贷款期限结构、证券机构结构、上市公司的资产负债结构和股本结构、居民资产结构等金融因素对货币政策效应不对称乘数模型中各个参数的影响，认为金融机构的区域差异导致了货币政策对不同地区经济的产出乘数存在差异。

刘郁葱（2010）认为国有产权制度和集中性银行体制是货币政策区域效应的重要成因，并通过实证检验结果表明，银行体制的地区差异是导致货币政策区域效应的主要原因。国有商业银行份额和银行集中度高的中西部地区，货币政策效应较弱；而国有商业银行份额和银行集中度较低的东部地区，货币政策效应较强。

董志勇、黄迈、周铭山（2010）认为供给曲线水平和斜率的区别是导致货币政策区域效应的成因，较高的经济开放度、较高的劳动生产率、地方政府支出占 GDP 比重等因素是货币政策区域效应较大的原因。

杨红芬、余志伟（2011）提出政府博弈行为影响了金融资源配置，当经济处于萧条期，地方政府通过与中央政府博弈获得更多的金融支持刺激当地经济；当经济过热阶段，地方政府从地方利益角度考虑，采取措施缓冲中央政府的调控政策，影响货币政策区域效力。

邱崇明、黄燕辉（2012）从消费者流动性差异角度分析货币政策区域效应成因，认为货币政策通过消费信贷可得性和消费信贷成本两种途径导致各个地区消费者具有不同的流动性约束，导致不同区域消费者消费支出水平调整程度不同，使货币政策产生区域效应。

可以看出，尽管国内文献对于货币政策区域效应传导机制和影响因素的研究不乏一些创造性的思路。但是总的来说缺乏系统性，实证研究也基本上停留在比较初步的水平上，还有很广阔的研究空间。

（五）区域效应成因研究方法的国内外比较

国外对区域效应成因的基本研究框架都是类似于卡里诺和蒂凡那（Carlino & DeFina, 1998, 1999）采用的横截面回归方法，首先对货币政策不同区域产生的作用进行分析，得出定量的结果，一般是脉冲响应的绝对值（例如八个季度的累积脉冲响应值）。第二步就是把可能的影响因素衡量指标作为自变量，把各个区域的累积脉冲响应值作为因变量进行回归，通过估计参数的显著性来分析各个因素在区域效应中实际起到的作用。德·卢西奥和伊兹奎尔多（De Lucio & Izquierdo, 1998）也采用了同样的方法识别了可能的影响因素。阿诺德和弗拉格特（Arnold & Vrugt, 2004）在德国货币政策区域效应的分析中，对于影响因素也采用了横截面分析，但是由于样本数量只有 10 个省份，无法进行回归分析，因此他们只是给出了每个结构特征以及区域的脉冲响应值相关的系数。欧扬和沃尔

(Owyang & Wall, 2005) 也采用了同样的横加面方法对整体样本结果和沃克尔-格林斯潘（Volcker - Greenspan）结果中的衰退成本（recession costs）分别进行了 OLS 估计。但是由于样本数据的限制，并没有对前沃克尔（Volcker）时期的冲击响应结果进行回归。

而我国对于货币政策区域效应的影响因素分析仅仅停留在定性分析上，有些学者给出了简单的经济数据作为证据，但是对于货币政策对于区域经济的差异冲击解释力度不大。对影响因素进行了计量分析的只有刘玄、王剑（2006）和李海海（2006）。刘玄、王剑（2006）同样是由于样本总量过少，采用了 Peason 相关矩阵方法，大多数解释变量通过了显著性检验，说明货币政策传导结果与地区影响因素变量之间的相关联系在统计上是可靠的。但是刘玄、王剑（2006）的研究存在样本期间跨度较短的缺陷，减弱了实证分析对理论检验的可信度。李海海（2006）用实证方法分析了产业结构、企业结构和金融结构对我国货币政策区域效应传导机制的影响。首先分析了第一产业、第二产业和第三产业对 M2 的响应，得出结论，认为第二产业对货币政策的反应明显大于第一和第三产业，进而通过第一产业、第二产业和第三产业在各个地区的 GDP 占比间接推导出货币政策对于不同区域经济的影响差异；对企业结构也采取了同样的方法，用 VAR 分析了中国货币政策对各种规模企业的差异效应，在通过不同地区的小企业占企业的数量百分比间接推导出货币政策对于不同区域经济的影响差异；最后是通过各区域的金融资产占 GDP 比例，金融相关比率、金融相对比率等指标对金融结构差异进行了分析。

三 治理区域非均衡政策的述评

关于区域非均衡的政策研究，国外的文献主要集中在对于区域的非均衡货币政策应做出怎样的反应以及论述了财政政策对货币政策的补充作用。而国内的文献提出了涵盖范围更广的政策建议。

（一）国外对于区域非均衡的政策研究

区域经济的商业周期很少处于同一阶段，很多时候一个国家的各个地区经济都处在不同的发展阶段。而统一的货币政策不仅无法解决这个问题，有些情况下还会加剧区域之间的差距。对于这个问题，传统的货币政策理论并不能给出令人满意的答案。而世界各国的中央银行对于货币政策和区域经济之间关系的现实态度都是一致的：不采取针对某个区域经济状况的货币政策。

例如克里夫兰美联储银行主席霍金斯（Hoskins）在1991年5月3日在俄勒冈州波特兰举行的太平洋西北区域经济会议第25届年会上的讲话认为，区域商业周期是存在的，货币的突然变动可能导致商业周期。在1980s早期，美国有两次衰退是由货币政策对于1970s的过多货币增长操作失误导致的。尽管区域经济对于货币政策的冲击反应的确存在差异，联邦储备也不应该用货币手段来纠正地区的长期结构冲击。原因如下：首先，联储没有针对地区的政策性工具，也就是说没有区别的对待不同地区的政策工具；第二，地区经济有自己适应区域冲击的市场机制；第三，货币政策的错误实施可能导致价格信号的扭曲，这会使地区市场调节机制工作失灵。区域调整过程是通过格林斯潘提出"人口流动套利"发生的。这个观点认为工人的地区流动我们经济从冲击中可以快速恢复的原因。另外，资本流动也起到了同样的作用。事实上，欧共体（1991）单一市场政策的主要目标之一就是通过更好的市场调节机制促进经济增长。而且，货币政策是短期的，也不适合去调整长期的地区冲击。而且货币当局也不能精确预测，经济对于政策又有时滞，促进的货币政策不能解决结构性问题。如果真的去实施货币政策解决这些问题，那么货币当局要冒着错误制定政策的风险，因为会扭曲对于经济冲击调整来讲必要的区域市场的价格信号。进行货币供给的微调来补偿那些区域经济中不同的结构冲击是白费力气并且存在害处的，这使得区域商业周期进一步恶化，并且区域经济很难吸收这样的失调。

他提出应该把物价稳定作为采用货币政策唯一目标。这样做既可以最大化货币作为区域间、全国和时间交易媒介的效率；也消除了规避非预期通货膨胀的必要，优化了资源分配。物价稳定促进了长期投资，这对于技术进步来讲是最重要的，并使人们在区域间合理分配劳动力和资本，所有的要素都促进了区域真实经济增长。因此用货币政策促进价格稳定是确保长期国家和区域经济增长的最好方式。

对于区域不平衡问题，他提出财政系统可以提供区域保障，因为联邦税收支出和转移是反周期的，减弱了区域间收入差别对区域的影响。

科格力（Cogley，1994）也认为联储不能进行地区差别的货币政策，并且提出了财政政策是达到区域稳定的更好手段。他借鉴了国际经济学家研究国家间金融流动的分析框架，对州之间的金融流动进行了分析。因为金融资产在州之间的流动是没有障碍的,所以投资者将把资金投向收益率最高的地方。而且各个州使用的是相同的货币,这相当于各个州之间的汇率是固定的,例如加利福尼亚美元和纽约的美元可以进行一比一兑换。因此美国各地区证券利率也肯定是相等的。否则投资者都会去买高收益的债券,卖掉低收益的债券,那么低收益债券的收益率将会提高,高收益债券将会降低到二者相等为止。同理,联邦基金利率在各地区也是相同的,美联储无法一方面放松加利福尼亚的信贷条件,同时又在中西部采取中立的姿态。尽管各州之间资本的自由流动使地区导向的货币政策不可能实施,但是他们加强了区域财政政策。例如,如果加利福尼亚州要进行财政扩张,地区信贷需求就会增加。如果没有资本自由流动,区域利率可能会增加,一些投资项目就会被挤出。但是因为各州之间的资本流动是自由的,加利福尼亚州的扩张会吸引其他地区的资本,因此减弱了本地投资项目被挤出的程度。

对于区域经济不平衡问题,他提出财政政策可以以某个具体地区为目标。不同于联邦储备,州和联邦财政当局可以同时在某些地区扩张而紧缩另外一些地区。因此,财政政策在稳定区域方面效果较为明显。事实上联邦政府一直在为区域收入冲击提供保障。当国家的一部分经济地区衰退时,它的联邦税收支出会下降而联邦转移支付会上升。这些转移支付包括给州和地区政府的支出、社会保障救济金、失业者或者贫民的粮食券、补充的第二份收入支付等等。同时,在扩张的地区,税收会上升而转移支付会下降,所以联邦政府自行从发达地区向落后地区转移了资源。马丁和萨克斯(Martin & Sachs,1992)估计了州一个美元的减少会导致34每分联邦政府支付的减少和6美分转移支付的增加。所以联邦政府吸收了大约40%的区域收入下降。因为这种税收机制是通过联邦税收系统操作的,受国会或者总统决定的干扰较小,任意性也较低。

尽管一个货币扩张可能减少落后地区的失业,它也会增加发达地区的通胀压力。为了区域稳定而对货币政策系统的使用将会造成有很多异质地区经济体的通胀倾向。财政政策并不受这种通胀倾向的影响,因为财政主体既可以在扩张某些较落后地区的同时紧缩发达的地区,区域稳定的问题可以由财政主体来解决。

事实上,早在1977年,菲什坎德(Fishkind)就指出忽略货币政策的区域差异效应将造成福利损失和公平问题,应该通过区域财政政策补偿紧缩货币政策的负面影响。他认为州政府可以降低1969年和1970年的州所得税，这样的财政刺激可以增加州的产出和就业。但是，印地安纳州法律规定禁止州采取赤字支出。税率降低会降低州政府收入。除非收入损失可以获得补偿，州政府就必须减少它的开支。在这种情况下，可以在州以外寻求财政资金，可以通过联邦政府进行拨款。如果紧缩货币政策对于各个州有不同的影响，受到负面影响的那些州应该获得联邦拨款。他们用模型对1969到1970年间降低州所得税率以及通过联邦拨款补偿了失去的收入后的印第安纳经济效果进行了研究。模型表明：产出、收入和就业都受到这项政策的促进，尽管乘数效应很小。而且由于失业率降低导致了转移支付的大量减少。在1970年，印地安纳州的转移支付因为联邦拨款增加而大大的下降了，这减少了联邦政府这项政策的总成本。他们认为模型表明了印第安纳具有稳定地区经济的政策工具。而且，模型证明了联邦政府与州政府共同实施政策可以更大的分散紧缩货币政策的区域影响。

但是，有些学者（例如，德罗斯和赫菲克（Dros & Hefeker，2002））指出，区域不均衡将会导致巨大的福利损失，因为在经济状况发生变动时，劳动力无法在区域之间自由流动。因此在不同区域内失业率存在差异。而且，实证检验表明区域间的风险分担并不完全，因此，高失业率地区的福利损失并不能完全被低失业率地区补偿。因此，他们认为区域均衡应该包含在中央银行的目标函数当中。

罗艾兰德（Roisland，2005）提出了另一个央行应该针对总量经济的原因：如果货币政策的实施考虑区域发展，央行会受到区域的游说团体的左右。他们证明了当一个对于区域平衡的冲击产生时，最优货币政策要求稳定那些对于利率弹性更大的地区，尽管这会破坏利率弹性较小地区的稳定。游说团体将会收买经济学家去寻找更高的利率弹性。区域稳定中巨大的游说和政治噪音可能会最终导致央行信誉度的下降。从政治经济学角度来看，央行应该对于考虑区域不平衡的货币政策保持慎重。另外一个原因是，货币政策考虑区域不平衡将会加强了货币政策的时间不一致问题。

另外，阿什克拉夫特（Ashcraft，2001）认为那些以价格变动为主要目标的货币政策规则一般会在货币政策区域传导过程中造成较大的扭曲，而以总收入波动为主要目标则造成的扭曲较小。货币政策实施的规则应该采用造到相对较小扭曲的总量目标。除了总量政策工具，可以考虑结构政策工具，例如通过地区银行的贴现窗口或者是把地方政府债券包括在公开市场操作可能对于那些受到需求冲击最需要调整的区域更有效。

（二）国内对于区域非均衡的政策研究

1. 货币政策区域化

对于货币政策区域化的研究国内存在着三种观点，第一种是认为不适宜实施区域化的货币政策；第二种是认为应该实施区域化的货币政策；第三种则认为应该在一定条件下允许部分货币政策区域化。

持第一种观点的人认为，我国货币政策传导存在区域差异的根源是不同地区经济发展水平存在差异，根本的解决之道在于改善中西部地区货币政策的运行环境，推进结构性改革，提高中西部投资收益率。不应该对中西部地区采取差别化的货币政策。

很多认为货币政策存在区域效应的学者都提出第二种观点，认为应该实施区域化的货币政策。耿同劲（2003）认为可以采取区域差异化的法定准备金率、再贷款率、再贴现率、贷款利率，给予西部地区优惠的法定准备金率、再贷款率、再贴现率，扩大西部地区贷款利率浮动水平；提高不发达地区通过公开市场融资的能力；通过对区域留汇水平的控制来调节基础货币投放。覃道爱（2004）认为应该对经济发展水平不同的地区实施差异性的货币政策。提高大区分行、省会中心支行在制定存款准备金、利率、再贷款政策方面的权限。贾卓鹏、贺向明（2004）认为在基准利率一般水平和浮动幅度由中国人民银行总行确定的前提下，各个地区利率具体水平确定权限可以下放给各区域性分行；通过规定资金外流利率上限防止中西部资金东流；鼓励固定资产投资贷款向中西部倾斜。

吴旭、蒋难、唐造时（2004）建议给予人民银行分行在资金额度、利率浮动、金融服务方面更大的自由度。他们认为应该通过资金流量的调控实施适度差异化的区域金融调控政策。具体可以通过实行有差别的再贷款利率、再贴现利率降低欠发达地区企业的投资成本，通过再贷款和再贴现的限额管理、规定资金用途、规定资金投放区域等直接信用管制措施改变可用资金的地区分布。

综合以上观点，可以总结出：这些观点认为不仅应该对再贷款和再贴现的利率进行区域化，也要根据不同地区对利率进行更大的浮动，在再贷款再贴现的规模上也要进行有差别的限额管理。这种货币政策区域化的观点的最大问题在于差别化利率、再贴现率和再贷款利率的执行容易导致套利现象的出现。因为区域间的资金是流动的，如果利率执行出现差异，必然导致资金向高利率地区流动。

孙天琦（2004）提出的在统一性前提下部分货币政策区域化代表了第三类观点。他认为货币政策必须坚持统一性的大前提，实施部分内容的区域化。从最终目标来看，他认为最终目标本身就包含了对区域经济发展的关注；中介目标方面，应该通过对区域信贷规模和区域信贷结构等中介目标的监测获取各个地区的景气波动和经济结构的变化；而货币操作工具方面，市场价格型的工具不适合区域差别化，如利率；而数量型工具（如支农再贷款）、非市场型价格工具（如支农再贷款利率）、定性工具（如信贷指导意见）可以有选择地进行区域化调控。他提出可以针对当地的法人类机构进行差别准备金率，但是当地非法人类金融机构存款准备金率的调控还需要深入研究。最后，从货币政策传导角度，他提出要发展地方法人类金融机构，扩大政策性金融的支持范围，拓展既有机构的业务范围。

这一类观点认为可以在一定条件下允许部分货币政策区域化，没有违背货币政策有直接调控向间接调控转化的准则，没有违背市场运行规律，相对来讲比较有可行性。

周孟亮、王凯丽（2005）提出了要建立区域中央银行货币供给调控体系，加强对辖区内经济形势的分析研究，给予人民银行区域分行再贷款再贴现方面更大的权利，在国家货币政策委员会中增设区域分行代表以更多反映区域经济对货币政策实施的需求，组建区域货币政策委员会。提出了某些可以区别对待的货币政策工具，例如推行区域差异的存款准备金制度，实施向欠发达地区倾斜的再贴现，等等。另外，他们提出了要完善货币政策运行的外部环境，加强企业、金融机构产权改革，培育中西部地区经济主体的金融意识和理念，强化金融收益和风险约束，提高金融创新意识。周孟亮、马昊（2007），周孟亮、李海艳（2007）和周孟亮、李明贤（2007）在相关文献中都提出了类似的政策建议。

黄国妍（2009）认为尽管我国不符合最优货币区标准，但是仍然应采取单一货币和统一的货币政策。适当采取差别化的货币政策工具，同时运用其他政策缩小区域经济和金融发展差距。

黄飞鸣（2011）提出中央银行应对不同地区发放的贷款征收不同的贷款准备金，调控区域经济，消除货币政策的区域效应差异。王东明（2011）从信贷政策、货币政策、金融管理政策等方面总结我国货币政区域差异化的实践经验,提出货币政策差异化操作的目标和原则,在协调好央行和地方政府关系,完善区域金融经济监测指标的基础上,实施差异化的货币政策。

2. 协调实施互为补充的货币、财政和其他政策

贾卓鹏、贺向明(2004)认为不仅仅要依赖区域货币政策倾斜,更需要财政政策的积极支持,以扩大对中西部的投资,调整政府与企业单位间的投资比例和产业结构。

孙天琦(2004)指出,货币政策传导主要靠市场力量发挥作用,财政政策在调节资金流动上作用更加直接,并且更能够体现政府的公平意图,因此财政政策在协调区域经济上更加有效。另外,还应该协调好证券、保险等方面金融政策、产业政策、区域发展政策等政策的配合。

周孟亮、王凯丽(2005)认为货币政策作为总量政策,在解决区域性差异方面的作用有限,区域性、结构性问题应该靠财政政策来解决。

也有学者提出通过法律的颁布来促进区域资金在当地的运用。吴旭、蒋难、唐造时(2004)提出了颁布《区域投资法》,规定地方金融机构吸收存款的一定比重必须要投放在当地,防止区域资金的外流;焦瑾璞、孙天琦、刘向耘(2006)提出借鉴美国的《社区再投资法》,保证欠发达地区存款主要投入在当地,为本地区经济发展提供资金支持。

刘郁葱(2010)认为解决货币政策区域效应问题,短期可通过对西部地区实行倾斜性的财政政策降低负面效应;长期应通过金融制度改革消除区域间金融结构差异。

3. 优化区域金融结构和经济结构

一些学者从优化区域金融结构和经济结构等角度提出策略。

覃道爱(2003)提出通过发行地方政策债券、扩大企业债券、建立欠发达地区创业投资体系等方式加大直接投资比重,促进金融产品创新,发展多种融资方式。针对四大国有商业银行大量撤并基层分支机构的情况,通过建立地方性中小金融机构的方式为县域经济提供金融服务。

丁文丽(2006)认为货币政策区域效应的根源在于各区域经济与金融发展水平的非均衡,要实现货币政策区域协调,根本之道在于更大程度推进中西部欠发达地区经济与金融发展。

刘玄和王剑(2006)提出改善中西部地区金融市场环境,发展中西部地区银行、证券、保险等各类金融机构,提高中西部地区金融服务水

平；尤其要发展城市商业银行和农村信用社等中小金融结构，为中小企业提供信贷资金。加快市场化改革，提高中西部地区非国有企业经济比重，为非国有经济的发展创造良好的市场环境，并向其提供政策和资金优惠。加快中西部地区对外开放的步伐，政府应在土地、税收、外资进入行业限制等方面提供优惠政策。

杨红芬、余志伟（2011）提出深化国企改革，消除对国企的信贷配给，通过发展直接融资解决中小企业融资难问题。

4. 制度改革

李海海（2006）指出我国货币政策传导机制存在严重的制度性障碍，这也导致了货币政策效应的区域差异。应该采取措施改善这些制度性因素，首先完善国有银行和国有企业的治理结构，改变国有部门对货币政策变动敏感性不足的现状。要推进利率市场化改革，促进货币市场和资本市场发展，充分发挥利率作为市场价格信号的作用；另外，他指出要深化人民银行大区分行体制改革，科学调整大区分行的管辖范围，提高大区分行在货币政策制定及执行中的权力。

杨红芬、余志伟（2011）认为应深化央行大区分行体制改革，借鉴美国模式，赋予分行一定的决策权和调控权，使得分行根据区域特点制定有差别的货币政策。避免同一货币政策对不同区域的差异性冲击。

5. 完善微观主体和微观机制

针对区域微观主体差异性的研究结论，一些研究提出微观层面的相应对策。吴伟军、方霞（2008）指出应提高次发达地区居民收入水平和未来支出的确定性，降低预防性储蓄动机，提高货币需求的利率弹性。邱崇明、黄燕辉（2012）认为应平衡各个地区商业银行信贷供给，缩小不同区域消费者流动性约束差异，增加欠发达地区消费者信贷额度，刺激消费支出，缓解消费者流动性约束。

第四节 本章小结

本章对货币政策和区域效应本身含义进行了详细的解释。明确了货币政策区域效应的研究对象，进而根据货币政策区域效应模型的发展脉络归纳了货币政策的研究方法，比较了国内和国外研究中 VAR 模型中变量运用的差异；从多个角度梳理和对比了货币政策区域效应的成因；并对区域非均衡的政策研究进行了分析和评判。

　　已有的研究表明，货币政策效应存在区域的差异性，但是大多数文献对货币政策区域效应成因的探寻仅仅停留在现象的经验总结上，没能从这些现象当中抽象出更具有一般性的理论分析框架。究竟是哪些因素导致了我国货币政策效应的区域差异？货币政策是通过怎样的作用机制对这些区域经济产生影响的？这些都是有待进一步回答的问题。可见货币政策区域效应在理论上都还有进一步研究空间。从已有的实证研究看，由于变量、样本、方法等方面的种种缺陷，得出的结论并不一致。我国货币政策效应的区域差异程度有多大？货币政策区域效应的影响因素是否能够在经验研究上获得证实？有必要结合中国的经验数据，对这些问题加以定量分析。这些是本书在以下的理论和实证研究部分将要重点解决的问题。

第三章

中国货币政策与区域经济：
历史演进与现状

本章介绍了我国人民银行的发展历程，比较了人民银行和美联储的货币政策决策机制，从货币政策工具角度考察了货币政策的阶段性实践，总结了货币政策可能导致区域效应的几个特殊性。比较了各个区域经济发展程度、区域经济结构差异、区域经济周期差异、区域金融结构差异，指出货币政策可能通过这些因素对我国各个区域的经济产生不同的影响。

第一节 中国货币政策实践的历史演进与现状

一 货币政策决策机构的发展历程

1984年之前，人民银行既要履行中央银行职能，又要办理商业银行业务。在计划经济体制下，中央政府决定产业地区布局，以及人、财、物在各个地区的分配和转移，信贷资源配置也遵循"资金跟着物资走"的原则。中央银行不具有宏观经济调控职能，只是中央政府的资金调度部门。

1984年，中国人民银行开始行使中央银行的专门职能，其商业银行业务由中国工商银行办理，到1985年，四大国有商业银行都纳入中国人民银行的信贷资金管理范围之内。

1995年，《中国人民银行法》颁布，规定了中国人民银行的法律地位、组织结构、职责范围、工作目标等。

1997年，货币政策委员会正式成立，国务院规定"货币政策委员会是中国人民银行制定货币政策的咨询议事机构"①。委员会的成员包括各个相关部门的中央政府官员。

1998年，中国人民银行取消对国有商业银行信贷规模控制。

1999年，根据《国务院批转人民银行省级机构改革实施方案的通知》（国发〔1998〕33号），人民银行分支机构进行了重大的改革，"撤销人民银行省级分行。根据地域关联性、经济金融总量和金融监管要求在9个中心城市设立九大分行"②，省级分行"原有职责分别由所在辖区分行和省会城市中心支行承担"。改革之前，省、自治区、直辖市的分支机构设为分行，地市一级设为中心支行，市县一级设为支行。改革之后，省分行的层级被大区行所取代，省中心支行与地级市中心支行不再有上下级的层级关系（见表3.1）。这种按照经济区域设置中央银行分行的形式与美联储体系有一定的相似之处。但是我国商业银行分支机构是按照行政区划分布的，取消省中心支行对地市级中心支行的管辖权，反而不利于货币政策的执行和地区信息的收集。

表3.1　　　　　　中国人民银行改革前后的层级结构比较

	改革前	改革后
第一层级	总行	总行
第二层级	省分行	大区行
第三层级	地级市中心支行	中心支行
第四层级	县支行	县支行

2003年银监会成立，监管职能从人民银行剥离了出来，监管职能由银监会行使。

2004年，深圳、郑州、石家庄、杭州、福州五家人民银行中心支行升格，与九大区行同为正局级，由中央银行直接管辖。这相当于有14家

---

① 具体参见1997年国务院制定的《中国人民银行货币政策委员会条例》。

② 根据《国务院批转人民银行省级机构改革实施方案的通知》（国发〔1998〕33号），九个分行分别是：天津分行、沈阳分行、上海分行、南京分行、济南分行、武汉分行、广州分行、成都分行、西安分行。天津分行管辖天津、河北、山西、内蒙古，沈阳分行管辖辽宁、吉林、黑龙江，上海分行管辖上海、浙江、福建，南京分行管辖江苏和安徽，济南分行管辖山东和河南，武汉分行管辖湖北、湖南、江西，广州分行管辖广东、广西、海南，成都分行管辖四川、贵州、云南、西藏，西安分行管辖陕西、甘肃、青海、宁夏、新疆。

人民银行分支机构以及两家总行营业管理部由总行直接管辖。并且从2004年5月1日起，货币信贷职能从大区行转移到了省会中心城市支行，这意味着货币政策又恢复到了以省为单位的执行模式。至此，经过多次的体制改革后，大区行除了拥有人事权外，金融监管职能归属银监会，金融服务、货币政策执行职能则重新回归到省中心支行。目前大区行在发挥类似美国联邦储备银行在货币政策制定和区域经济信息收集和研究方面的作用有限。

二　货币政策决策机制的国际比较

在客观条件不变的前提下，货币政策决策的好坏是其能否调节经济和稳定价格的关键因素。货币政策决策机制在各个国家并不相同，而中央银行分支机构在货币政策决策中所起的作用也存在很大的差异，本小节对比了联邦储备银行和中国人民银行分支机构在货币政策决策中作用的差异，提出了我国货币政策决策机制改革的方向。

（一）美国联邦储备银行在货币政策决策中的作用

美国各个地区的联邦储备银行在货币政策制定和执行中主要起到了以下几个作用：

首先，通过研究报告表达辖区内经济发展状况。

美国联邦储备银行的研究部门在联邦公开市场委员会召开之前向美联储理事会和公开市场委员会提交"棕皮书"（也有的文献称为"褐皮书"，该报告因其封面颜色得名）。该报告包括了本地区的经济统计数据，并且收集了本地区联邦储备银行以及各分行对当地企业家、经济学家、行业专家的访谈（胡志浩，2008）。研究人员也在"棕皮书"中充分表达自己对区域经济发展状况和当前所需货币政策的观点。各个地区汇总后的"棕皮书"及时准确地反映了区域经济运行，是各个联邦储备银行的代表在公开市场委员会上讨论和对政策制定进行表决的依据。

其次，在公开市场委员会上的讨论中表述区域性观点。

联邦公开市场委员会共有12名正式委员，其中7名为联邦储备体系理事会理事，5名为联邦储备银行行长。其中纽约联邦储备银行行长为固定的委员会成员，剩下的4名成员由其余11名联邦储备银行行长每年轮流担任。没有正式担任委员会成员的其他 7 名联邦储备银行行长也列席会议①。

公开市场委员会会议包括三个主要程序,首先是纽约联储外汇交易公开市场报告、纽约联储国内公开市场报告、研究局经济形势报告;其次是与会人员对经济形势进行讨论;最后是确定公开市场政策指令。在对经济形势的讨论中,各个地区的联邦储备银行行长将会结合棕皮书内容重点讨论自身区域内的经济情况。尽管只有 5 名地区联邦储备银行行长具有投票权,但是每位行长都会在讨论中发表意见,其观点也将对货币政策的制定产生较大影响。在确定货币政策指令的过程中,需要 19 名参加会议的人员形成大多数意见才能够进入表决程序(胡志浩,2008)。可见,美联储各地区的联邦储备银行在货币政策制定中发挥了关注区域经济的重要作用。

(二) 中国人民银行分支行在货币政策决策中的作用

我国的货币政策决策在形式上采取的是行长负责制,由于政治体制的原因,我国的中央银行独立性较低,货币政策的重大决策权属于中央政府。在总行没有货币政策最终决策权的前提下,分支行显然无法在货币政策决策中反映区域经济的政策需要。

中国人民银行设有货币政策委员会,但是根据现有法律规定,该委员会仅仅是一个决策咨询议事机构,还不具有货币政策真正的决策权。而且货币政策委员会的构成中不包括人民银行分支机构的代表,大多数是中央政府官员,这些官员忙于行政事务,对于区域经济不可能给予很大的关注,难以提出反映区域经济需要的货币政策建议。

货币政策的制定应该建立在充分了解各种信息的基础上,否则货币政策不仅起不到调控经济的作用,甚至会对部分区域的经济造成负面冲击。由于分支机构没有货币政策制定的参与权,只需要根据总行规定履行在辖区内的职责,在重大问题上不需要发表意见和发挥主动性,因此人民银行分支行对区域经济数据的收集和统计相对粗糙。尽管目前人民银行从 2004 年起推出了《中国区域金融运行报告》,但也是比较基本的数据罗列和情况说明,缺乏更深入的分析,研究工具的使用也较为有限。中心支行

---

① 由于 FOMC 会议的现场工作是不向外界和媒体公开的,因此有人也称为 19 个人的秘密会议,这 19 个人当中 12 个人是美国联邦储备银行的行长。

收集数据汇总到大区行后,大区行也没能够利用这些数据对于区域经济和区域货币政策需求进行有效的研究。从省中心支行到大区行的数据和信息尽管有传递机制,但是存在着一定的信息成本和信息不对称情况,大区行对于区域经济的了解往往并不深入。区域数据目前只是被汇总为总量数据后作为决策参考,并没有体现出区域差异。分支机构研究能力的薄弱也在客观上限制了对区域经济情况的深入分析。

可见,中央银行分支机构在货币政策决策机制当中起到的作用微乎其微。这不利于制定充分考虑区域经济结构差异以及经济周期等差异的货币政策。

(三) 小结

通过对美联储与中国人民银行货币政策决策模式和区域分行在货币政策制定中所起作用的对比,我们发现,美国的 12 家联邦储备银行在货币政策制定中扮演了关键角色,充分考虑了区域经济的差异。

中国人民银行在货币政策的制定中缺乏对区域差异的关注。我国央行总行的独立性不高,尽管人行通过撤销省行货币信贷管理职能的方式增强了央行的独立性,但这种方式仅仅减少了地方政府对省级人民银行分支机构的干预。人民银行总行在制定货币政策时仍然很大程度受到政府促进经济快速发展动机的影响。导致了货币政策不能及时控制发达地区经济的快速增长以及部分资产价格的过快上涨,直到出现明显通货膨胀时才采取紧缩的货币政策,导致了部分地区又出现中小企业倒闭等现象。货币政策制定的灵活性和有效性的不足使价格信号失灵,打乱了经济秩序,导致了区域经济的大起大落,造成了资源的浪费和不合理配置。

从长期来讲,中国中央银行分支机构尤其是大区行应该在货币政策制定和区域经济研究上发挥更大的作用,以使得货币政策的制定和执行能够更有利于区域经济的发展。

三 货币政策工具的阶段性实践

货币政策工具是中央银行调控经济采用的政策手段。一般性的货币政策工具包括公开市场业务、再贷款再贴现、存款准备金率三大货币政策工具。除此之外,存贷款利率也是中国货币政策调控的工具之一。而选择性的货币政策工具包括窗口指导、信贷规模管制等政策工具。这些工具通过信贷渠道、利率渠道、资产价格渠道、汇率渠道等对投资和消费行为产生影响，最终达到影响社会总产出和总价格水平的目的。

由于我国从1998年起取消商业银行信贷规模管制，采取一系列更加间接的手段对货币投放量进行调控，货币政策的实施手段发生了比较大的转变，并且对货币政策工具和金融体系进行了一系列的改革。因此，我们以1998年为界，把1985—2011年这26年分为1985—1998年和1998—2011年两个阶段。

(一) 1985—1998年阶段货币政策工具和执行效果

1. 信贷规模管理和再贷款

1998年之前，中国最主要的货币政策调控方式是信贷规模管理。中国在1984年刚刚建立起中央银行体系到1994年外汇管理体制改革期间，基础货币发放形式以人民银行再贷款的发放为主，从图3.1可以看出，1985—1998年期间，对其他存款性公司债权占人民银行资产负债表当中总资产的比重始终高于其他项资产。1985年对其他存款性公司债权占总资产比重为82%，1986年比重为80%，直到1994年，比重仍达到60%。可见，这段时期基础货币都是以人民银行再贷款的形式发放的。1993年《国务院关于金融体制改革的决定》制订了金融体制改革方案。1994年以后，对商业银行发放的再贷款规模下降，对农发行、农业部门、国有企业改革等给予的再贷款规模上升[①]。

2. 准备金率

准备金率在1988年之前进行了四次调整，1985—1988年，每年都进行了一次调整。1984年中国人民银行开始专门行使中央银行职能后，按存款种类设定了中国工商银行、中国农业银行、中国银行的准备金率。1985年，把工、农、中各种存款的准备金率统一设定为10%，建设银行信贷业务也纳入中国人民银行信贷资金管理范围，存款准备金率单独设定为30%。1986年统一了四大行的存款准备金率。1987年，把专业银行和其他金融机构的存款准备金率从10%提高到了12%，1988年，再次上调到了13%。1988—1998年，准备金率始终保持在13%，没做变动[②]。

---

① 中国人民银行再贷款利率历次调整具体见附表1。
② 中国人民银行存款准备金率历次调整具体见附表2。

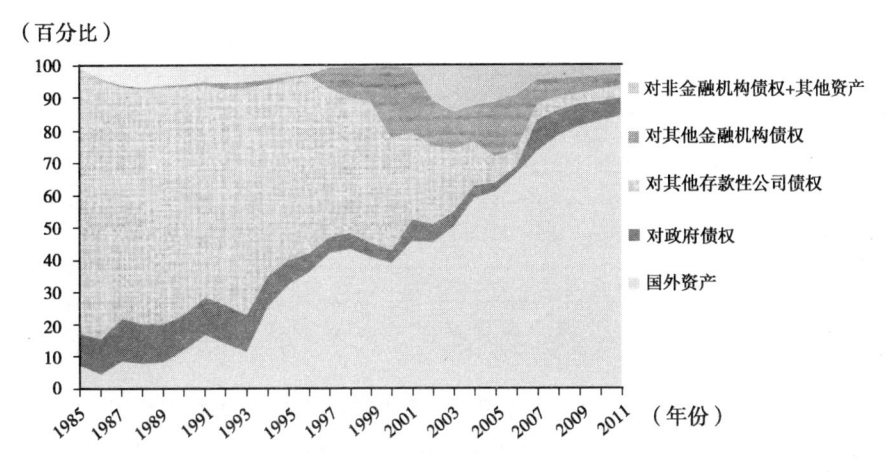

第三章 中国货币政策与区域经济：历史演进与现状

图 3.1　中国人民银行各项资产占总资产比重（1985—2011）

注：①数据来源：根据各年份《中国金融年鉴》和人民银行网站（www.pbc.gov.cn）的货币当局资产负债表（1993年以前"货币当局资产负债表"被称为"中国人民银行资产负债表"）中的数据整理得出。②由于货币当局资产负债表的各个项目统计口径和名称发生了一定的变化，有必要对部分数据进行说明。其中，"对其他金融机构债权"数据对应于1993年之前的"对非银行金融机构贷款"；"对其他存款性公司债权"数据对应于2005年之前的"对存款货币银行债权"及"对特定存款机构债权"加总的数据，并且也对应于1993年之前的"对银行贷款"；"对政府债权"数据对应于1993年之前的"预算借款"数据；"国外资产"数据对应于1993年之前的"黄金和外汇"及"在国际金融机构资产"数据；并且把"对非金融机构债权"和"其他资产"归结为一个项目，对应于1993年之前的"其他贷款"。

3. 利率

在1988年和1993年人民银行都采用了调高利率的方式控制通货膨胀，从图3.2来看，由于宏观经济波动幅度较大，直接调控阶段人民银行对利率的调整幅度也大大高于间接调控阶段[①]。

4. 再贴现

人民银行对商业银行的票据再贴现业务始于1986年。1987—1998年，再贴现利率是依照同期再贷款利率下浮5%—10%执行[②]。由于再贴现业务被限定额度，并且指定行业和产品发放，再贴现业务规模始终较低。

---

① 我国金融机构存贷款基准利率历次调整具体见附表3和附表4。
② 中国人民银行再贴现利率历次调整具体见附表5。

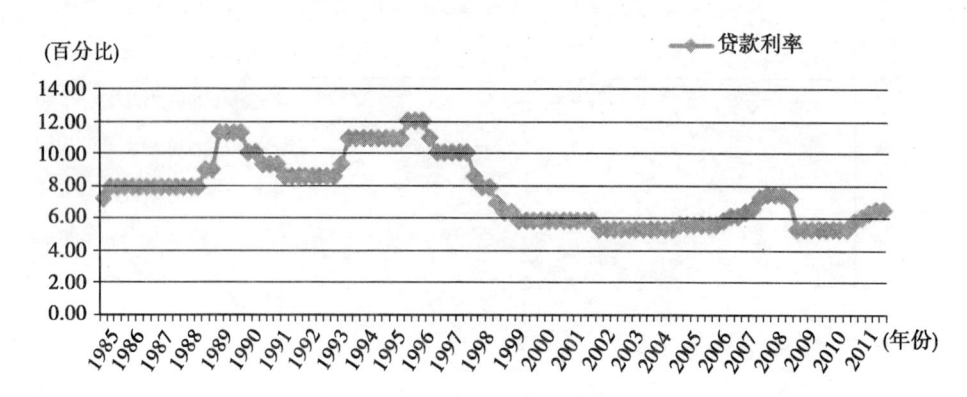

图 3.2　一年期贷款利率历年变动趋势（1985—2011）

注：数据来自中国人民银行网站（www.pbc.gov.cn）和 WIND 数据库。

5. 直接调控模式下货币政策执行效果总结

这个阶段货币政策的执行方式较为单一，人民银行根据商业银行上报的信贷资金需求制订信贷计划，确定下一年国有商业银行信贷规模指标。尽管这一阶段利率、再贴现率、准备金率也根据经济的波动进行了相应的调整。但是人民银行总行可以控制信贷总量，因此这一期间最重要的货币政策工具是再贷款和信贷规模管理。

在这样的货币政策实施方式下，只要控制各家商业银行的信贷指标就能够对货币发行量进行控制。但是商业银行分支行常常受到来自地方政府希望支持本地区国有企业的贷款压力，实际贷款常常突破信贷计划超规模发放，信贷规模管理方式无法达到预期的效果，导致人民银行不得不采取严厉的措施控制信贷规模。致使这段时期经济出现大起大落，通货膨胀和通货紧缩现象交替出现，使资源无法合理配置，对经济造成了较大的负向冲击。

（二）1998—2011 年阶段货币政策工具和执行效果

1998 年取消商业银行信贷规模管制之后，公开市场业务、再贷款、再贴现、准备金率、利率调节、窗口指导等多种货币政策工具取代了原有的以计划手段为主的货币政策调控方式，开始了以间接调控为主的货币政策实施模式。

1. 公开市场业务

1994 年开始，中国开始逐渐采用间接调控的手段，1996 年推出公开市场业务后，由于公开市场操作对应的国债等金融工具市场发育滞后，公开市场业务于 1997 年被迫停止。1998 年重新开展公开市场业务后，央行票据发行、政策性金融债发行、国债市场规模不断扩大，为公开市场业务提供了可操作的基础资产。公开市场业务成为基础货币投放与回收的主要操作工具。

1994年外汇管理体制改革之后，国外资产占人民银行总资产的比重开始大幅增加，从1993年的11%上升到了1994年的25%，并在之后的年份持续上升，同时，其他存款性公司债权则保持持续下降。到1998年，国外资产占货币当局总资产的比重达到43%，首度超过了存款性公司债权占货币当局总资产42%的比重。从图3.1可以看出，国外资产占货币当局总资产比重从1994年开始不断升高，在1998年以后成为货币当局总资产中比例最高的资产，直到2011年，国外资产比重已经上升为84.7%。这使我国基础货币的发放形式也发生了极大的转变，从1998年之前以人民银行再贷款为主的发放形式转变为1998年之后以外汇占款为主的发放形式。

2. 再贷款

从图3.1可以看出，1998年之后，中国人民银行总资产构成中，对其他存款性公司债权所占比重开始低于国外资产，说明再贷款已经不再是基础货币的主要投放渠道。但是由于再贷款具有结构性调节的政策性功能，人民银行在这段时期向政策性银行、中小商业银行、农村信用合作社等机构发放了大量的再贷款，因此再贷款在基础货币的供给中仍然占有一定的比重。再贷款利率调整这一政策工具运用相对并不频繁，其调整的频率大大低于存款准备金率和利率[①]。

3. 再贴现

从1998年3月21日起，再贴现利率不再参照同期再贷款利率相应下浮，而是自身作为一种中央银行基准利率单独确定。同年，中央银行为了发挥再贴现的间接调控功能，对再贴现利率进行了较大程度的下调，并且增加了各个分行的再贴现额度。2000年末，再贴现业务达到了最高水平，为1256亿元。但同时，票据贴现市场出现了较多套取资金的不规范行为，从2001年9月11日起，中央银行提高了再贴现率，再贴现业务从此进入规范调整阶段，业务量大幅下降。

随着近年来由外汇占款投放的货币一直猛增，央行的政策操作都以回

---

① 我国再贷款利率的历年调整具体情况请参见本书附表1。

收流动性为目的，因此中央银行令再贴现利率一直保持在较高水平，意图减少流动性，再贴现业务规模也始终较低。可见，再贴现在投放基础货币上发挥实质性作用的时间较短，业务规模也较小。

4. 准备金率

在1988—1998年，准备金率一直没有变动。但是从1998年开始，人民银行开始使用频繁使用准备金率这种效果较为猛烈的货币政策工具。准备金率提高对于控制商业银行信贷的发放具有明显的作用。不同类型的商业银行资金宽裕程度不同，受到准备金率变动的影响也存在差异。

5. 利率

由于亚洲金融危机的影响，1997年开始，宏观经济调控以扩大内需为主，利率也从1997年开始连续下调。1年贷款基准利率从1997年的8.64%连续下调，直到2002年的5.31%。从2003年起，我国出现了投资过热、房地产价格上涨过快等情况，因此从2004年起，货币政策进入加息周期，1年期贷款基准利率上调至5.58%。尽管各类宏观经济指标在2005年一度回落，2006年又开始出现通货膨胀的压力，因此，2006年起人民银行又上调利率。随着2007年出现通货膨胀压力加大和显著的流动性过剩，利率也随之逐步上调，到2007年12月，一年期贷款基准利率已经上调为7.47%。2008年下半年，受全球金融危机影响，我国利率连续多次下调，在2009年保持不变，随着2010年的物价水平的升高，一年期贷款利率又逐步上调为2011年7月的6.56%。可见，利率调整已经是我国重要的价格型货币政策工具。

6. 窗口指导

窗口指导是指中央银行运用自身的特殊地位通过劝告的方式指导金融机构的贷款投向和贷款变动数量，使金融机构的信贷发放与国家宏观政策意图达到一致的行为。1998年信贷总量控制取消之后，人民银行主要通过窗口指导引导金融机构贷款的投向，对不同的产业、行业、经济部门或者是经济主体，采取支持或者限制的措施。

窗口指导在不同时期对同一种产业可能采取不同的指导意见。例如对于房地产行业，人民银行在2003年之前把房地产业作为国民经济发展的主要支柱，积极鼓励商业银行发放个人住房抵押贷款。由于2002年以来出现了房地产信贷投放过快，部分地区房地产价格和投资增长过快的现象；人民银行在2003年发布了《中国人民银行关于进一步加强房地产信贷管理的通知》（银发〔2003〕121号），开始对部分房地产贷款进行一定的控制，防止银行信贷风险[①]。此后人民银行针对房地产采取的窗口指导一直以平抑房地产价格为主。窗口指导在控制房地产市场泡沫、解决中小企业融资难问题、"三农"问题、支持灾区建设等产业结构和区域经济调整方面发挥了重要的作用。

7. 间接调控阶段货币政策执行效果总结

1998年开始采用间接调控手段后，人民银行对货币发行的控制水平也开始显著提高。1986—1997年阶段与1998—2011年阶段相比（见图3.3），前一个阶段货币供应增长率和物价指数变动率波动幅度较大，最高达到了1993年的38.8%，最低则低到1989年的6.6%，物价指数变动率也在最低值3.1%到最高值24.1%之间波动，波动幅度达到21%。GDP变动率也经历了上下起伏的过程，经济增长较不稳定。而后一个阶段两个变量的运行都相对平稳。货币供应量增长率始终保持在相对较窄的范围内波动，比1986—1997年间波动幅度小了很多，物价指数也保持在比较稳定的变动范围内。这段时间我国的经济增长也保持了比较平稳的增速。

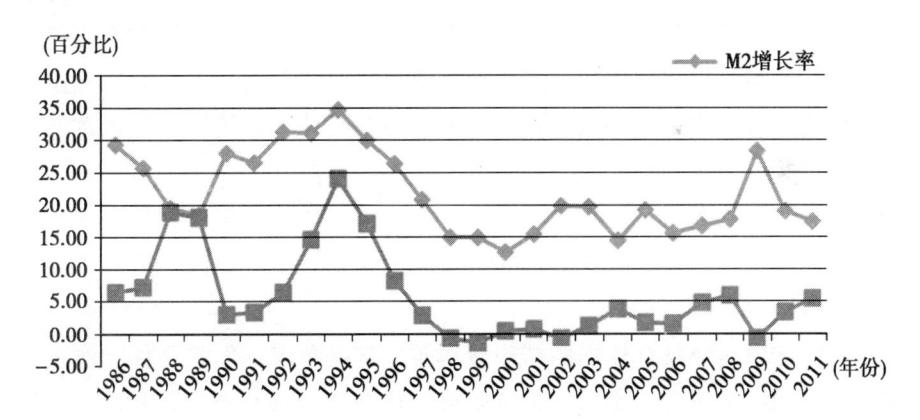

图 3.3　中国货币供应增长率和物价指数变动率趋势（1986—2011）

注：数据来自中国金融年鉴和中国统计年鉴相关各年份。

从我国的货币供给量变动以及价格的波动程度来看，中央银行货币政策综合运用各种货币政策工具对货币供给量进行调控，货币供给量和物价水平保持了较为平稳的变动，货币政策制定和实施水平比直接调控阶段有

[①] 关于窗口指导具体指导意见和发布相关政策文件的详细情况，可以参见相关的各期中国货币政策执行报告。

了明显的进步。

四　中国货币政策的特殊性

从货币政策的发展历程以及国际比较可以看出，央行独立性、货币政策制定过程、操作模式、政策实施环境都存在很大差异。从对区域经济影响的角度来看，货币政策有以下几个区别于其他国家货币政策的特征。

（一）具有较强的结构性功能

中国的货币政策比发达国家的货币政策承担了更多的任务。在金融机构改革以前，需要通过再贷款政策对中央政府指定的产业、企业、区域进行支持。尽管金融机构改革后，对商业银行再贷款规模大大下降，但是还是要解决一些制度遗留下来的问题，因此仍然继续向政策性银行发放再贷款，除此之外，还包括支农再贷款、中小金融机构专项再贷款、地方政府专项再贷款等。从图3.1也可以看出，在金融机构改革后，尽管对存款类金融机构的债权不断收窄。但是在1994年之后，对其他金融机构债权占货币当局总资产的比重大幅上升，原因在于金融体制改革后，商业银行承担的政策性贷款任务转移给了政策性银行，因此对商业银行发放的支持农业部门、大型基础建设项目、进出口企业等方面的再贷款也转而向政策性银行发放，这造成了人民银行资产负债表中对其他金融机构债权比重的大幅上升。

再贴现也具有明显的结构性功能，尽管再贴现率低于再贷款利率，但是再贴现是规定额度、行业、产品发放的，这对于不同地区的影响将会有一定的差异。

窗口指导本身具有较强的结构性功能，它以会议、发放文件、非正式座谈等不同形式对商业银行的信贷发放进行指导。对不同行业和产业的结构性调整对于不同区域也会产生差异性影响。

准备金率也具有较强的结构性功能，中国人民银行从2004年4月25日起实施差别的存款准备金率，对资本充足率不足的金融机构实行较高的存款准备金率。但对没有进行股份制改革的国有独资商业银行、城市信用社、农村信用社暂时不做较高的准备金率的要求。这对于贷款扩张程度不同的地区也会产生差异性影响。

可见，尽管统一的货币政策工具对区域经济具有影响，但是同时结构性的货币政策工具也在发挥作用，区域经济最终的货币政策效应是这两者的综合作用。不同的货币政策工具对区域经济影响是不同的，有些政策工具导致货币政策对东部冲击较大，有些政策工具导致货币政策对西部冲击较为明显。需要从不同的货币政策工具角度具体分析货币政策区域效应。

（二）利率管制

根据经典货币政策传导渠道理论，货币政策的调整是首先影响货币供给量，通过货币供给量影响利率，利率影响投资，进而影响总需求。由于我国的利率处于管制状态，货币供给量和利率对总需求的影响是通过两个不同的渠道进行的，货币供给量和利率的高低联动关系相对较弱。调节利率也是我国货币政策工具之一。

利率的变动可以影响企业的融资成本，限制投资过快增长。但是由于我国各个区域经济发展水平存在较大差异，对于东部发达地区而言，如果利率水平相对较低，对企业投资成本的约束作用较弱，导致东部发达地区更为容易出现投资过热的情况。

（三）货币供给内生性

1994年人民币汇率制度确定之后的大部分时间里，我国的国际收支都处于双顺差的状态。2005年人民币汇率制度进一步改革之后，对人民币升值的预期加大，大量热钱涌入我国，通过外汇公开市场业务投放的基础货币也不断增多。人民银行不得不通过本币公开市场业务、提高利率、提高准备金率等政策工具收回不断增大的流动性，但是流动性过剩问题仍然没能解决。直到2007年底，中国人民银行重新采用了信贷规模控制这种直接管制手段，并且把准备金率提到了史上最高的程度，货币供给才获得了控制。由于外汇占款的存在，货币供给无法完全由人民银行控制，具有很强的内生性。外汇占款的投放对货币政策的执行产生了重要的影响，并且对不同区域经济的影响存在很大的不同。

（四）货币政策扩张和紧缩的非对称性

根据凯恩斯的理论，货币政策的作用和绳子类似，可以产生拉力，但是不能产生推力。紧缩的货币政策能够为过热的经济踩下急刹车，但是扩张的货币政策却难以使经济走出低迷的状态。我国的货币政策扩张和紧缩对经济同样会产生非对称的作用。扩张阶段和紧缩阶段通过不同的因素对区域经济的影响也存在明显的区别，货币政策扩张时容易造成资产价格的过度上涨，但是对于欠发达地区实体经济增长的贡献则较弱，而在紧缩时则对于中小企业、非国有经济等部门造成明显的冲击，进而对中小企业和非国有经济比重较大的地区影响较为明显。

（五）央行独立性较低

我国人民银行组织结构和职能范围的演变历程表明，由于我国央行总行的独立性不高，在制定货币政策时易受到政府促进经济快速发展动机的影响。造成了我国货币供给量倾向于过量发行，货币政策不能及时控制发达地区固定资产投资的快速增长以及部分资产价格的过快上涨，直到出现明显通货膨胀时才采取紧缩的货币政策，导致了部分地区又出现中小企业倒闭等现象。货币政策制定的灵活性和有效性的不足使价格信号失灵，打乱了经济秩序，造成了资源的浪费。

这些货币政策的特殊性说明，我国的货币政策区域效应的研究既要采用国外的理论和实证研究方法，也要联系我国货币政策的特殊性和区域金融经济差异的实际，对我国货币政策对区域经济的影响进行具体的分析。

第二节 中国区域经济差异

一 区域经济发展水平差异

从中国内地各个区域生产总值的比较（见图3.4）可以看出，从高到低的顺序依次为东部地区、中部地区、西部地区、东北地区。

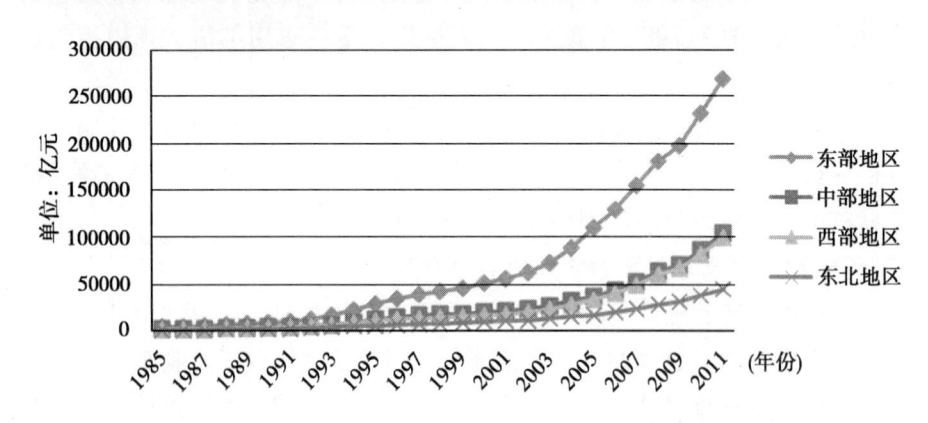

图3.4 中国内地各个区域生产总值比较（1985—2011）

注：①数据来源：根据《新中国六十年统计资料汇编》和《中国区域金融运行报告》各期相关的数据整理得出。②表中的纵轴单位为亿元人民币，横轴为年份。

截至2011年，东部地区的生产总值已经达到了26.9259万亿元，而中部地区为 10.42557 万亿元，西部地区为 9.96187 万亿元，东北地区为 4.50604 万亿元。从图 3.4 我们还可以看出，中部和西部地区的生产总值始终相差不大。中部地区的生产总值始终略高于西部地区。

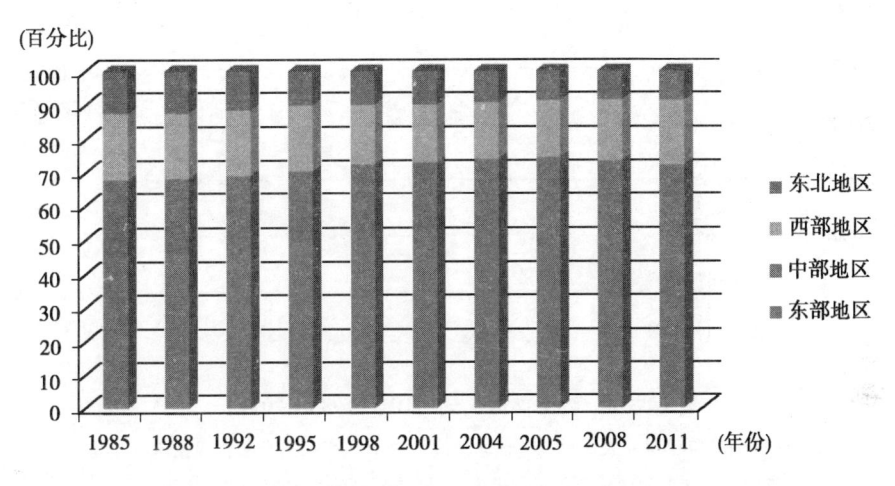

图 3.5　各个区域生产总值占全国比重（1985—2011）

注：①纵轴单位为%，横轴单位为年份。②样本期间为 1985—2011 年，每 3 年取一个样本点。

从区域生产总值所占比重比较（见图 3.5）可以看出，东部地区生产总值占全国地区比重总体处于上升的趋势，从 1985 年的 45.02% 上升到了 2005 年的 55.58%，上升幅度为 10.56%，随后又略有下降，下降为 2011 年的 51.96%。而中部、西部、东北地区生产总值占比则分别出现了不同程度的下降，中部地区从 1985 年的 22.71% 下降到了 2005 年的 18.82%，下降幅度为 3.89%，随后上升到 20.12%；西部地区从 19.79% 下降到了 16.93%，下降幅度为 2.86%，随后上升到 19.22%；东北地区从 1985 年的 12.47% 下降为 2008 年的 8.52%，下降幅度为 3.95%，随后上升到 8.70%。可见东部地区的经济发展速度高于西部、中部和东北地区，东北地区的发展速度则落在了其他地区之后。

东部地区经济规模在全国地区始终保持较高的权重，东部地区的经济发展状况也自然对货币政策制定起到了最大的影响，这会使货币政策的制定以调节东部地区经济变动为主，忽略了其他地区的政策需求，这可能导致货币政策对其他地区经济发展产生较大的负向效应。

我们用人均 GDP 来衡量区域经济发展水平差异。从图 3.6 可以看出，

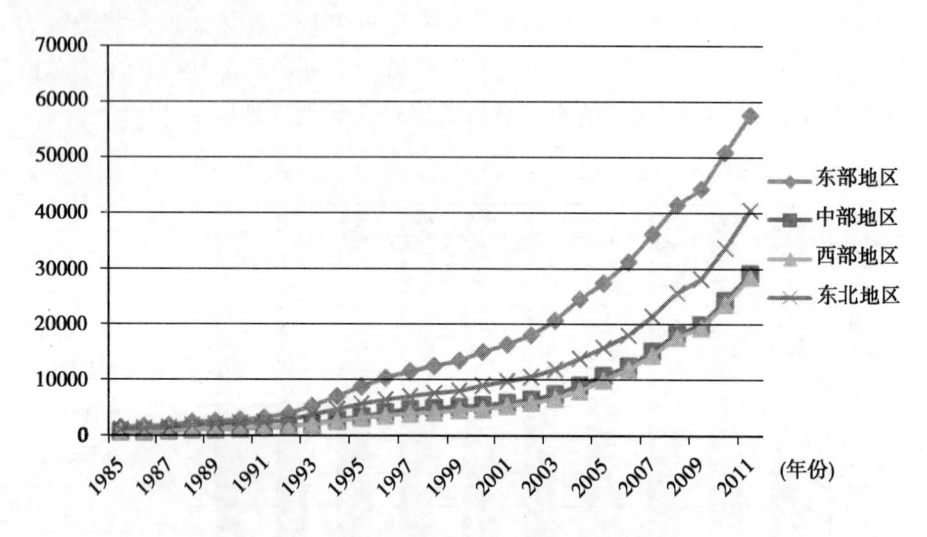

图 3.6　各个区域人均 GDP（1985—2011）

注：①纵轴的单位是元人民币，横轴的单位是年份。②数据来源：根据《新中国五十五年统计资料汇编》、《中国区域金融运行报告》、同花顺 iFinD 等数据整理得出。

东部地区人均 GDP 始终高于其他地区，东北地区排在第二位，并与东部地区差距逐渐拉开；中部地区略高于西部地区，人均 GDP 水平从高到低依次为东部、东北、中部、西部。

随着经济的持续发展，东部地区的 GDP 在 2006 年达到 27415 元人民币，达到了人均 GDP 3000 美元的国家中上收入标准[①]。而 2006 年的中部地区 GDP 仅为 12260 元和 14695 元人民币，2006 年西部地区 GDP 仅为 10932 元人民币。

在人均 GDP 水平存在显著区域差异的前提下，需求也存在明显的不同。例如，当人均 GDP 超过 3000 美元时，社会消费结构将发生转变，恩格尔系数下降，住房条件改善需求、旅游需求、医疗保障需求、文化生活需求等将明显增强。住房条件改善需求以及城市化进程导致中国东部发达地区房地产价格在宽松的货币环境下出现快速上涨，需求的变动也会导致产业结构发生变化。如果不同地区房地产价格受货币政策的影响程度不同，那么区域经济将因此受到货币政策不同的影响。同样，如果货币政策对不同产业的影响程度不同，区域经济也将会受到货币政策的不同影响。

---

① 根据世界银行的划分标准，人均国民总收入在 745 美元以下为低收入国家，746—2975 美元为中下收入国家，2976—9205 美元为中上收入国家，9206 美元以上为高收入国家。

货币政策是通过消费倾向、投资的利率弹性和收入弹性等对经济发生作用的。根据已有研究，人均 GDP 不同水平时，消费倾向和投资的利率弹性和收入弹性都存在较大差异。因此，在货币政策变动时，在不同区域的差异性消费倾向、投资利率弹性和收入弹性下，将对区域经济发生不同的作用。

二 区域经济结构差异

（一）区域产业结构差异

在 1985—2011 年期间，各个地区都经历了第一产业比重逐渐下降，第三产业比重逐渐上升的过程。

从区域产业变动趋势（图 3.7—图 3.10）可以看出，各个地区的第一产业比重逐渐下降，东部地区的第一产业比重从 1985 年的 25% 下降到了 2011 年的 6%，下降了 19 个百分点；中部地区的第一产业比重从 37% 下降到了 2011 年的 12%，下降了 20 个百分点；西部地区的第一产业比重从 36% 下降到了 2007 年的 16%，下降了 20 个百分点；东北地区的第一产业比重从 20% 下降到了 12%，下降了 8 个百分点。东部地区的第一产业比重下降速度最快，西部地区的第一产业比重下降趋势快于中部，东北地区第一产业比重最初是四个地区当中最低的，但是下降幅度最小。到了 2011 年，东部地区成为各个区域当中第一产业比重最低的地区。

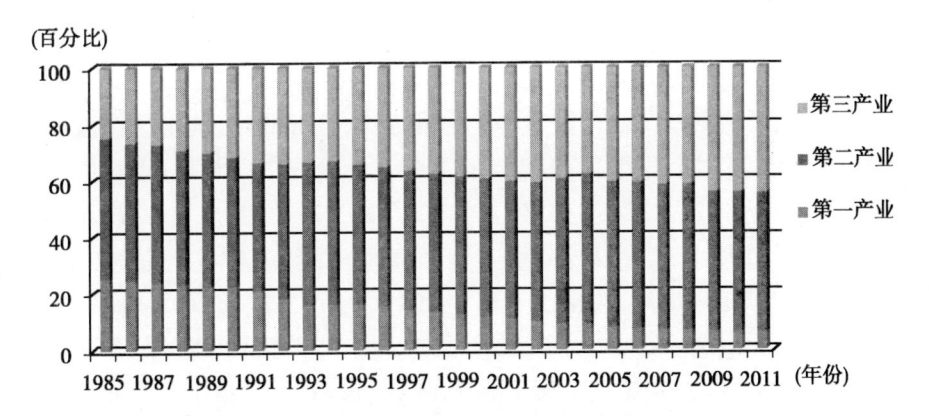

图 3.7 东部地区产业结构变动趋势（1985—2011）

数据来源：根据《新中国五十五年统计资料汇编》、《中国区域金融运行报告》、同花顺 iFinD 等数据整理得出。

(百分比)

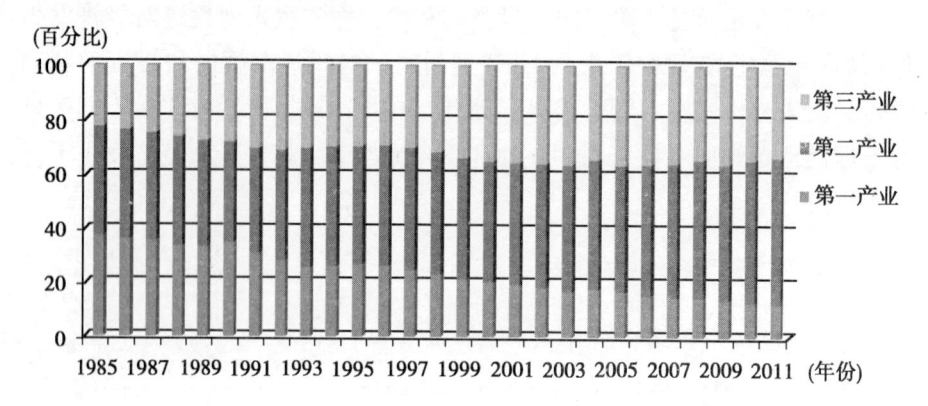

图 3.8 中部地区产业结构变动趋势（1985—2011）

注：数据来源同图 3.7。

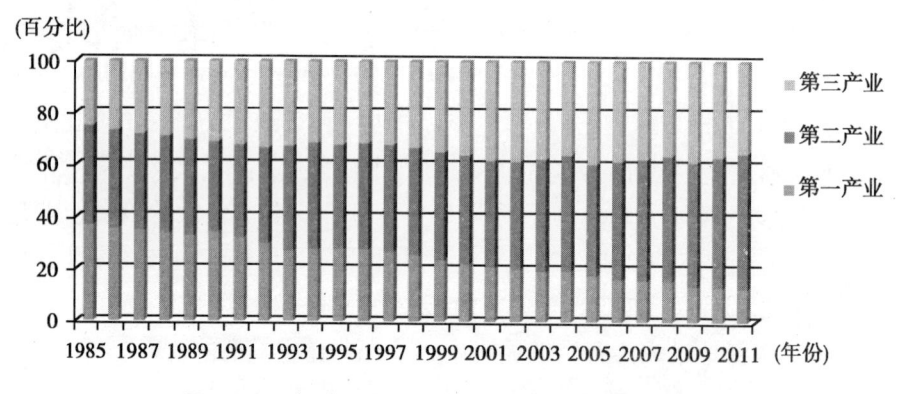

(百分比)

图 3.9 西部地区产业结构变动趋势（1985—2011）

注：数据来源同图 3.7。

  各个地区的第三产业比重总体呈上升趋势，东部地区的第三产业比重从 1985 年的 25% 上升到了 2011 年的 45%，上升了 20 个百分点；中部地区的第三产业比重从 22% 上升到了 2005 年的 37%，随后又下降为 2011 年的 34%，总体上升了 12 个百分点；西部地区的第三产业比重从 25% 上升到了 2005 年的 40%，随后又下降为 2011 年的 35%，总体上升了 10 个百分点；东北地区的第三产业比重从 22% 上升到了 2005 年的 38%，随后又下降为 2011 年的 36%，总体上升了 14 个百分点。可见中部、西部、东北地区的第三产业比重上升趋势较为类似，东部地区的第三产业比重上升幅度高于其他地区。

  但是第二产业变动存在区别，中部、西部地区第二产业比重都有一定程度的上升，中部地区第二产业比重从 40.2% 上升到了 54.1%，上升了 13.9 个

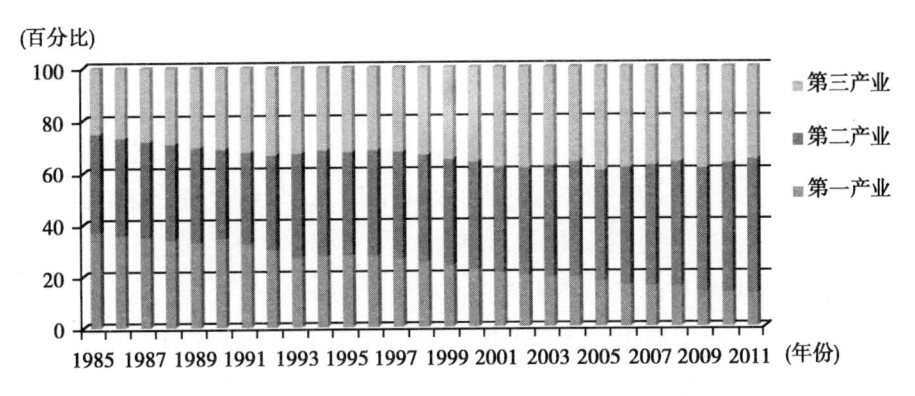

图 3.10 东北地区产业结构变动趋势（1985—2011）

注：数据来源同图 3.7。

百分点；西部地区第二产业比重从 38.0% 上升到了 51.8%，上升了 13.8 个百分点。东部地区第二产业比重从 49.5% 一度上升到了 2004 年的 53.2%，随后又下降为 2011 年的 49.1%，东部地区第二产业比重几乎没有变化；而东北地区第二产业的比重则相对下降，从 58.7% 下降到了 53.4%，下降了 5.3 个百分点（各个区域产业结构升降变动趋势见表 3.3）。

表 3.2　各个区域三大产业占 GDP 比重（1985—2011）

	第一产业比重	第二产业比重	第三产业比重
东部	0.142	0.494	0.364
中部	0.236	0.448	0.317
西部	0.246	0.415	0.339
东北	0.153	0.512	0.334

注：①数据来源同图 3.7。②三大产业占 GDP 比重为 1985—2011 年三大产业占 GDP 比重平均值。

表 3.3　各个区域三大产业比重升降变动趋势（1985—2011）

	第一产业比重	第二产业比重	第三产业比重
东部	↓	—	↑
中部	↓	↑	↑
西部	↓	↑	↑
东北	↓	↓	↑

从各个区域的产业比重变化可以看出，不同区域处于经济发展的不同阶段，对货币政策的反应方式也存在明显的差别。

而且各个地区的产业结构比重也存在明显不同，第一产业比重从高到低顺序依次为：西部地区、中部地区、东北地区、东部地区；第二产业比重从高到低顺序依次为：东北、东部、中部、西部；第三产业比重从高到低顺序依次为：东部、西部、东北、中部。可见，东部地区和东北地区第二产业比重显著高于中部地区和西部地区[①]。

如果不同产业对货币政策冲击的敏感性不同，货币政策对区域经济将会通过产业结构差异产生不同的影响。

(二) 区域国际收支结构差异

从图 3.11 可以看出，西部地区的国际收支差额长期处于负值，在国际收支为顺差的区域当中，东部地区的国际收支差额的比重一直处于主导地位。在这样的国际收支差额结构下，通过经常项目顺差和资本项目顺差流入的外汇也有明显的区域非均衡性，这造成通过外汇占款投放的基础货币大部分都分布在了对外经济发达的东部地区。外汇占款的发放导致了货币供给量具有较强的内生性，货币政策对区域经济的影响将会受到外汇占款区域非均衡投放的影响。

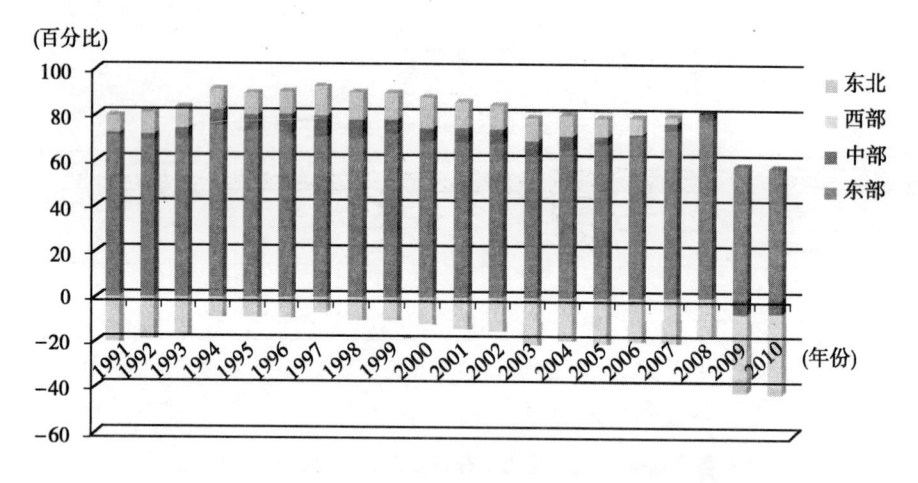

图 3.11　各个区域国际收支占比变动趋势 (1991—2010)

注：①根据同花顺 iFinD 等数据整理得出。②由于区域国际收支差额数据难以获得，我们用出口差额和实际利用外商直接投资额之和变动趋势表示国际收支差额变动趋势。

(三) 区域企业结构差异

从图 3.12 可以看出，东部地区的国有企业比重远远低于其他地区，

---

① 各个省份三大产业占生产总值比重具体见附表 6。

仅为33%，而西部地区、东北地区、中部地区的国有企业比重都较高，中部地区的国有企业比重为51%，西部地区国有企业比重为62%，东北地区国有企业比重为60%，其余三个地区国有企业比重都达到了东部地区的两倍左右。东部地区市场化发展较早，市场化程度较高，而其他地区经济仍然受到体制改革前的惯性影响，国有企业比重仍然较高。西部、中部、东北地区的政府主导经济发展模式发挥重要作用，市场化的经济发展方式发挥作用弱于东部地区，市场化程度落后于东部地区。这导致不同地区的企业对市场环境变化的反应能力也不同，东部的企业对市场信号的反应较为敏感，而欠发达地区的企业对市场信号反应较为迟钝。

同样，我们可以看出，各个地区的小企业比重也存在显著差异，但是差距并没有国有企业比重的地区差距大。东部地区的小企业占比最高，达到了52%；中部地区与东部地区小企业比重较为接近，为47%，西部地区为39%，东北地区的小企业比重最低，只有36%。

如果货币政策变动对不同所有制结构的企业影响程度不同，那么将会通过国有企业比重差异对区域经济产生差异性影响。同样，货币政策变动对大企业和小企业的影响不同，也将通过不同的小企业比重对区域经济产生差异性影响。

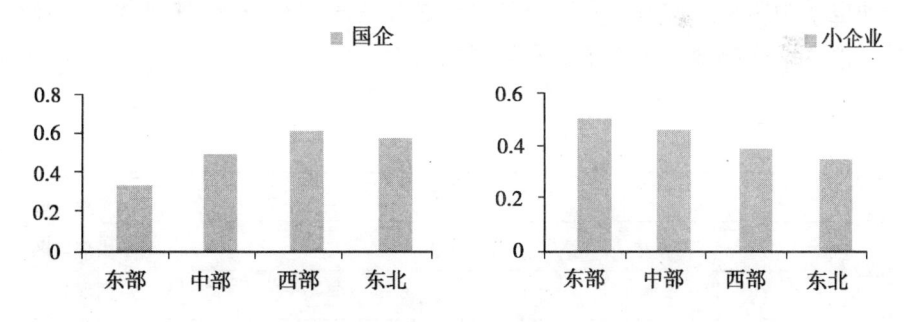

图 3.12　各个区域国有企业和小企业占所有企业比重（1993—2010）

注：①数据来自《中国工业经济统计年鉴》相关各年份，表中数据通过计算1993—2010年规模以上国有企业和中小企业就业人数和就业人数比重平均值得出。②由于国有企业中也包含部分国有中小企业，数据当中国有企业占比和小企业占比之和并不等于1。③由于数据可获得性等原因，西部地区未包括西藏自治区。④《中国工业经济统计年鉴》的国有企业和小企业都属于规模以上企业。

（四）小结

以上的结构性差异不仅仅反映了区域优势的发展结果，也反映了不同地区的市场化程度差异。市场化程度差异影响了货币政策的传导,在市场化低的地区,货币政策传导的有效性较低;在市场化较高的地区,货币政策传导有效性也较高。

在这样的市场化程度差异下,东部地区与其他几个地区的增长方式存在显著的区别。东部地区经济增长具有较强的活力,投资收益率也较高,导致在货币政策扩张时期,大量资金从其他地区流入了东部,这对区域经济也产生了差异性影响。

三 区域经济周期差异

中国的货币政策的最终目标是在保证物价稳定的前提下,促进经济增长。因此,中国的货币政策应该是以稳定物价和产出为目的的,也就是以稳定经济周期为目的的。但是我们通过以下分析可以发现,我国各个地区的经济周期变动并不一致,而是存在较为明显的差异。在这种情况下,统一的货币政策难免顾此失彼,在货币政策扩张时,东部地区由于经济发展较快、企业投资回报率高、金融市场发达等特点,在资金的获取上具有优势,经济发展速度快于其他地区。而在货币政策紧缩阶段,东部地区中小企业容易出现资金紧张的现象,这导致东部地区在货币政策紧缩时期经济波动也较为明显。并且,货币政策在对过热的东部经济起到抑制作用的同时,也令中西部地区失去了正常发展的机会。

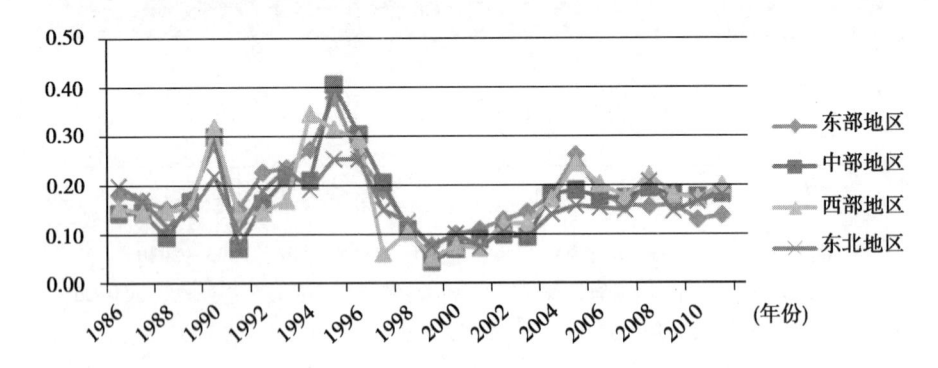

图 3.13　各个区域真实产出增长率波动(1986—2011)

注:①真实产出根据生产总值与居民消费品价格(以上年为基期)比值计算得出。②数据来源:根据《新中国五十五年统计资料汇编》、《中国区域金融运行报告》、同花顺 iFinD 等数据整理得出。

从图 3.13 可以看出，各个地区的真实产出增长率变动表现出明显的不一致，不仅波动幅度有显著差异，而且波动方向也经常彼此相反。

从各个地区的物价指数变动（见图 3.14）可以看出，区域间物价指数的变动并没有真实产出变动的差异大，但是也存在着一定的差异。例如，在 1988—1989 年出现通货膨胀期间，物价指数最高的是东部地区，物价指数最低的地区是西部地区。在 1994 年的通货膨胀期间，物价指数最高的是中部地区，最低的是东北地区。

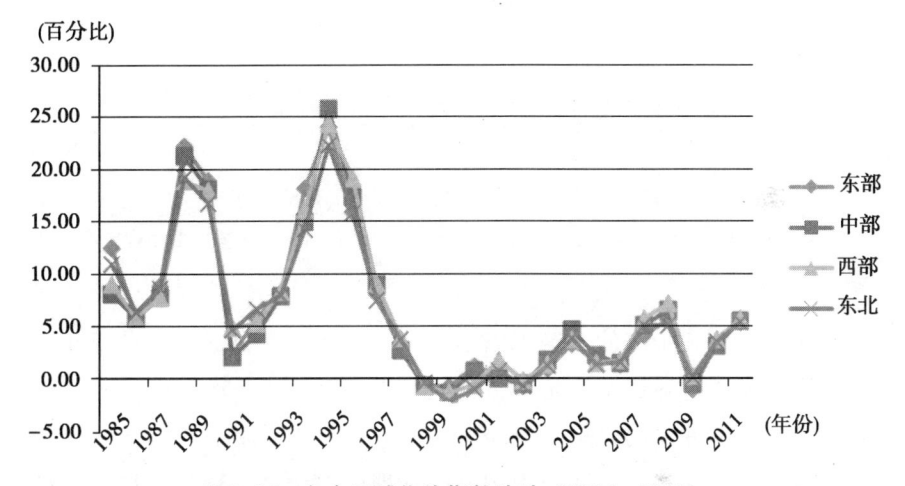

图 3.14　各个区域物价指数波动（1986—2011）

数据来源：根据《新中国五十五年统计资料汇编》、《中国区域金融运行报告》、同花顺 iFinD 等数据整理得出。

同样的，在统一的货币政策下，各个地区的贷款增长率也存在显著差异（见图 3.15）。比如 2000—2003 年，在宽松的货币政策环境下，东部地区的贷款增长率远远高于其他地区，2004—2005 年，各个地区的贷款增长率都出现了明显的下降，东部地区由于在扩张时期贷款扩张最快，在紧缩的货币政策环境下贷款增长率下降幅度也较大。而东北地区在宽松的货币政策环境下贷款增长较慢，但是在紧缩的货币政策环境下贷款下降幅度则较大。在 2009 年的一轮经济上涨过程中，各个地区的贷款增长率也存在着一定的差别。我们可以看出，各个地区的真实产出、价格、贷款变动周期都有显著的差别。在这样的区域经济周期波动特征下，统一的货币政策难以保证所有地区在物价稳定的前提下实现经济增长的目标。

20 世纪 90 年代开始，我国经历的几次经济过热主要都是由投资需求

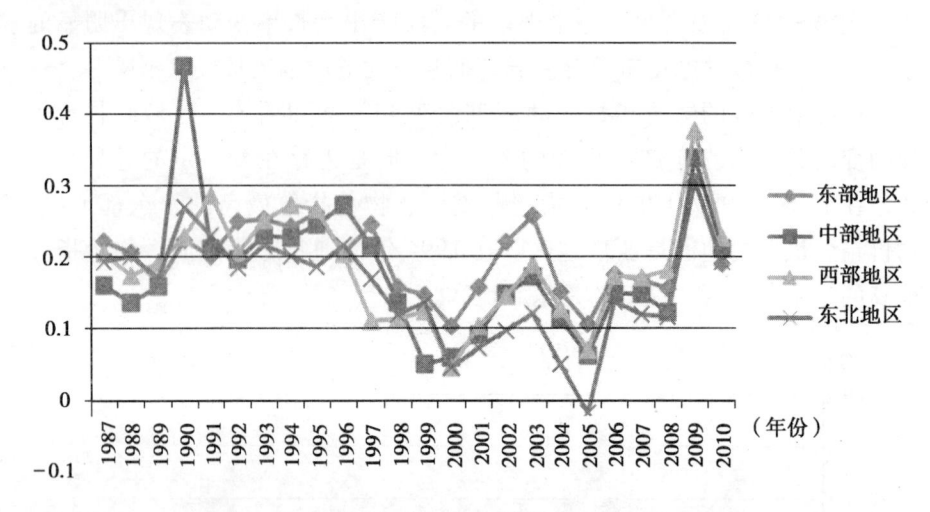

图 3.15　各个区域贷款增长率波动（1987—2010）

注：数据来源：根据《新中国五十五年统计资料汇编》、《中国区域金融运行报告》、同花顺 iFinD 等数据整理得出。

拉动导致的，由于中国的金融市场不发达，投资的资金主要来自商业银行贷款，投资需求过热基本上是在宽松的货币政策环境下产生的。而最早受到货币政策紧缩冲击的也是投资需求，因此，投资需求最高的地区受到货币冲击也将最大。在四大区域当中，东部地区由于经济较为发达，容易出现投资膨胀，因此也较容易随着货币政策出现经济的明显波动。

四　区域金融结构差异

（一）股份制商业银行区域分布差异

股份制商业银行是银行类金融机构当中行为较为市场化的一类银行，创建之初的目的就在于克服四大国有商业银行的弊端，带动金融体系改革，为地方经济提供资金支持。因此股份制商业银行在地区的发展规模一定程度上反映了该地区的信用环境以及该地区企业的投资回报率。

从股份制商业银行资产占全部商业银行资产比重可以看出（见图3.16），各个地区的股份制商业银行比重存在显著差别。股份制商业银行比重从高到低的顺序依次为：东部地区，平均水平达到了19.35%；东北地区，平均水平为10.86%；中部地区，平均水平为10.88%；西部地区，平均水平为8.72%。

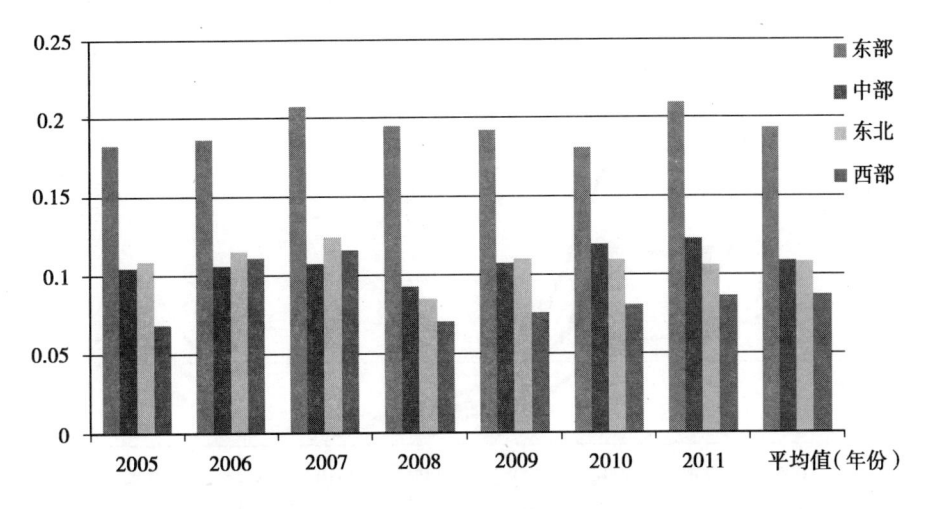

图 3.16　各个区域股份制商业银行比重（2005—2011）

注：受数据可获得性的限制，本书仅给出了 2005—2011 年股份制商业银行资产额占全部商业银行资产额的比重以及各年比重的平均值，数据来自 2005—2011 年的《中国区域金融运行报告》。

（二）不良贷款率区域差异

不良贷款率也代表了该地区的信用环境以及该地区企业的投资回报率。各个地区的不良贷款率的变动呈现出不同的变动趋势（见图 3.17）。

东部地区的不良贷款率逐步降低，从 2005 年的 8.35% 降为 2011 年的 0.84%；中部地区从 2005 年的 13.34% 下降为 2011 年的 1.14%；西部地区从 2005 年的 12.32% 下降为 2011 年的 1.14%；东北地区从 2005 年的 19.72% 下降为 2011 年的 1.14%。各个地区的不良贷款率本身也存在较大的差异，其平均值按照从低到高的顺序依次为：东部地区、西部地区、中部地区、东北地区。其中平均不良贷款率最高的地区为东北地区，比平均不良贷款率最低的东部地区高出 5.65 个百分点。

可见，如果货币政策变动对不同类型的商业银行影响方式不同，那么将会通过银行结构对区域经济产生差异性影响。同样，不良贷款率高低程度不同的地区对货币政策变动的反应程度也很有可能存在差异。

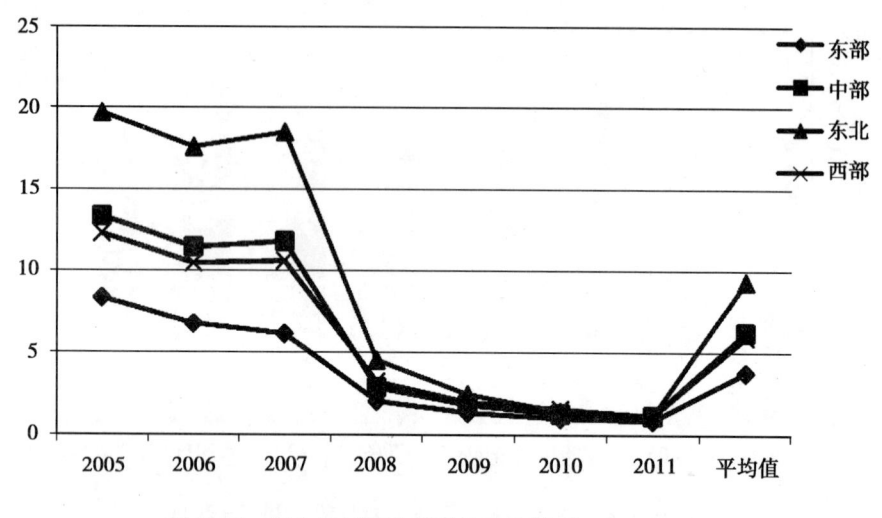

图 3.17　各个区域不良贷款比率比较（2005—2011）

注：受数据可获得性的限制，本书仅给出了 2005—2011 年以及这 7 年的平均不良贷款率，数据来自《中国银行业监督管理委员会年报》（2005—2011）。

（三）股票交易金额区域占比和上市公司区域分布差异

我们首先对各个地区的交易所资产交易金额①占全国资产交易金额比重与区域 GDP 占全国 GDP 比重进行比较。

从图 3.18 可以看出，东部地区各个年份的金融资产交易金额比重高于 GDP 比重，而其他地区的金融资产交易金额比重低于 GDP 比重。

从图 3.19 可以看出，东部地区金融资产交易金额占比的平均值为 76%，而 GDP 占比的平均值为 54%；中部地区金融资产交易金额占比的平均值为 10%，而 GDP 占比的平均值为 20%；西部地区金融资产交易金额占比的平均值为 9%，而 GDP 占比的平均值为 17%；东北地区金融资产交易金额占比的平均值为 5%，而 GDP 占比的平均值为 9%。这说明了东部地区的企业资产和居民财富构成中金融资产比重高于其他地区。当金融价格受货币政策影响波动较大时，会通过影响企业资产和居民财富，进而对金融资产占比较大的地区造成较为强烈的影响。

---

①　交易所资产包括股票、权证、基金、ETF、债券、国债现货、国债回购、金融债、企业债、可转债等。

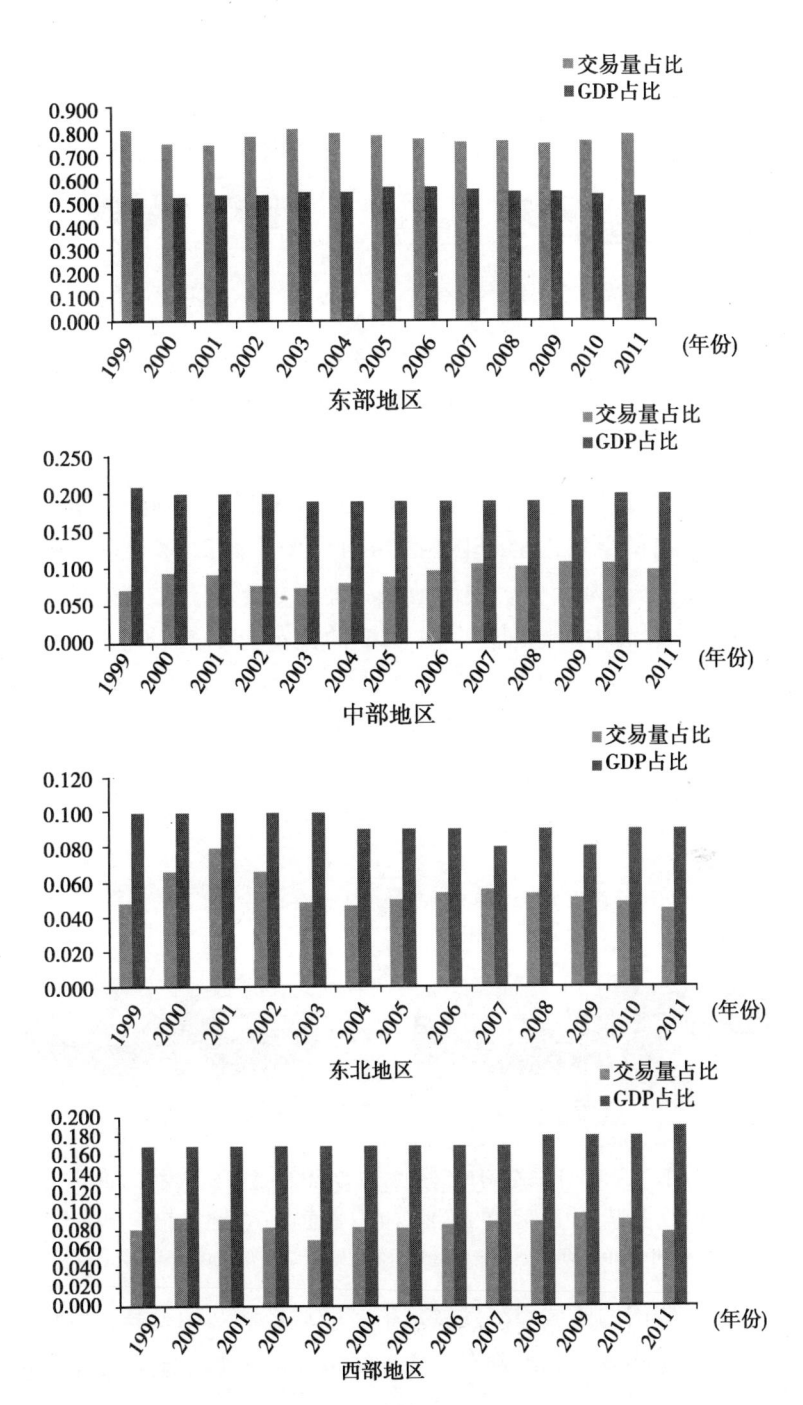

图 3.18 各个区域交易所资产交易金额占比与 GDP 占比（1999—2011）

数据来源：根据同花顺 iFinD 数据库整理得出。

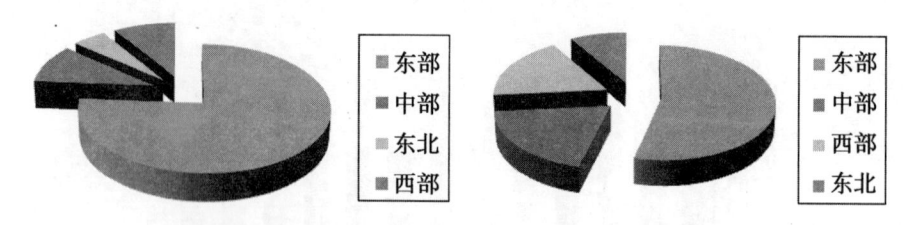

**图 3.19　交易所资产交易金额地区分布与 GDP 区域
占比平均值比较（1999—2011）**

数据来源：根据同花顺 iFinD 数据库整理得出。

从上市公司地区分布情况来看（见图 3.20），2007 年东部地区企业通过上市获得的融资占全国上市公司的 69%，而 2007 年东部地区 GDP 占全国 GDP 的比重为 55%；中部地区企业通过上市获得的融资占全国上市公司的 14%，而中部地区占全国 GDP 的比重为 19%；西部地区企业通过上市获得的融资占全国上市公司的 11%，而西部地区占全国 GDP 的比重为 17%；东北地区企业通过上市获得的融资占全国上市公司的 6%，而东北地区占全国 GDP 的比重为 9%[①]。可见，相比于本身的经济规模，东部地区通过上市方式募集的资金量也高于其他地区。

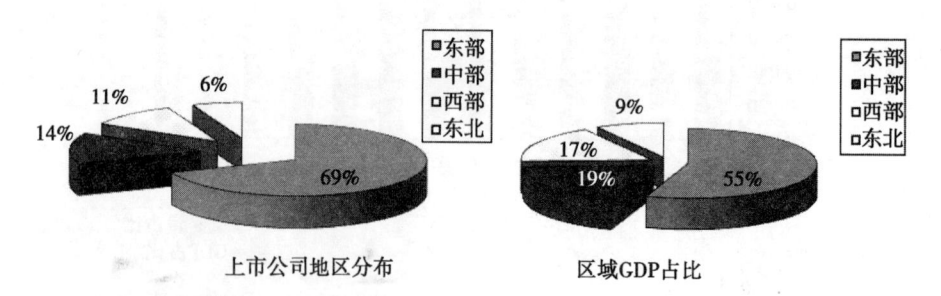

图 3.20　上市公司地区分布与 GDP 区域占比比较（2007）

数据来源：根据《中国化学工业年鉴 2007（下卷）》数据整理得出，由于数据可获得性的限制，只给出了 2007 年股票发行的区域分布，并对应给出 2007 年的 GDP 占比。

可见，我国的区域经济发展水平、区域经济结构差异、区域经济周期变动、区域金融发展状况都存在着明显的差异，货币政策在这样的实施环

---

① 各个省份上市公司募集资金占生产总值比重具体见附表 9。

境中对区域经济也会产生差异性的影响。

第三节 本章小结

一 从人民银行的职能和组织结构角度考察人民银行的发展历程，重点介绍了大区行的设置与改革过程。研究发现，按照经济区划设置的大区行没能发挥类似美国联邦储备银行在货币政策制定和区域经济信息收集和研究的作用。

二 比较了美国联邦储备银行和中国人民银行区域分支行在货币政策决策中所起的作用。研究发现，人民银行分支机构在货币政策决策时既没有投票权，也没有通过信息的收集对区域经济情况进行深入了解，这不利于制定充分考虑区域经济结构差异以及经济周期等差异的货币政策。

三 把货币政策实施历程分为直接调控和间接调控两个阶段。

直接调控阶段的货币政策工具主要是信贷规模管理，基础货币主要以人民银行再贷款形式发放。尽管准备金率、再贴现率、利率也作为货币政策工具对经济的波动进行了相应的调整，但是起到最明显作用的始终是对信贷总量的控制。由于这段时期地方政府为了支持地区经济，导致实际贷款常常突破信贷计划超规模发放，导致人民银行不得不采取严厉的措施控制信贷规模。致使经济大起大落，通货膨胀与通货紧缩交替出现，扰乱了经济秩序。

间接调控阶段，取消了对信贷规模的限制，公开市场业务、再贷款、再贴现、准备金率、利率调节、窗口指导等成为人民银行实施间接调控的货币政策工具。从货币供给量和价格波动水平来看，这一阶段中央银行通过运用各种货币政策工具对货币供给量进行了有效的调控，使这两者保持了比较平稳的变动，货币政策制定和实施水平比直接调控阶段有了明显的进步。

四 通过对人民银行演变历程、货币政策决策机制以及货币政策工具阶段性实施的考察，发现中国货币政策具有以下几个特殊性：第一，部分政策工具具有较强的结构性功能，各种货币政策工具对不同区域经济的影响存在显著差异。第二，统一的利率对不同区域的成本约束程度不同。第三，外汇占款导致货币供给具有较强的内生性，并对不同区域的影响存在显著差异。第四，货币政策区域效应扩张对区域经济的影响和紧缩对区域经济的影响方式也存在较大差异。第五，人民银行独立性较低，货币政策的制定对区域经济差异缺乏考虑。

五 从区域生产总值比较可以看出，东部地区的生产总值绝对量最高，以下依次为中部地区、西部地区、东北地区。从区域生产总值所占比重可以看出，东部地区占全国生产总值的比重从1980年到2007年一直处于上升的趋势，而中部、西部、东北地区生产总值占比则分别出现了不同程度的下降。东部地区经济规模权重较高，导致货币政策以调节东部地区经济变动为主，忽略了可能由此对其他地区造成的负向效应。

人均GDP水平区域差异的比较表明，人均GDP规模从高到低依次为：东部、东北、中部、西部。不同的GDP水平需求结构存在差异，这对区域房地产价格、产业结构都产生不同的影响，不同收入水平下的区域消费倾向、投资利率弹性和收入弹性也存在较大差异，这都将通过货币政策对区域经济发生不同的作用。

六 对区域经济结构的比较表明，区域产业结构存在显著差异，东部地区和东北地区第二产业比重显著高于中部地区和东部地区。国际收支差异比较表明，东部地区的国际收支差额在全国国际收支差额当中也占有较高的比重，中部、西部、东北地区的国际收支比重相对于自身的GDP规模而言则较低。在这种国际收支结构差异下，大部分通过外汇占款途径投放的基础货币都分布在了东部地区。企业结构差异比较表明，东部地区国有企业比重远远低于其他三个地区，而东部地区的小企业比重则高于中部地区、西部地区和东北地区。

货币政策通过以上几种途径将会对区域经济造成差异性影响。

七 从区域真实产出增长率变动、物价指数变动、贷款增长率变动的比较可以看出，各个区域的周期波动差别明显，在保证区域经济差距不会拉大的前提下，制定能够实现经济增长目标的货币政策存在很大困难。

八 区域银行结构、不良贷款率、股票交易金额区域占比、上市公司区域分布表明，区域金融结构也存在显著差异。这也是货币政策可能对区域产生差异性影响的原因之一。

正是由于我国货币政策和区域经济金融的种种区别于发达国家的特

征，使研究我国的货币政策区域效应变得更具有挑战性，需要从货币政策工具角度、区域经济金融的一些特殊现象和特征，以及政策制度角度对货币政策区域效应进行具体的分析，才能得出适用于我国货币政策区域差异性的有效结论。

第四章

货币政策区域效应理论模型

第一节 区域 AD – AS 模型

本节采用 AD – AS 模型的分析框架,从总供给曲线斜率差异的角度比较货币政策对不同地区的产出和价格变动的冲击。并进一步把模型区分为以下两种情况。

首先,一价定律成立时,在不同的区域总供给斜率下,货币政策变动对区域产出变动的影响。

其次,在偏离一价定律时,在不同的区域总供给斜率下,货币政策变动对区域产出和价格变动的影响。

一 区域 AD – AS 模型的构建

(一)一价定律条件成立下的区域 AD – AS 模型

假设一个经济体中有差异性较为明显的两个区域:区域 A 和区域 B。

模型一:当一价定律在全国范围内成立时,扩张的货币政策会造成全国各区域价格出现同等的上涨。因此,不同地区的总需求曲线向上移动相同的幅度。区域 A 的价格从 P_A 上涨为 P'_A,区域 B 的价格从 P_B 上涨为 P'_B。当总供给曲线的斜率彼此不同时,两个地区的产出变动则存在较大的差异。我们假设区域 A 的供给曲线较为平坦,区域 B 的供给曲线较为陡峭。

如图 4.1 所示,当货币供给量增加时,AD 曲线向右移动到 AD'。AD' 与 AS 曲线相交于新的均衡点 E'。区域 A 的价格变动为 $P_A P'_A$,产出变动为 $Y_{A2} Y_{A1}$,区域 B 的价格变动为 $P_B P'_B$,产出变动为 $Y_{B2} Y_{B1}$。根据假设,区域 B 的价格变动与区域 A 一致,$P_A P'_A = P_B P'_B$,但是 $Y_{A2} Y_{A1} > Y_{B2} Y_{B1}$,这表明区域 A 的产出变动大于区域 B。

第四章　货币政策区域效应理论模型　73

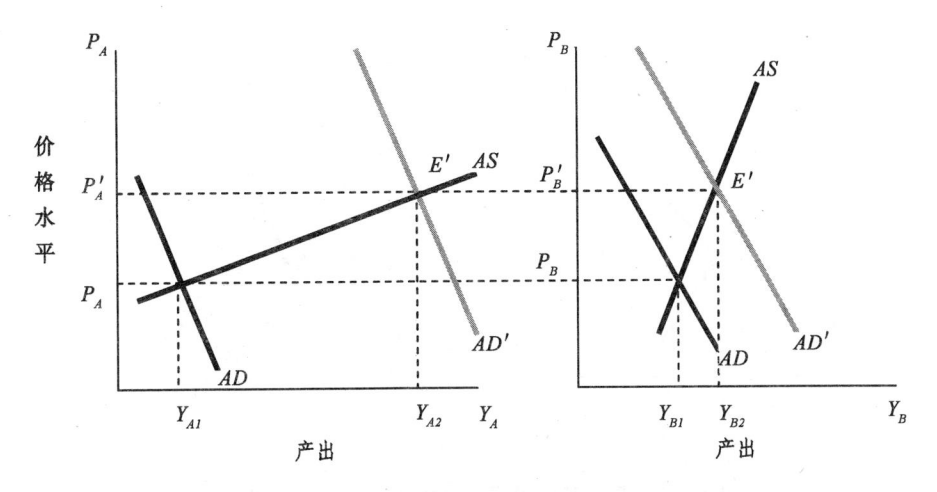

图 4.1　一价定律条件成立下的区域 AD – AS 模型

($P_A P'_A = P_B P'_B$，$Y_{A2} Y_{A1} > Y_{B2} Y_{B1}$)

(二) 一价定律条件偏离下的区域 AD – AS 模型

在有些情况下，各个地区之间的价格并不完全符合一价定律，有可能产生一定的偏离。偏离一价定律程度与市场分割程度成反比。货币联盟的各个国家之间容易出现一价定律偏离的现象，由于各个国家的商品市场存在一定程度的分割，同样的商品价格在不同国家或者地区的市场会有一定的差异。市场化较高的国家内部各区域间市场分割程度相对较低，因此价格差距通常较小。

假设一个经济体中有差异性较为明显的两个区域：区域 A 和区域 B。

当区域之间的价格对一价定律有一定的偏离时，货币政策对不同区域冲击的结果也会存在一定的差异。扩张的货币政策会造成两个区域价格不同幅度的上涨，价格和货币供给量的关系存在以下两种可能性：

模型二：如图 4.2 所示，当货币供给量增加时，AD 曲线向右移动到 AD'。AD' 与 AS 曲线相交于新的均衡点 E'。区域 A 的价格变动为 $P_A P'_A$，产出变动为 $Y_{A2} Y_{A1}$，区域 B 的价格变动为 $P_B P'_B$，产出变动为 $Y_{B2} Y_{B1}$。$P_A P'_A > P_B P'_B$，$Y_{A2} Y_{A1} > Y_{B2} Y_{B1}$，这表明区域 A 的价格变动和产出变动都大于区域 B。

模型三：我们假设区域 A 的供给曲线较为平坦，区域 B 的供给曲线较为陡峭。如图 4.3 所示，当货币供给量增加时，AD 曲线向右移动到 AD'。AD' 与 AS 曲线相交于新的均衡点 E'。区域 A 的价格变动为 $P_A P'_A$，

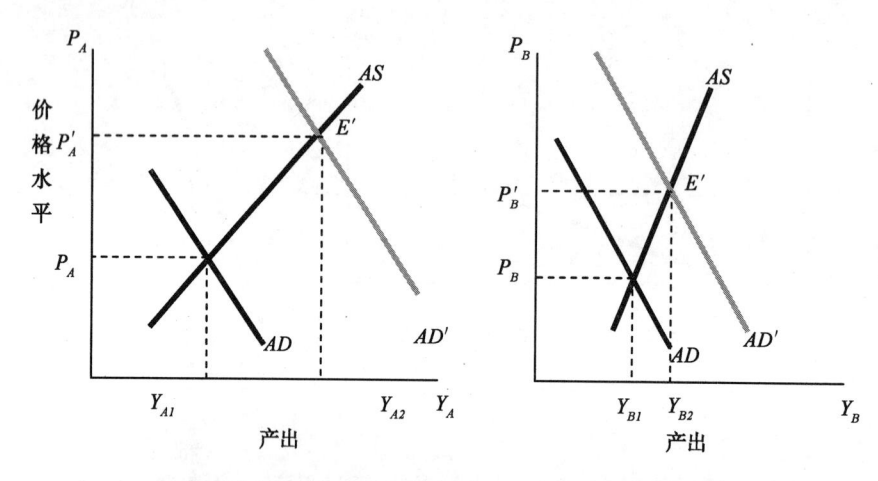

图 4.2　偏离一价定律条件下的区域 AD – AS 模型
($P_A P'_A > P_B P'_B$，$Y_{A2} Y_{A1} > Y_{B2} Y_{B1}$)

产出变动为 $Y_{A2} Y_{A1}$，区域 B 的价格变动为 $P_B P'_B$，产出变动为 $Y_{B2} Y_{B1}$。$P_A P'_A < P_B P'_B$，$Y_{A2} Y_{A1} > Y_{B2} Y_{B1}$，区域 A 的价格上升幅度小于区域 B 的价格上升幅度，但是区域 A 的产出上升幅度大于区域 B 的产出上升幅度。

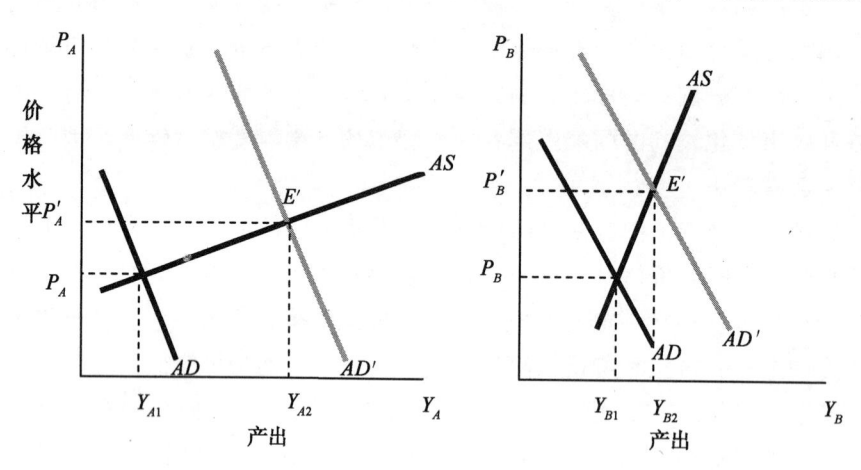

图 4.3　偏离一价定律条件下的区域 AD – AS 模型
($P_A P'_A < P_B P'_B$，$Y_{A2} Y_{A1} > Y_{B2} Y_{B1}$)

二 区域 AD – AS 模型的解释

(一) 区域 AS 曲线斜率不同的原因

平坦的 AS 曲线表明生产潜力仍然比较大，即使货币供给量增加，仍然有厂商愿意按照现行的价格水平，提供社会需求所要求商品的数量。也就是说，厂商增加供给时，并不需要提高单位产品所付出的成本或者提高单位产品所付出的成本相对较小。陡峭的 AS 曲线表明生产潜力较小，当货币供给增加时，价格上涨幅度较大，但是总供给增加幅度却较小。这意味着当需求变动时，没有厂商能够以相同或者相近的成本提供社会所需要的商品数量。

(二) 对模型一的解释

在货币政策的冲击下，区域价格没有出现显著的差异，说明市场的区域分割程度较小，商品能够在区域之间自由流动，但是由于 AS 曲线斜率不同，不同区域产出增长不同。区域 A 的 AS 曲线较为平坦，区域 B 的 AS 曲线较为陡峭，在统一的货币政策冲击下，尽管两个地区的物价水平在总需求曲线移动后没有偏离一价定律，但是区域 A 的产出水平变动高于区域 B 的产出水平变动。

(三) 对模型二的解释

各个区域的物价水平存在差距，说明存在明显的区域市场分割现象。在模型二当中，AS 曲线斜率的区域差别较小，区域 A 的价格变动和产出变动都大于区域 B，说明货币供给量在区域间的分布不一致，区域 A 获得的货币供给高于区域 B，总需求上涨程度较大，AD 曲线移动距离较大，在新的平衡点上的产出和价格变动都大于区域 B。

(四) 对模型三的解释

扩张的货币政策导致 A 地区产出增加，但是价格上升幅度则较小，B 地区货币政策效果则更多表现为价格上升，产出上升幅度则较小。

区域的物价水平存在差距，说明存在明显的区域市场分割现象。区域 A 价格变动小于区域 B，产出变动大于区域 B。在两个地区市场化程度、生产率、商品供给的竞争程度高低存在较大差距的情况下，都可能出现这样的情况。

较高的市场化程度下，原材料供给和劳动力的供给将会存在较大的弹性，产品供给也同样存在较大的弹性。生产率水平较高的区域 A 可以在同等工资水平上生产更多的产品,或者说区域 A 可以在生产同样数量产品的前提下,付给工人更少的工资。因此区域 A 在提高同样价格的情况下,能够提供更多的商品。区域 A 商品竞争程度较高,价格上涨水平将会较低。因此,区域 A 在货币政策冲击下,将会出现产出变动高于区域 B,价格变动低于区域 B 的情况。

三 中国区域 AD – AS 模型的比较

当货币政策导致总需求增加时,企业生产率较高,企业生产对总需求的增加较为敏感,能够在成本上升较小的情况下迅速扩大生产。大量农村劳动力从欠发达地区涌向发达地区,为发达地区的企业提供了大量的低成本劳动力。发达地区市场化程度较高,企业对总需求和价格的变动反应较为敏感。发达地区的商品供给具有较为明显的弹性,供给量随着价格的变动会发生较大的波动,AS 曲线较为平缓,产出受到总需求变动的影响较大。

在我国欠发达地区企业的生产率低于发达地区,欠发达地区的工资水平与发达地区存在一定差异,当总需求增加时,厂商只有付出与发达地区同等数额的工资才能雇佣到更多的工人,但是由于生产率较低,欠发达地区无力支付更高的生产成本。总需求发生变动时,厂商也不能提供与发达地区接近的工资水平,劳动力不愿意在当地就业,厂商无法以较低的成本生产更多的产品。此外,欠发达地区市场化程度较低,一些企业还没有形成自主经营、自负盈亏的经营意识,对需求变动反应不敏感。这些因素都导致欠发达地区商品的供给弹性较低,供给量随着价格的变动幅度较小,欠发达地区的 AS 曲线较为陡峭,产出受到总需求变动的影响较小。

可见,在货币政策冲击下,受到总需求扩张的影响,发达地区产出变动将会大于欠发达地区。

发达地区市场化程度较高,物资丰富,商品彼此间竞争程度较高,价格受冲击后波动程度相对较小;欠发达地区市场化程度较低,物资相对匮乏,部分商品具有不同程度的垄断性质,价格受冲击后波动程度较大。区域产业布局雷同和财政分权制度等因素造成了我国地区之间存在着一定程度的市场分割。欠发达地区在货币政策冲击下的价格波动可能会大于发达地区。但是随着近几年劳动力的流动和市场分割程度的降低,又会在一定程度上减弱区域间商品价格的差异。因此,货币政策是否导致区域价格水平偏离,偏离的程度有多大,还有待实证研究的进一步检验。

四 区域 AD – AS 模型的局限性

本小节通过 AD – AS 曲线的变动分析了货币政策对不同区域价格和产出冲击的各种可能结果。然而,AD – AS 模型框架分析货币政策区域效应具有一定的局限性。

第一,AD – AS 模型假设货币供给具有外生性,但是影响我国的货币供给量变动的因素较为复杂。货币的供给不仅受到本国商业银行、企业和居民行为的影响,而且受到国外资本流入流出的冲击,具有很强的内生性。

第二,区域 AD – AS 模型假设区域经济彼此之间没有相互作用,而我国区域经济之间劳动力、资金、商品的流动都较为显著。

第三,AD – AS 模型从总供给角度分析了货币政策对区域的影响。要深入了解货币政策对区域经济的影响,还要进一步分析货币政策变动对各个微观主体具体的作用机制。在机理分析部分,本书将会详细给出货币政策对区域冲击的微观机理和具体的货币政策工具对区域经济的冲击。

第二节 区域货币乘数模型

一 货币乘数模型的引入

基础货币也称高能货币,主要包括存款准备金和流通中的现金。存款准备金包括商业银行在中央银行的存款以及商业银行的库存现金。中央银行主要通过再贷款、再贴现以及公开市场业务操作对基础货币进行调整,一般认为中央银行能够直接控制基础货币的供给量。

货币供给量是由基础货币在部分准备金银行制度下扩张而成的,包括流通中的现金和存款。存款在货币供给量当中占有绝大部分,中央银行不能直接控制货币供给量,但是可以通过调整基础货币和存款准备金率等方式间接调控货币供给量。

货币乘数是货币存量对基础货币存量的比率。在部分准备金制度下,货币乘数大于1。

货币供给由通货 CU(纸币和硬币)和存款 D 组成:

$$M = CU + D \tag{4.1}$$

而基础货币 H 由通货 CU 和准备金 R 组成：

$$H = CU + R \tag{4.2}$$

设通货和存款的比率为 $cu = CU/D$

$$M = cu \cdot D + D = (cu + 1) \cdot D \tag{4.3}$$

准备金与存款的比率为 $re = R/D$

$$H = cu \cdot D + re \cdot D = (cu + re) \cdot D \tag{4.4}$$

那么货币乘数为

$$mm = M/H = \frac{(cu+1) \cdot D}{(cu+re) \cdot D} = \frac{cu+1}{cu+re} \tag{4.5}$$

货币供给量的大小取决于以下三个主体的行为：中央银行、商业银行、公众。公众通过持有的通货和存款的比率影响货币供给量，商业银行通过持有准备金数量和存款的比率影响货币供给量，中央银行通过改变基础货币的数量影响货币供给量。

为了明晰通货—存款比率 cu 和准备金比率 re 与货币乘数 mm 之间的关系，我们进一步改变货币乘数的形式：

$$mm = \frac{cu+1}{cu+re} = \frac{cu+re+1-re}{cu+re} = 1 + \frac{1-re}{cu+re} \tag{4.6}$$

通货—存款比率和准备金比率都与货币乘数成反比。通货—存款比率越小，货币乘数越大；准备金比率越小，货币乘数越大。

二 区域货币乘数模型的构建

假设一个经济体中有差异性较为明显的两个区域：区域 A 和区域 B。

$$M_A = H_A \cdot mm_A = H_A \cdot (1 + \frac{1-re_A}{cu_A+re_A}) \tag{4.7}$$

$$M_B = H_B \cdot mm_B = H_B \cdot (1 + \frac{1-re_B}{cu_B+re_B}) \tag{4.8}$$

在货币政策扩张阶段，基础货币的区域不均衡分布会影响区域的货币供给量，当 A 地区每单位 GDP 的基础货币增量大于 B 地区时，A 地区每单位 GDP 的货币供给量增长也同样大于 B 地区（假设其他条件相等）。

存款准备金率的差异会影响区域的货币供给量，当 $re_A < re_B$ 时，A 地区的货币供给增长也将会大于 B 地区（假设其他条件相等）。

通货—存款比率的差异会影响区域的货币供给量，当 $cu_A < cu_B$ 时，A

地区的货币供给增长也将会大于 B 地区（假设其他条件相等）。

基础货币发放量越大，存款准备金率和通货—存款越低的区域，受货币政策冲击程度越高。

三 中国基础货币区域投放和区域货币乘数的比较

首先，我国基础货币投放存在较大的区域差异。我国基础货币主要以再贷款和公开市场业务两种形式投放。从 1994 年开始，由于我国贸易顺差逐渐增大，资本项目也呈现出大量外资的涌入。到 1998 年，国外资产占货币当局总资产比重已经达到了 43%。随着国外资产占货币当局总资产比重不断升高，中央银行通过外汇占款的形式投放了大量货币。外汇主要通过贸易顺差、外商直接投资和国际游资等方式兑换为人民币。东部地区进出口贸易发达，贸易顺差规模巨大，外商直接投资也主要投向了回报率较高的发达地区，国际游资也通过各种方式主要流入了我国的发达地区。这三种方式兑换的人民币大都转化为发达地区的基础货币投放量。在宽松的货币政策环境下，东部地区每单位 GDP 投放的基础货币量高于中西部等欠发达地区。当基础货币扩张时，对应的大部分货币供给的扩张都发生在东部发达地区。

第二，通货—存款比率在不同区域存在差异。发达地区的交易结算系统较为发达，大多数交易可以通过电子转账、刷卡消费等方式完成，因此发达地区的通货—存款比率相对较低。

第三，存款准备金比率也存在显著的区域差异。发达地区银行资金收益率高于欠发达地区，在宽松的货币环境下，东部发达地区企业高收益的投资项目较多，商业银行倾向于尽可能地把资金贷出去，尤其是一些股份制商业银行和中小银行。因此，尽管法定存款准备金率没有地区差别[①]，但东部发达地区商业银行超额存款准备金比率相对较低。

除此之外，中西部等欠发达地区的资金还会通过企业和个人借贷的形式向东部的流动，这造成了中西部等欠发达地区货币供给量的进一步

[①] 不同的金融机构之间存在存款准备金率差别。自从 1985 年人民银行统一存款准备金率之后，于 2003 年 10 月重新开始实行了差别存款准备金率制度，对资本充足率和不良贷款率不同的金融机构进行区分，适用不同的存款准备金。农村信用社（包括农村合作银行）、城市信用社、尚未股份制改革的国有独资银行由于历史遗留原因，暂时不执行差别存款准备金率制度。

减少。

可见，东部发达地区的货币乘数高于中西部等欠发达地区。货币乘数模型中各个因素都表明，东部发达地区在扩张的货币政策冲击下，货币供给的变动程度高于中西部等欠发达地区。

四 区域货币乘数模型的局限性

由于没有区域基础货币供给量的数据，各个银行的区域存款准备金率和通货—存款比率也难以获取，因此难以通过实证结果加以严格地验证区域的货币乘数模型。而且现实当中，货币乘数假设货币政策扩张和紧缩阶段，各个地区的经济变动幅度是对称的，但是事实上扩张和紧缩的区域经济变动存在明显差异，货币乘数无法完全刻画这种货币政策区域效应扩张和紧缩的非对称性。

第三节 区域货币政策乘数模型

一 区域货币政策乘数模型的修正

货币政策对经济的影响效果可以通过货币政策乘数进行衡量，货币政策乘数指当 IS 曲线不变时，货币供给量变化对国民收入的影响。用 λ 表示货币政策乘数，Y 表示国民收入，M 表示货币供给量，货币政策乘数可以表示为：

$$\lambda = \frac{dY}{dM} \tag{4.9}$$

需要注意的是，货币政策乘数和货币乘数是两个不同的概念，货币乘数是基础货币能够派生的货币供给量倍数，而货币政策乘数是指货币供给量能够带来的收入变动倍数。

本部分采用 IS—LM 曲线分析框架研究货币政策区域冲击的非对称性。研究目的在于通过区域货币政策乘数分析货币供给对于区域经济的冲击。文章借鉴了马瑟和斯特恩（Mathur & Stein, 1980）在研究货币政策和财政政策时所采用的分析范式，但是进行了一定的修正，目的是把研究重点集中在货币政策对区域经济的影响上。

本书采用了没有政府也没有对外贸易的简单经济形式，模型不考虑货币政策与政府支出、进出口之间的相互作用,仅仅考虑货币政策对消费和投资的影响。

假设一个经济体中存在两个差距较大的区域:区域 A 和区域 B。用符号 Y 表示其产值,以符号 C 表示消费,以符号 I 表示投资。根据总需求与支出的关系,有:

$$Y_A = C_A + I_A \tag{4.10}$$

$$Y_B = C_B + I_B \tag{4.11}$$

区域消费 C 取决于收入 Y:

$$C_A = c_A Y_A \quad c_A > 0 \tag{4.12}$$

$$C_B = c_B Y_B \quad c_B > 0 \tag{4.13}$$

参数 c_A 和参数 c_B 分别反映区域 A 和区域 B 的边际消费倾向。

投资 I 取决于收入 Y 和利率 i:

$$I_A = a_A Y_A - b_A i \quad a_A > 0, \quad b_A > 0 \tag{4.14}$$

$$I_B = a_B Y_B - b_B i \quad a_B > 0, \quad b_B > 0 \tag{4.15}$$

参数 a_A 和参数 a_B 分别表示区域投资支出对区域收入的反应程度,参数 b_A 和参数 b_B 分别表示区域投资支出对利率的反应程度。

货币需求取决于收入 Y 和利率 i:

$$M_A = k_A Y_A - h_A i \quad k_A > 0, \quad h_A > 0 \tag{4.16}$$

$$M_B = k_B Y_B - h_B i \quad k_B > 0, \quad h_B > 0 \tag{4.17}$$

参数 k_A 和参数 k_B 分别表示区域货币余额需求对区域收入水平的敏感程度,参数 h_A 和参数分别表示区域货币余额需求对利率的敏感程度。

$$\text{并且有 } M_A + M_B = \underline{M} \tag{4.18}$$

区域 A 和区域 B 的货币供给量加总为整个经济体的货币供给量。

$$Y_A = \lambda_A \underline{M} \quad \lambda_A > 0 \tag{4.19}$$

$$Y_B = \lambda_B \underline{M} \quad \lambda_B > 0 \tag{4.20}$$

参数和参数 λ_B 分别表示区域货币政策乘数,表示货币供给增加对区域 A 产出的影响,λ_B 表示货币供给增加对区域 B 产出的影响。

把式 (4.12) 和式 (4.14) 代入式 (4.10),可得

$$Y_A = c_A Y_A + a_A Y_A - b_A i$$

求出 Y_A:

$$Y_A = \frac{b_A i}{c_A + a_A - 1} \tag{4.21}$$

同理，可得

$$Y_B = \frac{b_B i}{c_B + a_B - 1} \quad (4.22)$$

把式（4.16）和式（4.17）代入式（4.18），可得：

$$k_A Y_A - h_A i + k_B Y_B - h_B i = \underline{M} \quad (4.23)$$

把式（4.12）和式（4.13）代入式（4.14）

$$k_A \cdot \frac{b_A i}{c_A + a_A - 1} - h_A i + k_B \cdot \frac{b_B i}{c_B + a_B - 1} - h_B i = \underline{M} \quad (4.24)$$

把式（4.21）、（4.24）代入式（4.19），可得

$$\frac{b_A i}{c_A + a_A - 1} = \lambda_A \left(k_A \cdot \frac{b_A i}{c_A + a_A - 1} - h_A i + k_B \cdot \frac{b_B i}{c_B + a_B - 1} - h_B i \right)$$

最后可以计算出区域 A 的货币政策乘数：

$$\lambda_A = \frac{\dfrac{b_A}{c_A + a_A - 1}}{\dfrac{k_A b_A}{c_A + a_A - 1} + \dfrac{k_B b_B}{c_B + a_B - 1} - h_A - h_B} \quad (4.25)$$

同理，可以计算出区域 B 的货币政策乘数为

$$\lambda_B = \frac{\dfrac{b_B}{c_B + a_B - 1}}{\dfrac{k_A b_A}{c_A + a_A - 1} + \dfrac{k_B b_B}{c_B + a_B - 1} - h_A - h_B} \quad (4.26)$$

可见，区域 A 和区域 B 的货币政策乘数的分母完全相同，差异主要体现在乘数的分子上面。分子由本地区投资支出的利率弹性、收入弹性以及本地区的边际消费倾向各项构成。本地区投资支出的利率弹性越大，货币政策对区域产出的冲击程度越大；本地区投资支出的收入弹性越大，货币政策对区域产出的冲击程度越小；本地区的边际消费倾向越高，货币政策对区域产出的冲击程度越小。

二 中国区域货币政策乘数差异的实证检验

（一）变量选取和数据来源

本书选择用区域生产总值来测度区域收入水平，用区域居民消费水平测度区域消费水平，用区域固定资产投资测度区域投资支出。根据样本的可获得性，选取1987—2009年的各省年度数据，区域数据分别为各个省

份数据的加总。东部发达地区包括北京、天津、河北、上海、江苏、浙江、山东、广东、福建、海南 10 个省份和直辖市,中西部欠发达地区包括其他 21 个省份、自治区和直辖市。样本数据来自《中国统计年鉴》、《新中国五十年统计资料汇编》、《中国金融年鉴》以及分省相关年份统计年鉴。

(二) 模型构建与实证检验

令东部发达地区的居民消费为 CUM_EAST,中西部欠发达地区的居民消费为 CUM_WEST;东部发达地区的生产总值为 GDP_EAST,中西部欠发达地区的生产总值为 GDP_WEST。建立以下两个区域的消费 OLS 回归模型:

$$CUM\_EAST = C_1 + \beta_1 GDP\_EAST + \mu_1 \quad (4.27)$$

$$CUM\_WEST = C_2 + \beta_2 GDP\_WEST + \mu_2 \quad (4.28)$$

令东部发达地区的固定资产投资为 INV_EAST,中西部欠发达地区的固定资产投资为 INV_WEST;利率水平为 IR。建立以下两个区域的投资 OLS 回归模型:

$$INV\_EAST = C_3 + \delta_1 GDP\_EAST + \gamma_1 IR + \mu_3 \quad (4.29)$$

$$INV\_WEST = C_4 + \delta_2 GDP\_EAST + \gamma_2 IR + \mu_4 \quad (4.30)$$

用东部和中西部地区相关变量 1987—2009 年的时间序列数据估计上述方程,估计结果和相关检验见表 4.1 和表 4.2。

表 4.1 表明,测度东部地区消费倾向的 β_1 和中西部地区消费倾向的 β_2 都通过了 t 检验,说明东部地区和中西部地区的 GDP 变动将会显著影响居民的消费水平。两个地区的调整 R-平方分别达到了 0.987 和 0.997。表明东部发达地区居民消费的变动,98.7% 能够被方程中的自变量所解释;中西部欠发达地区居民消费的变动,99.7% 能够被方程中的自变量所解释。β_1 和 β_2 的估计值表明,东部地区 GDP 每增加 1 亿元,东部地区居民消费就会增加 0.312 亿元;而中西部地区 GDP 每增加 1 亿元,中西部地区居民消费将增加 0.339 亿元。可见中西部地区的消费倾向高于东部地区。收入的高低和边际消费倾向的高低是反向相关的,收入较高的东部发达地区边际消费倾向较低,收入较低的欠发达地区边际消费倾向较高。

表 4.1　东部发达地区和中西部欠发达地区消费回归模型估计结果

	CUM_EAST = C_1 + β_1 GDP_EAST + μ_1		CUM_WEST = C_2 + β_2 GDP_WEST + μ_2
β_1	0.312 *** (0.000)	β_2	0.339 *** (0.000)
C_1	2071.312 *** (0.000)	C_2	3590.929 *** (0.000)
$A-R^2$	0.987	$A-R^2$	0.997
F 值	7180.647 (0.000)	F 值	1734.456 (0.000)
样本量	23	样本量	23

注：*** 表示在1%水平上显著。小括号内的数值为 t 检验和 F 检验的伴随概率。

表 4.2　东部发达地区和中西部欠发达地区投资回归模型估计结果

	INV_EAST = C_3 + δ_1 GDP_EAST + γ_1 IR + μ_3		INV_WEST = C_4 + δ_2 GDP_EAST + γ_2 IR + μ_4
δ_1	0.450 *** (0.000)	δ_2	0.587 *** (0.000)
γ_1	9843.017 (0.576)	γ_2	32069.81 (0.382)
C_3	-3421.317 ** (0.042)	C_4	-9674.457 *** (0.008)
$A-R^2$	0.994	$A-R^2$	0.977
F 值	1845.104 (0.000)	F 值	478.714 (0.000)
样本量	23	样本量	23

注：***、** 分别表示在1%、5%水平上显著。小括号内的数值为 t 检验和 F 检验的伴随概率。

表4.2表明，测度东部地区收入弹性的 δ_1 和测度中西部地区收入弹性的 δ_2 都通过了 t 检验，说明东部地区和中西部地区的GDP变动将会显著影响固定资产的投资支出。两个地区的调整 R – 平方分别达到了0.994和0.977。表明东部发达地区投资的变动，99.4%能够被方程中的自变量所解释；中西部欠发达地区投资的变动，97.7%能够被方程中的自变量所解释。δ_1 和 δ_2 的估计值表明，东部地区GDP每增加1亿元，东部地区固定资产投资就会增加0.450亿元；而中西部地区GDP每增加1亿元，中西部地区固定资产投资将增加0.587亿元。可见中西部地区固定资产投资

的收入弹性高于东部地区。测度东部地区利率弹性的 γ_1 和测度中西部地区利率弹性的 γ_2 都没能通过 t 检验，利率变动并不会显著影响东部地区和中西部地区的固定资产投资支出。这可以用金融压制理论来解释：作为发展中国家，中国存在利率压制现象，投资需求对于利率的调整并不敏感。

综上所述，发达地区投资支出的收入弹性和边际消费倾向小于欠发达地区。根据上文货币政策乘数模型的推导结果，可以得出：发达地区的货币政策乘数大于欠发达地区的货币政策乘数，货币政策发生变动时，发达地区经济受货币政策的影响大于欠发达地区。

三 区域货币政策乘数模型的局限性

货币政策乘数模型以 IS – LM 模型为分析框架，IS – LM 模型中的货币政策传导机制是以凯恩斯的经典的宏观经济理论为基础的。以扩张的货币政策为例，货币供给量增加，实际利率下降，低利率将促进企业投资以及个人投资和耐用品消费，最终促进了总需求和产出的增加。传导过程为：货币供给→利率→投资→产出。从货币供给到利率再到投资最后到产出的单向传导链条。

我国的货币政策传导机制与凯恩斯经典的货币政策传导机制存在较大差异，影响企业融资成本的最主要利率——银行存贷款利率——仍然处于管制状态。根据已有的实证研究，我国的投资对利率反应迟钝、没有体现明显的相关关系（陆前进、卢庆杰，2006）。货币政策的实施意图主要通过直接或者是间接影响银行贷款实现的，而企业的融资渠道也以银行贷款为主，我国货币政策主要的传导渠道仍为信贷渠道。因此，需要对货币政策变动对区域影响的机理做进一步更具体的分析。

第四节 本章小结

本章分析了 3 种不同条件下，区域 AD – AS 模型受货币政策冲击达到新的均衡后产出和价格的变动，并试图结合实际情况对我国的货币政策对区域价格和产出影响的模式进行了分析和推断。把货币乘数模型应用到了货币政策区域效应当中，分析了我国的区域基础货币投放差异，比较了区域货币乘数。并修正了区域货币政策乘数模型，比较了我国区域货币政策乘数的大小。得出了以下几个主要结论：

一、由于我国东部发达地区企业生产率较高,能够在成本上升较小的情况下扩大生产;东部发达地区市场化程度较高,对总需求和价格的变动较为敏感。因此东部发达地区供给曲线弹性较大,AS 曲线斜率较小。中西部等欠发达地区的企业生产率则低于东部发达地区,无法在成本上升较小的情况下扩大生产;市场化程度较低,对总需求和价格的变动反应较为不敏感。因此,中西部等欠发达地区供给弹性较小,AS 曲线斜率较大。又由于我国存在一定程度的区域市场分割,各个地区的物价水平在货币政策的冲击下可能会在一定程度上偏离一价定律。因此,在货币政策冲击下,东部发达地区产出变动将会大于中西部等欠发达地区,但是东部地区的价格变动将会小于中西部等欠发达地区。

二、本章把货币乘数模型应用在了货币政策区域效应当中。根据区域货币乘数模型,区域货币供应量的大小取决于区域基础货币的投放、区域通货—存款比率和区域存款准备金率。中国各个区域的基础货币投放、通货—存款比率和存款准备金率都存在较大的差异。基础货币在东部发达地区的投放规模远远大于中西部地区;大量以外汇占款的形式投放的基础货币分布在了东部,导致货币政策扩张阶段,东部的货币供给程度远远超过了中西部等欠发达地区。

东部的交易结算系统发达,通货—存款比率低于中西部等欠发达地区;东部资金收益率高于欠发达地区,东部发达地区商业银行超额存款准备金比率低于中西部等欠发达地区。因此东部发达地区的货币乘数高于中西部等欠发达地区。货币乘数模型中各个因素表明,东部发达地区在货币政策冲击下,货币供给的变动程度高于中西部等欠发达地区。

三、引入了区域货币政策乘数模型,并对模型进行了一定的修正。模型表明,区域货币政策乘数的大小主要体现在投资支出的利率弹性和收入弹性以及区域边际消费倾向差异上面。投资支出的利率弹性越大,货币政策对区域产出的冲击程度越大;本地区投资支出的收入弹性越大,货币政策对区域产出的冲击程度越小;本地区的边际消费倾向越高,货币政策对区域产出的冲击程度越小。中国各个区域的市场化程度存在差异,区域投资对利率变动敏感性并不高,东部地区投资支出的收入弹性和边际消费倾向则小于欠发达地区。在这样的区域货币政策乘数差异下,货币政策发生变动时,发达地区经济受货币政策的影响大于欠发达地区。

因此,发达地区的货币政策乘数大于欠发达地区的货币政策乘数。货币政策发生变动时，发达地区经济受货币政策的影响程度大于欠发达地区。采用我国 1987—2009 年的区域年度数据对乘数的参数进行估计，其结果验证了理论模型的推导结论。在区域货币乘数和区域货币政策乘数的双重差异下，统一的货币政策对中国东部发达地区经济的影响效果显著大于中西部欠发达地区。

四、由于宏观经济模型存在缺乏微观基础的缺点，本书将在第五章机理部分结合我国经济的现实情况对货币政策区域效应进行更进一步的分析，并在第六章通过实证分析得出货币政策对区域产出和价格影响的定量结果。

第五章

中国货币政策区域效应作用机理

第二章的文献回顾表明，国外对货币政策区域效应的实证研究较多，但是货币政策区域效应成因的分析框架在研究我国货币政策区域效应上则具有很大的局限性，我国货币政策本身具有一定的特殊性，经济金融环境也与国外存在很大的区别。基于以上考虑，本章试图根据中国的货币政策具体操作和区域金融经济的差异性因素，分析货币政策对区域经济造成的各种可能的差异。期望建立一个适用于中国特定的区域经济金融环境背景的分析框架，从多个视角研究中国货币政策区域效应的传导机理。

在货币政策对区域的现实影响当中，货币政策扩张和紧缩对不同区域的影响并不是对称的，我们对货币政策区域效应扩张导致的正向效应和紧缩导致的负向效应加以区分，在理论分析的基础上，对货币政策区域效应成因加以更具体的解释。

第一节 基于货币政策工具视角的作用机理

一 再贷款路径

从中央银行成立起，再贷款作为一项重要的货币政策工具发挥了重要的作用。再贷款对区域经济的影响也分为几个显著不同的阶段。

第一阶段（1984—1991年）：从1984年起，中国人民银行开始专门行使中央银行职能，实行了"统一计划、划分资金、实贷实存、相互融通"的信贷资金管理体制，中央银行开始通过对金融机构的再贷款调控基础货币（王煜，2000）。这段时期的特色是信贷资金财政化，政府的信贷资金区域分配是依照产业布局规划进行的。由于"六五"计划中提出了调整产业布局以发挥东部沿海地区的经济技术优势，在此基础上梯次推进东中西部三大地带的经济发展战略，中国的产业布局从东中西部均衡发展转变为东中西部梯度发展，国家投资明显向沿海少数区域倾斜，1981—1988年，内地全民所有制单位固定资产投资占全国的比重由46.4%降为41%，减少了5.4个百分点，而同期广东、山东、江苏三省这一比重却增加了36.5个百分点（张军洲，1995）。而人民银行总行实行"统一调度、分级管理"。人民银行要根据国务院批准的综合信贷计划和信贷资金来源结构，核批专业银行总行和人民银行省、区、市分行的年度信贷计划和贷款额度①。再贷款的发放要遵循适时调节的原则，通过因时、因地、因事的投入和收回再贷款，对社会经济、金融进行必要的调节（尚福林、赵海宽，1996）。可见，随着产业布局的调整，人民银行通过再贷款投放的基础货币也必然向东部沿海地区倾斜。而这一阶段的中国人民银行通过信贷计划向人民银行各省、市分行分配贷款，由于各个地区的中国人民银行各分行在信贷计划的约束下具有一定的再贷款支配权，东部沿海地区在税收、财政投入、银行贷款等方面的优惠下，经济加速发展，对资金的需求也不断加大，再贷款发放突破信贷计划发放几乎成为常态，在倒逼机制的影响下，人民银行在东部沿海地区被动投放了大量的基础货币。在这一时期，以再贷款为主要操作工具的货币政策全国统一性较弱，对东部沿海地区经济的影响大大超过了中西部欠发达地区。

第二阶段（1992—1998）：1992年初，东部沿海尤其是南方的投资需求猛增，房地产热兴起，出现了乱集资、乱拆借、乱贷款、乱提高利率的现象，大量资金和劳动力都流向了沿海地区（王煜，2000）。1993年下半年，中央开始采取严厉的措施整治通货膨胀，收回人民银行分支机构在再贷款规模上的调节余地，把控制信贷总规模的权利完全收归总行，并且限期收回固定资产投资和违规拆借的资金。这些措施对当时东部沿海部分地区的集资热、投资热和房地产热构成了强烈的冲击。但是一些欠发达地区尤其是农业大省仍然存在资金短缺的现象，中央银行在1993年下半年增加了这些地区的再贷款发放。可见，从1993年下半年开始的一轮紧缩性货币政策对东部沿海地区的影响较为明显，欠发达地区经济在中央银行的结构性再贷款缓冲下受到的影响相对较小。

第三阶段（1998年至今）：1998年对于中国的金融体制改革而言是

---

① 参见《中国人民银行对专业银行贷款管理暂行办法》。

重要的一年，这一年取消了贷款限额控制，从此间接调控成为货币政策的主要操作方式。尽管央行再贷款在这一时期不再是基础货币的主要发放渠道，作为一种起到结构性调节作用的货币政策工具，政策区域差别功能仍然得以继续发挥。央行再贷款包括短期再贷款、紧急贷款、支农再贷款、中小金融机构专项再贷款、地方政府专项再贷款等，贷款对象扩展到包括其他非银行金融类机构和地方政府。其中支农再贷款发放所占比重较高[1]，支农再贷款只用于发放农户贷款，具有支持"三农"的政策性质，这些需要支持的地区多为欠发达地区，因此该贷款具有明显的地区倾向性，对欠发达地区经济具有一定的促进作用[2]；另有其他部分专项再贷款也以扶持欠发达地区为目的[3]。这些结构性的再贷款有利于缓冲统一的货币政策对中西部经济的负面冲击。

二 再贴现路径

1995—2001年是再贴现业务作为货币政策工具发挥作用的主要年份。由于东部发达地区商业信用较为发达，票据市场发展快速。因此东部地区商业银行通过再贴现业务的方式获得较多的货币投放。可见，这段时期再贴现货币政策工具的影响大于票据融资不发达的中西部地区。

而2001年之后，随着央行提高再贴现率[4]，由于再贴现主动权并不完全在中央银行，实体经济的流动性较为充裕，各个地区商业银行都不向中央银行请求再贴现。再贴现业务余额2001—2005年分别是655亿元、68亿元、64.88亿元、33亿元、2.39亿元（储峥，2007），而对应年度的基础货币发放量为39851.7亿元、45138.2亿元、52841.36亿元、58856.1

---

[1] 1999—2006年，中国人民银行累计向全国农村信用社共发放了10557亿元元支农再贷款，仅次于四大金融资产管理公司购买国有商业银行不良资产的12236亿元人民币的再贷款规模。数据引自储峥《改善我国再贷业务功能的建议》，《商业时代》2007年第19期，第67—69页。

[2] 根据中国人民银行《2004年第二季度货币政策执行报告》，2004年上半年，人民银行对13个粮食主产区调增再贷款40亿元的基础上，又单独安排50亿元再贷款，用于支持在春耕生产时发放农户贷款。截至6月末，对农村信用社共计安排再贷款1068亿元，其中90%用于粮食主产区和西部地区。

[3] 例如，根据中共十四大"扶持和加快中西部地区和少数民族地区乡镇企业发展"的精神，每年都会安排50亿专项贷款支持中西部地区发展乡镇企业。

[4] 2001年9月从2.16%上调到2.97%，2004年3月从2.97%上调到3.24%，2007年底从3.24%上调到4.32%。

亿元、64343.1亿元，可见通过再贴现投放的基础货币占全部基础货币投放量的比重很低，甚至不到1%，2001年之后这段时期再贴现业务对各个区域的影响程度较小。

三　公开市场业务路径

公开市场业务分为本币公开市场业务和外币公开市场业务。

中国本币公开市场业务于1996年4月正式启动，由于国债市场发展不能满足操作需要，公开市场业务在1997年宣告暂停。1998年5月，中央银行再次恢复公开市场交易。2002年以来，中央银行开始大量发行中央银行票据。目前的公开市场交易工具包括国债、政策性金融债、中央银行票据等，近几年最常用的工具是正回购、逆回购和发行央行票据。

2003—2008年中央银行在人民币公开市场上进行的主要是回收流动性的操作，以对冲外汇占款投放的基础货币增加额。但是由于央行票据利率较低商业银行不愿认购以及票据发行到期需要还本付息等原因，央行票据对冲基础货币的有效性不断降低，基础货币发行量仍然是大大增加了。外汇占款导致的基础货币投放增长大部分发生在东部。而人民银行的对冲操作是在总行层面上进行的。本币公开市场上的操作和外币公开市场上操作共同影响，使得基础货币在东部沿海地区的投放比重较高，在中西部欠发达地区的投放比重较低。外汇占款和冲销措施的叠加作用导致了基础货币在区域间供应失衡。

受基础货币在东部投放比重较高的影响，货币政策对东部地区的正向效应较大。但是这种基础货币导致的内生性也一定程度上导致了紧缩货币政策在东部地区的失效，缓冲了紧缩的货币政策对东部地区的负向冲击。

四　准备金率路径

准备金率是一种对商业银行流动性影响很大的货币政策操作工具，准备金率的提高紧缩整个银行业的可贷资金规模，并通过乘数效应产生多倍的紧缩效应，降低了企业贷款的可获得性。1998年之后，存款准备金率作为一种政策效果较为显著的工具被频繁使用，并通过以下途径对各个区域产生了差异较为明显的影响。

准备金率提高对规模不同的银行影响不同。相对于股份制商业银行和其他中小银行而言，四大国有商业银行资金来源更广，资金更加充裕。因此，四大国有商业银行的超额准备金比率较高，其他中小银行的超额准备金比率较低。

股份制商业银行大多分布在东部沿海经济发达地区，而在中西部地区四大国有商业银行比重较高。因此在准备金率提高时，四大国有商业银行占比较高的西部地区资金较为宽裕，因此西部地区经济受到货币紧缩的冲击程度较小。

而且，中西部地区不良贷款率比较高，资金收益率也较低，因此存贷比较低，超额准备金率较高。东部沿海地区的银行超额准备金率较低，随着准备金率的不断提高，东部地区银行的超额准备金将会用完，东部地区企业（尤其是中小企业）的资金可获得性将会受到较大的影响。但是中西部等欠发达地区银行的超额准备金将会仍有富余。提高存款准备金率对东部发达地区的负向效应大于中西部等欠发达地区，而降低准备金率则对东部发达地区的正向效应大于中西部等欠发达地区。

五 存贷款利率路径

我国存贷款利率依然是受到中央银行管制，因此利率的调控也是中央银行货币政策操作工具之一。由于东部沿海地区和中西部地区相比经济发达程度不同，市场化程度存在较大差异；东部地区比中西部地区的资金投资收益高出很多，并且东部地区的可投资项目也远多于中西部地区。东部地区始终对资金有较大的需求，东部沿海地区的民间利率远远高于官方贷款利率。

即使银行贷款利率提高，东部发达地区的地方法人金融机构还是愿意通过主动负债方式筹集资金，而中西部欠发达地区地方法人金融机构普遍通过市场融出资金。而全国性商业银行在总行层面上通过货币市场集中资金资源按照效益和风险原则在全国进行分配。其结果是欠发达地区的大量资金向有高回报的发达地区流动（人民银行总行党校第十期赴甘肃调研课题组，2006）。这说明无论是高利率还是低利率的政策环境下，当全国流动性还较为宽裕的情况下，资金都是按照利润最大化原则流向了东部地区。这也是2003年以来我国频频提高准备金率、加息、发行央行票据收回流动性效果不明显的原因之一。

直到2007年底开始采取了严格的信贷规模管理时，东部沿海地区的信贷扩张受到了严格限制，这导致东部沿海地区中小企业资金紧张，出现了大量中小企业破产的现象。

六　窗口指导路径

窗口指导是指中央银行运用自身的特殊地位通过劝告的方式指导金融机构的贷款投向和贷款变动数量，使金融机构的信贷发放与国家宏观政策意图达到一致的行为。信贷总量控制取消之后，人民银行主要通过窗口指导引导金融机构贷款的投向，对不同的产业、行业、经济部门或者是经济主体，采取支持或者是限制的措施。

根据中央银行发布的各期《中国货币政策执行报告》，窗口指导主要集中在以下领域：支持金融机构向"三农"、助学、就业、消费、民生工程、节能减排、科技创新、非公有制经济、中小企业的信贷投入，向SRAS疫情影响较大的行业和地区适当倾斜信贷，引导金融机构支持雨雪冰冻灾后恢复重建工作的信贷投放，鼓励金融机构加强对受灾地区的金融服务。

窗口指导在"三农"、助学、就业、民生工程等方面的信贷倾斜对欠发达地区经济发展有正向效应，而对于突发性灾害地区的扶持则具有减少这些地区所受负向冲击的作用。对中小企业信贷投入和对非公有制经济的支持则减少了货币政策紧缩时对中小企业和非公有制经济的负向冲击。

另外，窗口指导也就"过热"行业对商业银行进行风险提示、适当控制基本建设等中长期贷款、严格限制对高耗能、高排放和产能过剩行业劣质企业的贷款、在房地产价格上涨过快阶段严格控制住房消费贷款。这其中对"过热"行业的风险提示以及严格控制住房消费贷款方面，对发达地区快速上涨的固定资产投资和房地产信贷产生了一定的抑制作用。因此对不同区域产生了差别化的政策效应。

第二节　基于资产价格波动视角的作用机理

一　货币政策影响资产价格的路径分析

理论上，货币政策有四个主要的传导渠道，分别为信贷传导渠道、利率传导渠道、资产价格传导渠道、汇率传导渠道。信贷渠道是最主要的货币政策传导渠道，而利率传导渠道也发挥了一定的作用。由于我国存贷款利率尚未市场化以及资本项目管制等因素，利率变动和汇率变动对经济的影响弱于信贷总量变动对经济的影响。

已有的实证研究（陆前进、卢庆杰，2006）表明，货币政策变动对资产价格变动具有显著的影响，而这些资产价格的变动通过各种传导机制将会进一步影响总需求。在宽松的货币政策环境下，信贷资金将会涌向股市和房地产市场，造成资产价格的大幅度上涨，投资股票和房地产的高收益又进一步吸引资金的流入。因此，宽松的货币政策对资产价格将起到显著的推动作用。出现的经济周期中的2006—2009年这一轮流动性过剩致使股票市场规模出现明显扩张，占GDP比重不断升高；房地产市场也空前繁荣。但是在2007年底开始的紧缩货币政策对流动性产生实质性的紧缩作用，资产价格大幅度下降，对实体经济造成了较大的冲击。可见，货币政策通过股票市场和房地产市场的传导尽管不是主要渠道，但是也成为一个重要的影响渠道。

发达国家货币政策对房地产和股票价格的影响主要通过利率途径产生作用。在我国主要是通过信贷途径，信贷的扩张和紧缩是资产价格变动的重要因素。尽管中国人民银行也试图通过提高利率的方式限制投资过快增长，但是与通货膨胀率相比，实际利率仍然偏低，甚至处于负值的状态，无法构成企业的房地产投资成本约束。并且房地产价格上涨速度过快的情况下，投资房地产业的收益率远远超过其他产业的投资收益率，利息成本无法约束房地产行业的扩张。对于股票而言同样如此，股票价格的上涨过快，投资股票收益率远高于贷款利率，利率的提高对于股票市场的影响并不明显。

因此利率对货币政策影响的扩张作用显著，但是反过来的紧缩作用则不甚明显；而货币供给量对房地产价格变动影响较为明显。

具体而言，房地产价格变动通过投资效应、银行资产负债表效应、财富效应影响总需求，股票价格变动通过Q效应、银行资产负债表效应和财富效应影响总需求。

二 房地产价格传导路径分析

房地产价格变动通过各种渠道对区域经济产生重要的影响。弗兰坦东尼和舒（Frantantoni & Schuh，2003）研究表明，货币政策对房地产区域投资的影响存在显著差别。梁云芳、高铁梅（2007）基于误差修正模型的 panel data 得出如下结论，信贷规模对东部和西部都有较大影响，但是对中部地区影响较小；实际利率对各个区域影响差异不大，人均 GDP 对中部地区影响较大。王先柱和赵奉军（2010）对我国 35 个大中型城市的实证分析表明，我国房地产市场存在显著的货币政策区域效应，东部地区房地产信贷对房地产价格影响程度高于西部地区。王先柱、毛中根、刘洪玉（2011）从供需两个角度分析货币政策对房地产市场影响，发现城市收入水平越高，利率抑制房地产需求的能力越强；中西部地区房地产开发投资对银行信贷依赖程度高于东部地区，利率变量对东西部地区的土地购置面积和商品房竣工面积存在显著的差异性影响。

理论上，房地产价格变动对经济影响有以下三种渠道：

第一是投资效应，货币扩张导致房地产价格升高，导致房地产投资收益率明显高于其他地区，因此房地产开发将快速扩张，并通过关联效应带动其他相关产业发展，拉动总需求。王维安和贺聪（2004）的研究表明，2003 年中国房地产投资拉动系数高达 0.1945，如果考虑到房地产业对其他行业的关联效应，那么房地产投资对经济增长的贡献率将更高。

第二是财富效应，货币扩张导致房价上涨，居民的名义财富量增加，因此将增加消费支出。从对我国房地产价格财富效应的实证研究来看，目前财富效应的影响并不大。

第三是银行资产负债表效应。房屋是企业向银行贷款时重要的抵押物，货币扩张导致房地产价格上升时，抵押物价格上升，企业可以获得更多的融资进行投资，个人可以获得更多的融资进行消费和投资，这都将拉动区域经济的增长。

宽松的货币政策对区域房地产价格的影响存在显著差异，由于发达地区的城市化进程较快，大量人口涌入发达地区城市，房地产价格在宽松的货币政策下出现了明显的上涨，并且通过投资效应、财富效应、银行资产负债表效应对发达地区产生显著的影响。一旦货币政策紧缩对房价产生冲击，对房地产泡沫较为显著的区域冲击也将更加明显。

从图 5.1 可以看出，房地产价格波动受到了一定的季节因素的影响。我们用 HP 滤波方法各个区域的房地产价格数据进行了调整，并对调整后的区域房地产价格序列数据进行了统计描述（见表 5.1）。

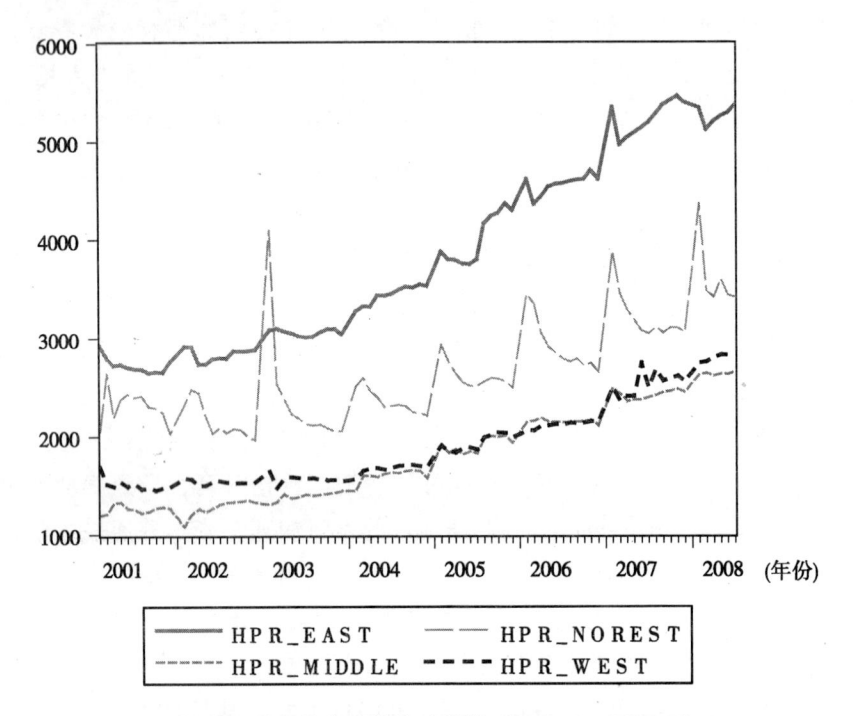

图 5.1　各个区域房地产价格波动趋势（2001.2—2008.7）

注：①HPR_EAST 表示东部地区房地产价格，HPR_NOREST 表示东北地区房地产价格，HPR_MIDDLE 表示中部地区房地产价格，HPR_WEST 表示西部地区房地产价格。②各个区域房地产价格为区域房地产销售额与区域房地产销售面积的比值；区域房地产销售额和区域房地产根据各个省份的房地产销售额与销售面积分别按照区域加总计算得出。③各个省份的房地产销售额和房地产销售面积都来自 Wind 数据库。④图中纵轴单位为元人民币，横轴单位为年份。

表 5.1　区域房地产价格序列数据统计描述（2001.2—2008.7）

	东部地区	中部地区	西部地区	东北地区
均值	3820.986	1781.851	1907.779	2653.276
中位数	3629.826	1695.669	1750.706	2470.366
最大值	5547.412	2674.297	2840.554	3567.495
最小值	2629.607	1180.952	1492.572	2279.911
标准差	938.9864	471.3394	419.0565	410.3623
变异系数	0.245745	0.264522	0.219657	0.154663

续表

	东部地区	中部地区	西部地区	东北地区
偏度	0.364377	0.367816	0.766675	0.806825
峰度	1.723687	1.767428	2.245893	2.249456

注：①样本为月度数据（2001年2月—2008年7月共90个观测值）②变异系数（coefficient of variation）是指样本标准差与均值的比值，偏度 S（Skewness）用来衡量样本数据围绕均值的非对称性，峰度 K（Kurtosis）衡量样本数据相对于正态分布凸起或者平坦程度。

  房地产上涨存在区域差异，影响不同区域的直接投资规模，对总需求的拉动水平存在差异。从表5.1可以看出，区域房地产价格不仅本身存在较大差异，而且波动幅度也存在着很大的不同，东部地区房地产价格时间序列的标准差为938.9864，大大高于中部地区、西部地区、东北地区房地产价格标准差471.3394、419.0565、410.3623。东部地区房地产价格水平较高，而且上涨幅度较大，通过直接投资以及相关产业的经济拉动程度较大，使总需求扩张程度也较大①。发达地区房地产公司较多，当货币政策扩张时，房地产公司资产价值迅速上涨。而当货币政策紧缩时，房地产公司资产缩水严重，缩水程度甚至达到80%—90%，货币政策通过房地产行业本身对发达地区经济也造成了较大的冲击。并且由于房地产产业不仅本身在区域经济当中占有重要位置，并且通过前向关联和后向关联对其他行业有很强的拉动作用。因此房地产行业在货币政策的影响下产生波动将会对区域经济产生显著的影响。

  东部发达地区企业的固定资产价格上涨更为明显，这些固定资产作为抵押品可以获得更多的融资，这部分资金通过投资等方式进一步扩大了总需求。

  拥有房地产资产的东部发达地区居民受财富效应的作用，消费水平提高程度也较大。此外，由于各个区域微观主体财富结构有一定的差异，东部发达地区的居民财富结构中房地产投资所占比重更高，因此房地产价格波动通过财富效应对东部发达地区的居民影响更加明显。

  房地产价格在宽松的货币环境下涨幅过快，对东部区域经济产生影响较大。一旦货币政策收紧，前期上涨过快的地区可能会出现过快下降的趋

---

① 各个省份商品房销售价格具体见附表8。

势,例如在2007年末货币政策收紧后,深圳的房地产价格开始迅速下降,下跌幅度远超过其他前期上涨不大的欠发达地区,而其他一些发达地区的房价也出现了不同程度的回落现象。如果货币政策进一步收紧,对于房地产价格上涨过快地区的房地产价格也必然产生显著的影响。

三 股票价格传导路径分析

货币政策通过影响股票价格变动,并通过以下两种效应对经济产生影响:

首先是投资效应。投资效应通过两种渠道产生作用:托宾的 q 理论和资产负债表渠道。托宾把公司的市场价值与当期的重置成本比率定义为 q,当 q>1 时,企业的资产价格高于重置成本,企业的理性选择是发行股票,用筹得的资金投资扩张企业规模;当 q<1 时,企业的资产价格低于重置成本,企业的理性选择是不增加资本品购买,因此对于新的资本需求将会减少,投资活动因此将会减少。当人民银行采取宽松的货币政策时,q 值大于 1,企业投资增加,当人民银行采取从紧的货币政策时,q 值小于 1,新增投资较少,总需求减少。资产负债表渠道是指宽松的货币政策导致股票价格上升,企业资产净值上升,企业抵押物价值上升,可从银行获得更多的借款,投资增加,拉动总需求上升;股票市值下降导致企业资产净值下降,企业的抵押物价值下降,向银行借款数量减少,将会相应减少投资。

其次是财富效应。根据莫迪格利亚尼提出的生命周期理论,居民消费不是当期收入的函数,而是财富的函数,财富增加会导致居民消费增加。在宽松的货币政策下,股票价格上涨,居民名义财富上升,居民认为自己更富有,因此会增加消费;当对货币紧缩时,股票价格下降时,居民的名义财富下降,居民会减少消费。

在宽松货币政策环境下,股市上涨,按照托宾的 q 值大大高于 1,企业乐于通过发行股票的方式筹集资金,扩张投资;而上市公司的资产净值也随之增加,抵押物价值增加,可以从银行获得更多的贷款。东部发达地区的企业有较大的发展空间和盈利机会,企业较容易达到上市的标准(见图 3.20)。相对于东地区的 GDP 比重,东部发达地区的企业能够通过上市和增发股票方式比欠发达地区企业筹集到更多的资金,对本地区经济有更大的促进作用。

东部地区微观主体的收入结构包含了更多的财富性收入，这部分收入受到股票价格变动的影响。而股票价格受货币供给的扩张和紧缩将会产生较为明显的波动，这大大影响东部地区的微观主体的财富变化，进一步影响了东部地区微观主体的消费行为，对区域产出造成冲击。与之相比，中西部等欠发达地区微观主体的财富则以工资性收入为主，工资性收入不受资产价格变动的直接影响，这也使西部地区受到冲击程度远远弱于东部。《中国证券期货统计年鉴》各年份的数据统计显示，中国股票交易金额在北京、上海、广东等地区的分布比重较高，2006 年北京的交易金额占全国总交易金额的 12.90%，北京 GDP 占全国 GDP 的比重为 3.4%；广东的交易金额为 19.97%，上海 GDP 占全国 GDP 的比重为 3.4%；广东的交易金额为 14.99%，广东 GDP 占全国 GDP 的比重为 11.3%。从这三个发达省份来看，股票交易金额比重的确远远高于 GDP 所占比重。股票价格上涨将通过财富效应对这三个省份的居民有更为显著的影响。从区域数据来看，东部地区交易金额占全国总交易金额的比重显著高于东部 GDP 占全国 GDP 的比重（见图 3.19）。这些数据表明，东部发达地区的股票投资比重显然高于中西部等欠发达地区。因此通过影响东部地区居民的财富性收入对东部地区造成较大的冲击，货币政策也通过股票价格对东部地区企业的资产造成较大的冲击。

可见，货币政策通过股票价格变动的投资效应和财富效应对东部发达地区经济造成的影响可能要大于对中西部等欠发达地区。

第三节 基于区域经济结构差异视角的作用机理

一 产业结构差异

货币政策对不同产业的冲击存在一定的差异。货币政策对资本密集型产业冲击效应较大，如第二产业当中的建筑业对资本的需求量较大，因此货币政策的调整将对建筑业产生较为明显的冲击；而第三产业中大部分行业对资本的需求量相对较低，受到货币政策的冲击较小。国外的实证研究表明，货币政策对于不同产业的冲击程度存在很大差异。根据甘利和萨蒙（Ganley & Salmon，1997）对 1970~1995 年英国 24 个部门产出对货币政策冲击的分解效应研究，建筑业对利率敏感性最强，以下依次为制造业、服务业、农业。

这说明英国第一产业对货币政策冲击的敏感性最弱，第三产业次之，第二产业受到货币政策冲击最大。哈约和和乌伦布洛克（Hayo & Uhlenbrock，2000）用 VAR 模型对德国 28 个行业的货币政策效应进行了研究，得出结论认为重工业对利率的敏感性要高于非耐用消费品行业。国内对行业的货币政策效应研究不多，戴金平、金永军（2006）分析了中国包括第一、二、三产业、批发贸易零售业、餐饮业、房地产业等六个产业的产值对货币政策冲击的反应，结果显示第一、二产业、房地产业对利率政策冲击反应明显，第三产业、餐饮业和批发贸易零售业反应较小。而李海海（2006）通过脉冲响应分析得出，中国第二产业对货币政策反应最为敏感，而第一产业和第三产业对货币政策冲击敏感性都低于第二产业。

　　从我国的区域产业结构来看，各个地区的产业结构构成存在很大差别（见表 3.2），东部和东北地区的产业结构类似，第一产业比重较低，第二产业和第三产业比重较高。而中部地区和西部地区的第二产业比重则大大低于东部地区和东北地区。因此，受产业结构因素影响，东部地区和东北地区受到的货币政策冲击应该高于中部地区和西部地区。

　　从三大产业的内部构成来看，各个区域也存在着很大的差异。东部地区第二产业当中制造业比重较高，中西部地区资源加工型产业，如烟草加工、金属冶炼、麻纺织业、盐加工业等占第二产业比较高。东北地区的第二产业以制造业和采掘业为主，近年来呈现衰退趋势。东部地区的第三产业中金融、保险、信息咨询、房地产等占比较高。中西部地区的第三产业内部结构则以传统的流通和服务业、交通运输业、批发零售业为主（彭连清，2007）。根据卡里诺和蒂凡那（Carlino & DeFina，1998）的研究，制造业和建筑业对货币政策反应较为敏感，而制造业效应集中在耐用品产业上。而采掘业则对货币政策的反应则较弱。根据王剑和刘玄（2005）的研究，第二产业内部不同的部门对货币政策的反应程度也不同。建筑业对货币政策变动最敏感。在工业部门内部，石油、化工、机械等资本密集型重化工业部门对货币政策较为敏感，而纺织、轻工等劳动密集型工业部门对货币政策的反应程度则相对较弱。这些产业内部的差异性也导致了货币政策对不同区域的差异性冲击。从我国产业结构的变迁来看，过去的产业结构在计划经济体制下具有明显的同构性，随着市场经济体制的逐步建立，产业结构的差异逐步增大。我国各个地区的资源禀赋和要素特征差异较大，随着各个区域的产业按照市场规律进一步发展，各个地区未来的产业结构变动也将会存在较大差异。东部地区已经进入工业化中后期，将会从向高新技术产业和服务业发展，中西部等欠发达地区与东部地区相比产业结构较为落后，将会承接东部转移的传统制造业工业，加快资源性产业的转型升级。西部地区还将发展特色农产品基地和特色旅游业。东北地区有人才素质较高和工业基础较好的优势，将会以装备制造、电子通信设备、交通运输设备等作为优势产业（张平，2007）。可见，各个地区的产业结构发展模式存在较大的差异，这些产业内部结构的差异将会导致货币政策对区域经济的差异性影响。随着经济的持续发展，我国区域间产业的关系将会从垂直合作转为水平合作关系，各个地区产业结构在未来也不会有明显趋同现象，由产业结构因素导致的货币政策差异性冲击将会在相当长的时间内存在。

二 金融结构差异

卡什亚伯和斯特恩（Kashyap & stein，1995）认为，由于资本市场的不完美性（imperfections），货币政策发生变动时，银行存款受到的冲击不能在无磨擦的前提下通过其他融资手段弥补。与大银行相比，小银行较难通过外部融资的方式弥补存款的流失。反映在银行的资产负债表，就表现为大银行和小银行的贷款和证券组合对货币政策冲击的反应不同。伯南克和布林德（Bernanke & Blinder，1988）、格特勒和吉尔克里斯特（Gertler & Gilchrist，1993）等也提出了类似的观点。如果区域金融结构存在差异，那么货币政策可能通过这一渠道对不同区域产生差异性冲击。

在扩张的货币政策下，由于东部地区金融体系相对较为完善，民间金融发达，融资渠道较多，东部地区的企业也可以通过各种融资渠道获得发展所需的大量资金。中西部等欠发达地区的金融体系是以国有商业银行为主的金融体系结构，这导致了在货币政策扩张时期中西部等欠发达地区的贷款扩张速度较慢，其他获取资金的渠道也相对狭窄。从图3.20可以看出，东部地区通过上市获得的融资占全部上市公司比重达到了69%，高于东部地区GDP占全国GDP的比重；而中西部等欠发达地区通过上市获得的融资比重相对于GDP比重则较低。可见，在货币政策扩张阶段，东部地区受到货币政策扩张的影响要远远大于中西部等欠发达地区。

在紧缩的货币政策环境中，大银行资金充裕，中小银行资金相对紧张。中国的中小银行普遍扩张速度较快，但是资金来源远远少于国有银行，因此超额准备金普遍较低。例如，2003年9月份准备金率上调后，一些中小银行出现了较为明显的资金紧张状况。方轶强（2008）通过对中国支付系统发展的考察得出结论，认为我国国有商业银行资金相对充裕，一直是回购和拆借市场中资金的净融出方，而其他商业银行或金融机构的资金则相对较为紧张，主要是资金的净融入方。货币政策对中小银行的冲击将会传导到中小银行的客户，影响这些企业贷款的可获得性。东部沿海地区金融机构竞争程度较高，股份制商业银行和中小银行分布较为密集，货币政策紧缩时，这些中小银行将会出现较为明显的资金紧张状况，这对于很多企业都是从中小银行融资的东部沿海地区而言，将会受到货币政策较大的冲击。此外，东部地区金融市场的发达程度较高，民间资本规模较大，尽管在货币政策紧缩的初期能够一定程度上缓解东部地区受到的货币政策负向冲击。但是随着货币政策对货币供给量增长紧缩效果的真正到位，这些民间融资的利率成倍的升高，东部地区企业资金难以为继，将会出现资金链断裂的情况。民间资本反而加大了货币政策紧缩阶段东部地区经济所受的负向效应。

三 企业结构差异

根据伯南克和布林德（Bernanke & Blinder, 1992）的研究，货币政策通过银行的信贷渠道产生作用。紧缩的货币政策将影响银行提供贷款的能力。小企业与大企业相比，由于银行贷款给中小企业需要付出更高的信息和交易成本，小企业的银行融资成本更高。因此在货币政策紧缩时，商业银行倾向于收缩对小企业的贷款。此外，与大企业相比，中小企业没有充分的、可替代的融资来源，只能依赖本地银行。这些因素将会造成小企业在货币政策紧缩阶段将会受到比大企业更为严重的冲击。格特勒和吉尔克里斯特（Gertler & Gilchrist, 1993）发现货币政策对于大公司和小公司具有不同的影响，大公司在现金流下降时，可以通过发行商业票据以及其他短期的信贷渠道获得融资。在货币政策紧缩时，即使面临较高的利息成本和收入下降，大公司暂时可以继续维持他们的生产水平以及员工规模。但是小公司由于融资渠道较少，在出现资金紧张时不得不削减员工规模，减少生产。

在中国，小企业也同样受到了规模小、抵押资产不足、无法获得担保等因素的限制。对于银行而言，缺乏抵押资产和无法获得担保意味着贷款给小企业风险较大。并且中国的小企业经营模式较不规范，银行无法获取小企业的真实财务状况。这些都构成了贷款给小企业的显性和隐性成本，商业银行在货币政策紧缩阶段将会首先收缩对小企业的贷款。在信贷规模控制下，资金处于供不应求的状态，商业银行在掌握了信贷供给的主动权后，倾向于将有限的信贷资源配置给盈利能力强、风险能力低的大企业。在宽松的货币政策下，大企业是商业银行争抢的客户，在竞争压力下，商业银行将在开发中小客户以及资金定价方面更加积极。

政策紧缩时，中小企业的融资渠道没有大型企业宽，除了向商业银行贷款，大型企业可以通过上市和发行企业债等直接融资渠道筹得资金。但是大多数中小企业都无法达到进入这些资金市场的门槛，中小企业易受到紧缩货币政策的冲击。中国的小企业倾向于向社会融资、借高利贷。有学者（于则，2006）指出，东部发达地区的中小企业可以依靠民间资本抵消货币政策因素。但是地下金融带来的资金供给并不稳定，地下金融利率也会随着央行利率的升高而提高。一旦出现经济增长放缓和宏观政策调控，这些企业的高风险融资模式和不合法融资手段很容易导致资金链断裂和企业破产倒闭。这种借高利贷和企业互相担保等融资现象在小企业发达的东部沿海地区比较突出。这加重了银行贷款给小企业的风险，也加大了小企业对货币政策冲击的敏感程度。

从表3.4可以看出，东部地区的小企业比重较高，货币政策通过企业因素对东部地区可能产生较大冲击。

国有企业对货币政策冲击的反应与其他企业之间相比存在差异。

国有企业改革以前，对于商业银行本身而言，产权结构是商业银行选择是否贷款的依据，即使是贷款给中小企业，商业银行也倾向于选择国有中小企业。银行相信当这些企业出现困境时，政府相关部门不可能坐视不管，这构成了对国有企业的隐性担保，银行认为贷款给这些企业远远比民营企业更加安全。由于产权制度和治理结构方面的缺陷，国有企业不需要自负盈亏，具有盲目的扩张冲动。地方政府对企业扩张和地区经济增长的态度也是支持甚至采取直接干预的措施，国有银行在地方政府的压力下也会向国有企业大量发放贷款。因此，国有企业存在所谓的预算软约束现象，受货币政策的变动影响较小。国有企业比重较高的地区对紧缩性货币政策敏感度将会相对较低。

在市场化改革之后，商业银行与国有企业之间的倒逼机制被切断，商业银行不再继续贷款给效益差的国有企业。但是资产规模大，经营效益和行业信誉都比较高的区域国有龙头企业则是商业银行重点争夺的贷款对象，商业银行非常重视与这类企业的业务关系，即使在货币政策紧缩阶段，也不会选择压缩这类企业的贷款规模。除此之外，这些国有企业还可以通过上市的方式优先获得资金。因此，这类国有企业在货币政策紧缩时也能够保持资金充裕。

可见，在改革以前，是否贷款给国有企业主要是由国有企业的产权性质决定的；在改革之后，是否贷款给国有企业是由这些企业的效益决定的。货币政策的紧缩对国有企业的影响并不大。因此，在国有企业比重较高的地区对紧缩性货币政策的反应也会较小。

从表 3.4 可以看出，东北地区和西部地区的国有企业比重较高，从国有企业比重的角度来看，这些地区受紧缩性货币政策冲击后的反应程度较弱。

四 国际收支结构差异

由于各个区域经济结构存在差异，外汇的流入并不在各个区域均衡分布。东部沿海地区属于外向型经济增长方式，通过出口贸易获得的收入和通过资本项目流入的资本占本地区的 GDP 比重较高，货币投放也就集中在了外汇收入顺差地区。

表 5.2　中国人民银行国外资产与基础货币的比重（1991—2010）

单位：亿元

年份	国外资产	基础货币	二者之比	年份	国外资产	基础货币	二者之比
1991	2742.4	7503.1	36.55%	2001	19375.9	39851.7	48.62%
1992	2526.2	9029.9	27.98%	2002	23242.9	45138.2	51.49%
1993	1549.5	13147	11.79%	2003	31141.85	52841.36	58.93%
1994	4451.3	17217.8	25.85%	2004	46960.13	58856.1	79.79%
1995	6669.5	20759.8	32.13%	2005	63339.3	64343.1	98.44%
1996	9562.2	26888.5	35.56%	2006	85772.6	77757.8	110.31%
1997	13229.2	30632.8	43.19%	2007	124825.2	101545.4	122.93%
1998	13560.3	31335.3	43.27%	2008	162543.52	129222.33	125.79%
1999	14458.5	33620.1	43.01%	2009	193112.47	143985	134.12%
2000	15188.9	36491.4	41.62%	2010	218565.53	185311.08	117.95%

注：根据人民银行网站、中经网中国人民银行资产负债表、万得数据库数据整理得出。

1994 年外汇体制改革导致人民币大幅贬值和中央银行通过提高利率实施紧缩的货币政策,导致经常项目的顺差和资本项目的资本流入,外汇储备大量增加。从表 5.2 可以看出 1993—1994 年外汇占款在基础货币的发行中占比出现了明显的上升。外汇占款对基础货币的发放起到越来越重要的作用。从 2002 年开始,通过国外资产投放的基础货币就超过了基础货币总投放量的 50%,并且国外资产占基础货币的比重每年都呈跳跃式的增长,2001—2002 年增长了 2.87 个百分点,2002—2003 年增长了 7.46 个百分点,2003—2004 年增长了 20.86 个百分点,2004—2005 年增长 18.65 个百分点,2005—2006 年增长了 11.87 个百分点,2006—2007 年增长了 12.62 个百分点,2007—2008 年增长了 2.86 个百分点,2008—2009 年增长了 8.33 个百分点,2009—2010 年,国外资产与基础货币占比下降了 16.17 个百分点。近 10 年来,外汇占款投放成为基础货币的主要投放方式。因此,通过外汇占款投放的基础货币在区域间分布对区域经济影响程度也越来越高。

从表 5.3 可以看出,1991—2010 年,东部地区国际收支差额始终在全国国际收支差额中占主导作用[①],大大高于东部 GDP 占全国 GDP 的比重,说明全国国际收支差额绝大部分来自东部沿海地区。而东部地区的 GDP 比重则始终保持在 50% 左右,只是占据了全国 GDP 的 1/2。通过国际收支双顺差流入的外汇对应的基础货币并没有均衡的投放在各个区域,而是大多数投放在了东部沿海发达地区,转化为支持东部发达地区发展的资金。而东北和中部的国际收支差额占全国国际收支差额的比重明显较低,这说明从基础货币投放方面,东北地区和中部地区每个单位的 GDP 对应获得的外汇占款低于东部地区。值得注意的是,西部欠发达地区的国际收支差额各个年份几乎都为负值,这说明由国际收支带来的基础货币投放在西部地区也为负值。

无论是从绝对比重来看,还是从与 GDP 对比来看,东部地区的资金投放量都高于欠发达地区,这造成了东部沿海地区的经济发展获得的资金充裕,而中西部欠发达地区的经济发展获得的资金不足。

---

① 进出口差额和实际外资利用额是外汇流入中国国内的主要方式。因此我们采用了各个区域进出口差额和实际外资利用额之和占全国进出进出口差额和实际外资利用额之和的比重来衡量各个区域的外汇流入情况。

东部地区的国际收支差额比重不仅远远高于中西部以及东北地区，而且呈逐年递增的趋势。具有递增趋势说明随着外汇占款总量的增加，东部沿海地区获得了更多的基础货币量，基础货币增长率大大高于中西部地区基础货币增长率。而中西部地区的国际收支差额比重不仅远远低于东部沿海地区，而且呈逐年递减趋势。

表 5.3　　　　各个区域国际收支规模（1991—2010）　　　单位：亿元

年份	东部	中部	西部	东北
1991	893.81	17.51	-251.89	93.00
1992	1185.86	46.61	-315.93	162.85
1993	1939.16	133.87	-451.70	247.98
1994	3398.25	330.68	-363.24	407.94
1995	3623.21	376.28	-483.84	475.14
1996	4062.25	460.65	-505.52	554.01
1997	4896.31	652.18	-462.73	899.51
1998	5100.88	592.98	-677.27	885.80
1999	5397.13	451.79	-722.77	869.38
2000	5982.03	482.00	-999.24	1169.50
2001	6555.27	609.09	-1292.85	1084.12
2002	7249.18	683.33	-1604.91	1116.60
2003	7075.37	723.28	-2313.74	1119.79
2004	9339.33	909.67	-2771.27	1299.50
2005	12829.94	692.99	-3898.34	1506.50
2006	16149.29	159.03	-4577.75	1641.36
2007	19408.17	847.57	-5227.01	667.80
2008	23399.09	960.54	-5047.84	-323.50
2009	20080.56	-2313.00	-9696.64	-2225.01
2010	21902.01	-2413.01	-12222.93	-1364.38

注：根据同花顺 iFinD 数据整理得出。由于区域国际收支差额数据难以获得，我们用出口差额和实际利用外商直接投资额之和变动趋势衡量国际收支差额变动趋势。

当然，除了通过国际收支双顺差流入的外汇之外，还有通过其他非合法方式避开资本项目管制流入我国的外汇。尽管在数据上无法获得这部分资金在各个区域的分布，但是东部沿海地区经济发达，资产投资回报率较高，流入的热钱也大部分都投入在了该地区。

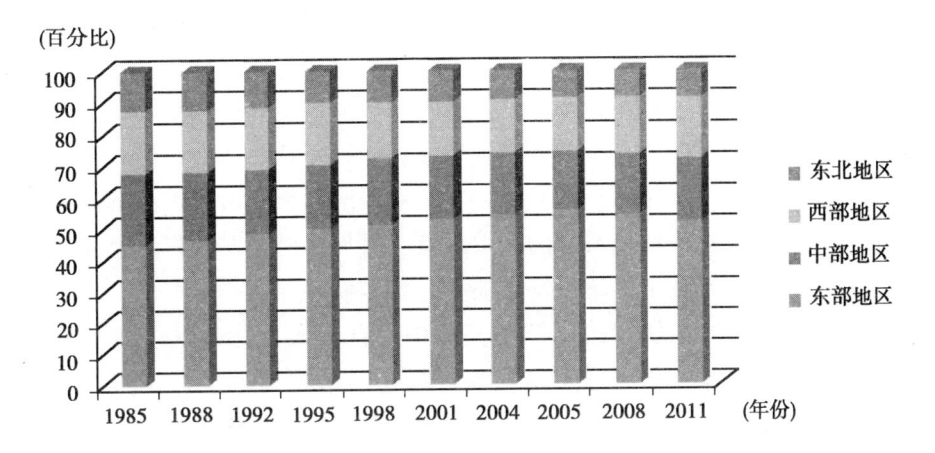

图 5.2 各个区域生产总值占全国比重（1985—2011）

注：数据根据《新中国五十五年统计资料汇编》和《中国区域金融运行报告》各相关年份的数据整理得出。

①纵轴单位为%，横轴单位为年份。②样本期间为 1985—2011 年，每 3 年取一个样本点。

可见，基础货币投放在区域间的分布并不均匀，大部分都分布在了东部沿海地区。从外汇占款发行的货币量来看，东部沿海地区受到了高于全国货币供给增长率的货币供给量的冲击，因此，在同样条件下，东部沿海地区受到的货币供给量变动的正向影响较大。而且这样被动的基础货币投放在出现国外需求下降和外资抽逃等对外汇占款影响明显的因素将会导致东部资金面从宽松快速收紧，这对东部沿海地区经济将会是严重的打击。

综上所述，货币供给量受外汇占款影响，具有较强的内生性。这种内生性影响了我国的货币供给机制，导致对货币供给量可控性降低。通过国际收支经常项目和资本项目流入的外汇对应的基础货币大部分投放在了东部地区，对东部地区的经济具有较大的影响。

第四节 基于区域投资收益率差异视角的作用机理

东部地区是市场经济、民营经济、开放型经济的发源地，在改革开放的大背景下较早开始市场化进程。企业文化发达、企业竞争、企业发展、企业创新等思想已经成为东部地区企业家的管理理念，经济增长速度较快。但是欠发达地区由于所有制改革进程滞后于东部地区，企业思想观念落后，缺乏能够把资源有效组织生产的真正企业家；中西部等欠发达地区市场过于狭小，在地理、交通和政策上也没有东部地区的出口优势，而地区之间存在严重的地方保护主义，区域之间市场分割现象严重，企业无法在生产上达到规模经济。中西部等欠发达地区经济缺乏活力，增长方式很大程度上靠政府投资拉动，政府投入资金对民间投资和消费扩张的推动作用有限，对当地经济增长贡献的持续性低。可见，经济发展程度差异和区域经济增长方式导致了区域投资收益率存在较大差异。

东部发达地区的资本边际产出高于中西部等欠发达地区资本边际产出。贝尔顿·弗雷、李海峥、赵敏强（2006）根据简单生产函数模型对我国1978—2003年的要素边际产出进行估计，得出了资本边际产出时间序列。在改革之前，东部沿海省份的资本边际产出几乎达到其他三个地区的两倍，而另三个地区的资本边际产出基本上相同。经过二十多年的改革，尽管各个地区的资本边际产出差距不断缩小，但是，到2003年，中西部等欠发达地区的资本边际产出还是远远低于沿海地区。武剑（2002）对我国1995—2000年的区域投入产出比进行计算，东部地区的国内投资效率为1.335，中部地区的国内投资效率为1.244，西部地区的国内投资效率1.123。也就是在各个地区同样投资一元钱，东部可以增加0.335元的国民收入，中部地区可以增加0.244元的国民收入，西部地区可以增加0.123元的国民收入。可见各个地区的投资效率存在明显差异。

同样，不同区域的信用环境也存在明显差异。在企业改革之前，欠发达地区企业负债率普遍过高，亏损严重，欠发达地区企业长时间习惯于依赖商业银行贷款资金，但信用状况普遍较差，甚至通过破产、兼并、分离、重组等途径逃废银行债务。尽管所有制结构进行了改革，但是有效的市场机制尚未建立，商业银行在欠发达地区的贷款风险仍然较高。从各个地区的不良贷款率（见图3.17）可以看出，欠发达地区的不良贷款率明显高于发达地区。

不同区域的资本收益率和不良贷款率存在差异，导致资金随着货币的扩张和收缩在欠发达和发达地区之间产生不同的流动。

由于东部发达地区的资金收益率较高，不良贷款率较低。在宽松的货币政策环境下，商业银行乐于把资金贷给发达地区企业，以获得较高的收益，规避贷款风险；欠发达地区也缺乏好的项目获取资金的投入，资金主要流向了东部发达地区，而中西部等欠发达地区在同样的宽松货币政策条件下获得的资金比重远远小于东部，欠发达地区的贷款扩张程度则较低，资金通过票据贴现、上存总行等各种形式流入东部地区企业。除此之外，资金流动也会在金融机构的外部发生，欠发达地区企业在经济扩张时会把本应用于生产的资金贷款之后转手投入到股票市场和发达地区的房地产市场，追逐资产价格上涨的高收益。东部企业获得了较多的资金，对于东部地区经济增长具有较强的正向效应；但是这样的资金流动过程却抑制了欠发达地区的经济发展。

在货币政策紧缩阶段，中西部等欠发达地区自身的可贷资金相对收缩，相对货币政策扩张阶段，资金的跨区域流动相对扩张阶段将会减弱。整个银行体系出现信贷紧缩的局面。此时的东部地区企业由于过度扩张出现资金链断裂等风险，受到的资金压力加大，相对于资金供给而言，东部地区的需求更难获得满足。紧缩的货币政策对区域经济影响过程较为复杂。在紧缩初期，仍有大量资金流向东部，但随着政策紧缩力度加大，各个区域都会出现流动性紧张局面。

在紧缩的货币政策下，东部地区扩张的资金将受到明显的制约，而中西部等欠发达地区经济本身的有效需求不高。对于中西部等欠发达地区银行而言，中西部欠发达地区缺乏高收益低风险的好项目用于贷款。相对来讲，资金反而比东部地区宽裕。例如，当货币政策导致流动性趋紧时，东部地区商业银行开出银行承兑票据后，进行贴现的大部分都是中西部等欠发达地区商业银行。这一方面说明东部银行的资金可以投向更高收益的项目，贴现对于东部沿海地区银行而言不是收益最大化的业务。另一方面说明西部银行的资金比较富余，贴现对于中西部等欠发达地区银行而言比在本地贷款的风险小或者比本地贷款投资收益率高。

因此，东部地区的贷款在宽松的货币环境下增长快于中西部等欠发达地区，但是在流动性趋紧时，各个区域受货币政策影响机制较为复杂，具体影响程度有待实证检验。

第五节 本章小结

本章对货币政策区域效应作用机理的分析突破了过去仅仅从单一视角对货币政策区域效应成因分析的局限性，把货币政策区域效应细分为货币政策对区域经济影响的正向效应和货币政策对区域经济影响的负向效应，结合我国转轨时期金融经济差异的特定背景，多层次多角度分析了货币政策对区域经济的差异性影响。

得出的主要结论如下：

一、再贷款是 1994 年之前基础货币的主要发放渠道，随着产业布局向东部沿海地区倾斜，在 20 世纪 80 年代到 90 年代初期间，通过再贷款投放的基础货币在东部沿海地区发放的比重较高，在货币政策扩张阶段对东部发达地区具有较强的正向效应；1994 年之后，再贷款更多起到的是结构性的调节作用，对缓解货币政策紧缩对欠发达地区的负向效应。

再贴现业务在主要发展年份对商业信用较为发达的东部地区具有较强的正向效应。

外汇占款在基础货币投放中占有越来越重要的地位，由于通过贸易差额和外商投资以及国际游资等方式流入的外汇主要都分布在了东部地区，但是通过本币公开市场业务对冲这部分基础货币操作是在总行层面上进行的。二者叠加作用的结果是基础货币主要投放在了东部，转化为支持东部地区经济发展的资金。

准备金率的变动对中小银行的影响更大，又由于东部沿海地区商业银行超额准备金率较低，提高存款准备金率对东部发达地区的负向效应大于中西部等欠发达地区，而降低准备金率则对东部发达地区的正向效应大于中西部等欠发达地区。

银行借贷利率的提高对东部地区的负向效应小于对中西部等欠发达地区的负向效应。降低银行借贷利率对东部地区的正向效应则大于对中西部等欠发达地区的正向效应。

窗口指导对"过热"行业的风险提示以及对住房类贷款的控制，对东部发达地区的固定资产投资和房地产行业具有一定的负向效应。

二、货币政策通过信贷渠道对资产价格变动产生影响，而资产价格变动进一步通过各种途径影响总需求。具体而言，房地产价格变动通过投资效应、银行资产负债表效应、财富效应影响总需求，股票价格变动通过 Q 效应、银行资产负债表效应和财富效应影响总需求。

由于东部发达地区房地产价格受货币政策影响的波动程度大于中西部等欠发达地区，因此货币政策通过房地产价格这一途径对东部地区影响较大；东部发达地区企业能够通过股市筹集到更多资金，因此货币政策通过股票价格的投资效应对东部发达地区影响较大。作为一种财富的持有形式，东部发达地区的股票投资占东部地区收入比重大大高于中西部等欠发达地区。可见通过股票价格的财富效应对东部发达地区影响较大。

三、货币政策对不同产业的冲击存在一定的差异。而不同区域的产业结构和三大产业的内部构成都存在很大的区别，因此货币政策将通过产业结构对不同区域产生差异性的冲击。

中国各个区域的金融体系存在较大差别，东部地区金融体系发达，融资渠道较多，而中西部地区则是以国有商业银行为主的金融体系结构。在货币政策扩张阶段，东部发达地区由于融资渠道较广，资金需求可以较大地获得满足，货币扩张程度远远大于欠发达地区。在货币政策紧缩阶段，东部地区则由于中小银行较多，中小银行资金容易出现紧张的状况，因此东部地区受此因素影响，在紧缩政策下的负向冲击大于中西部等欠发达地区。

东部地区的企业结构与中西部等欠发达地区存在两方面的重要区别，东部地区民营经济发展较早，中小企业比重远远大于中西部等欠发达地区，而国有企业的比重则小于中西部。中小企业融资渠道较窄，商业银行倾向于在货币政策紧缩时期减少对中小企业的信贷供给，而中小企业无法像大企业那样通过上市、发行企业债等方式获得融资。因此，中小企业占比较高的地区受货币政策冲击的负向效应较大。而国有企业背后有政府部门作为隐形担保，本身规模较大，是银行的重要客户，商业银行对国有企业部门的贷款一般对货币政策的扩张和紧缩并不敏感。因此，国有企业占比较高的地区对货币政策变动的敏感程度也低于发达地区。

东部地区的国际收支差额占东部GDP比重大于中西部等欠发达地区，通过国际收支双顺差和其他方式流入的外汇大部分都分布在东部地区，对应的基础货币也大部分都投放在东部地区。这导致扩张的货币政策对东部地区经济具有较强的正向效应。

四、区域资金投资收益率差异会导致在货币扩张阶段资金从中西部等欠发达地区向东部地区的流动，这导致了货币政策扩张阶段，东部地区受到的正向效应大于中西部等欠发达地区。而在政策紧缩阶段，由于整个银行体系资金趋紧，资金的跨区域流动将会减弱，各个区域受货币政策的影响机制较为复杂，具体结果有待实证检验。

五、对各种货币政策对区域经济作用机制的分析表明：在货币政策扩张阶段，东部地区受货币政策冲击导致的正向效应大于中西部等欠发达地区。在紧缩时，一些因素会导致东部地区受货币政策影响的负向效应较大，也部分因素缓冲了东部地区在货币政策紧缩阶段所受的货币政策冲击。可见，要得出货币政策对各个区域的具体影响程度大小，还需要对中国的现实数据进行经验研究以得出实证结论。

第六章

中国货币政策区域产出效应实证研究

对于货币政策的区域效应，国内研究大多都局限在对现象的描述和定性分析之上，已有的实证研究也由于方法的区别和数据选取的不同而得出了分歧较大的结论。本章在理论和机理分析的基础上，通过 VEC 方法、脉冲响应函数、方差分解研究我国货币政策的区域产出效应。

第一节 实证研究方法

一 单位根检验

单位根检验是检验序列平稳性的标准方法，检验单位根的方法有很多种，包括 DF 检验、ADF 检验、PP 检验、KPSS 检验、ER 检验、NP 检验[①]。迪基－福勒（Dickey-Fuller）检验是较为简单的一种单位根检验方法。但是该检验方法只能检验符合 AR（1）过程的数据。扩展的迪基－福勒单位根检验方法（ADF）通过加入变量的滞后差分项来控制高阶的序列相关问题。这种检验方法需要选择合理的滞后阶数，还要选择是否存在常数项和线性时间趋势项。

二 协整分析

我们不能对非平稳的时间序列进行回归，否则会出现伪回归的情况。但是现实中大多数时间序列都是非平稳的，不能直接进行回归。对这样的时间序列，可以通过差分的方式消除序列中含有的非平稳趋势，但是依据

---

① 关于这些检验的表达式和具体应用原理，请参见高铁梅（2006）。

差分处理后的时间序列建立起来模型难以从现实经济的角度给出解释，这限制了差分方法的使用。

尽管一些经济变量本身并不是平稳的时间序列，它们自身的均值、方差和协方差随着时间会发生变化，但这些时间序列的线性组合却是平稳的序列，这样的时间序列之间就可以被认为是具有协整关系，这种平稳的线性组合被称为协整方程。我们可以称具有协整关系的几个时间序列之间具有长期稳定的均衡关系。

对于变量之间是否存在协整关系，可以通过协整检验方法来判断，本文采用了 Johansen 协整检验。Johansen 协整检验是以 VAR 模型为基础的协整关系检验方法，并且 Johansen 检验的系数估计值也是变量之间关系的估计系数。

三 向量误差修正模型

根据沃尔特·恩德斯（2004），当我们对变量是否是外生变量的情况不自信时，传递函数分析的自然扩展就是均等地对待每一个变量。向量自回归模型不需要对于模型里的变量进行识别，把系统中每一个内生变量作为系统中所有内生变量滞后值的函数来构造模型（高铁梅，2006），从而回避了结构化建模的需要。因此，向量自回归模型由于这样的优点广泛地被金融领域实证研究的学者所采用。

尽管在宏观经济模型当中，货币供给量是受货币当局决定的外生变量。但是现实中，货币供给是由经济体系内部的各个因素共同作用的，货币当局并不能完全控制货币供给量。目前我国学者基本上都认同中央银行对基础货币具备调控能力有限的看法（黄燕芬、顾严，2006）。从我国货币供给的现实来看，货币供给量的变动不仅受到商业银行、企业和居民行为的影响，还受到外汇占款导致的基础货币被动投放的影响。货币供给具有很强的内生性。这要求我们采用的计量方法要能够把货币供给作为系统的内生变量。因此，本书拟采用向量自回归模型分析货币政策对区域产出和价格的差异性影响。

向量自回归模型可以不加区分地均等对待系统内的各个变量，已经成为现在研究货币冲击问题的标准方法。在向量自回归模型，纳入货币政策变量和区域产出和区域价格变量，分析区域产出和价格在由货币政策导致的系统性冲击下会产生怎样的波动。当然，决定一个地区收入和价格变动大小的不仅仅是货币供给的变动，最主要的还是本地区的经济金融发达程度。当系统中也包含产出和价格的滞后期变量，这些滞后期变量对产出和价格变量也具有解释作用。

向量误差修正模型适用于具有协整关系的非平稳序列。高铁梅（2006）指出，当变量本身并不是非平稳时间序列，但是存在协整关系时，可以由自回归分布滞后模型导出误差修正模型。向量误差修正模型可以理解为是含有协整约束的向量自回归模型。

四 脉冲响应函数

向量自回归模型系统中，分析一个变量对另一个变量的影响并不具有经济学意义。一般来讲都是分析模型受到某种冲击时，系统中各变量的反应。这种方法被称为脉冲响应函数方法（Impulse Response Function, IRF）。脉冲响应函数用于捕捉一个内生变量对系统冲击的动态反应。我们在下文中得出的脉冲响应图形和累积脉冲响应数值都是用 EViews 6.0 软件根据该函数的计算原理得出。

为了避免扰动项向量中的同期相关元素互相影响，我们采用了乔勒斯基（Cholesky）分解法进行逆来正交化脉冲，把同期相关的冲击项转化为不相关的冲击项。

五 方差分解

方差分解用于分析系统的结构冲击对各区域产出和价格变量变化的贡献度，评价不同的变量对产出和价格变动的贡献程度。

方差分解的原理是通过把变量的方差分解成 k 个（k 表示系统总变量的个数）互不相关的影响，每个影响都用方差进行计算。通过不同变量基于冲击的方差对被考察变量方差的相对贡献度，来观测各个变量对被考察变量的影响。

具体可以用公式表示为：

$$RVC_{j \to i}(\infty) = \frac{\sum_{q=0}^{\infty}(c_{ij}^{(q)})^2 \sigma_{jj}}{\mathrm{var}(y_{it})} = \frac{\sum_{q=0}^{\infty}(c_{ij}^{(q)})^2 \sigma_{jj}}{\sum_{j=1}^{k}\{\sum_{q=0}^{\infty}(c_{ij}^{(q)})^2 \sigma_{jj}\}}, i, j = 1, 2, \cdots, k$$

(6.1)

$\sum_{q=0}^{\infty}(c_{ij}^q)^2\sigma_{jj}$ 是用方差表示的第 j 个扰动项对第 i 个变量从无限过去到当前时点的影响,是变量 y_i 的方差,被称为相对方差贡献率 (relative variance contribution),它可以衡量第 j 个变量基于冲击的方差对 y_i 方差的相对贡献度。得出的结果是一个 0 到 1 之间的小数,表示第 j 个变量对第 i 个变量的贡献程度,数字越大,表示贡献程度越高。

我们在下文中得出的方差分解各期数值和全国以及各地区不同结构冲击对产出和价格变动的贡献率图形都是 EViews 6.0 软件根据相对方差贡献率公式计算得出。

关于向量误差修正模型、脉冲响应函数、方差分解原理的更多说明和具体的推导请参照高铁梅 (2006) 的详细说明。

第二节 变量选取、数据来源和变量的平稳性检验

一 变量选取

(一) 货币供给量和利率

国内和国外的货币政策传导渠道存在着一定的差异。按照传统的凯恩斯主义的货币政策观点,紧缩的货币政策导致真实利率变动,进而影响投资和消费支出的下降。但是中国的存贷款利率仍然受到管制,货币供给量与利率变动并没有传统凯恩斯主义的货币政策中利率和货币供给量的联动关系,在进行实证研究时,作为从不同渠道影响产出的变量,货币供给量和利率都可以纳入模型。

在经常项目自由兑换和资本项目管制的环境下,外汇通过双顺差和其他方式途径流入导致 M2 具有较强的内生性,货币政策工具的使用也无法消除这种内生性,导致货币政策实施的最终效果与意图并不完全一致。例如,从 2004 年开始我国出现投资过热,中央银行不断上调利率,并且通过央行票据回收货币,但是仍然没能达到减少流动性的效果,到了 2007 年我国还是出现了明显的流动性过剩问题。M2 作为货币政策的衡量指标具有一定的局限性。但是由于我国利率尚未市场化,金融市场发展程度落后,利率的调整也受到多种因素的制约,无法作为衡量货币政策变动的最有效指标。因此文章仍选用货币供给量作为货币政策的主要衡量方式。

由于利率的高低决定了企业的融资成本，对产出具有一定的影响。因此，也选择了利率作为影响产出的变量之一。

（二）区域真实产出

根据第四章的理论研究，货币政策变动对总需求和总供给模型均衡点变动的影响体现在两个方面——对产出的影响和对价格的影响。在本章和下一章的实证研究当中，文章分别分析货币政策对区域产出的影响和货币政策对区域价格的影响。一般在宏观经济模型当中，有关收入和产出的变量都是以真实值来衡量的，因此，我们在模型中也使用了区域的真实产出。

二 数据来源和变量定义

本书采用了1985—2011年的年度数据，时间跨度为27年。货币供给量和一年期贷款基准利率数据来自中国人民银行网站、中经网以及相关年份的《中国金融年鉴》。各个省份产出和价格指数（CPI）均来自《新中国六十年统计资料汇编》以及中国人民银行编制的各期《区域金融运行报告》。区域层面的数据由各个省份的数据加总得出。

我们仍然采用东部、中部、西部、东北四大区域的划分方式。东部地区包括北京、天津、河北、山东、上海、江苏、浙江、广东、海南、福建十个省和直辖市；中部地区包括湖南、山西、安徽、江西、河南、湖北六个省；西部地区包括陕西、内蒙古、甘肃、宁夏、青海、新疆、重庆、四川、广西、云南、贵州十一个省[①]、自治区、直辖市；东北地区包括辽宁、吉林和黑龙江三个省。

各个地区的真实产出能够较为准确地衡量区域经济的变动趋势。因此，我们在模型中采用区域真实GDP。区域真实GDP通过各个省份名义GDP除以居民消费价格指数（CPI）[②]加总计算得出。

$$rgdp\_region = \sum_{j=i}^{J} \frac{gdp_j}{cpi_j} \qquad (6.2)$$

$rgdp\_region$ 表示区域的真实GDP，J表示区域中省份的个数。

[①] 西藏地区的居民价格指数统计数据缺失，无法计算西藏地区的真实产出和居民价格指数。本文实证部分的西部地区不包括西藏自治区。由于向量误差修正模型研究并不涉及绝对量之间的比较，剔除一个省份对模型分析基本不构成影响。

[②] 这里的物价指数采用以上年为基期（上年＝100）的物价指数衡量方式。

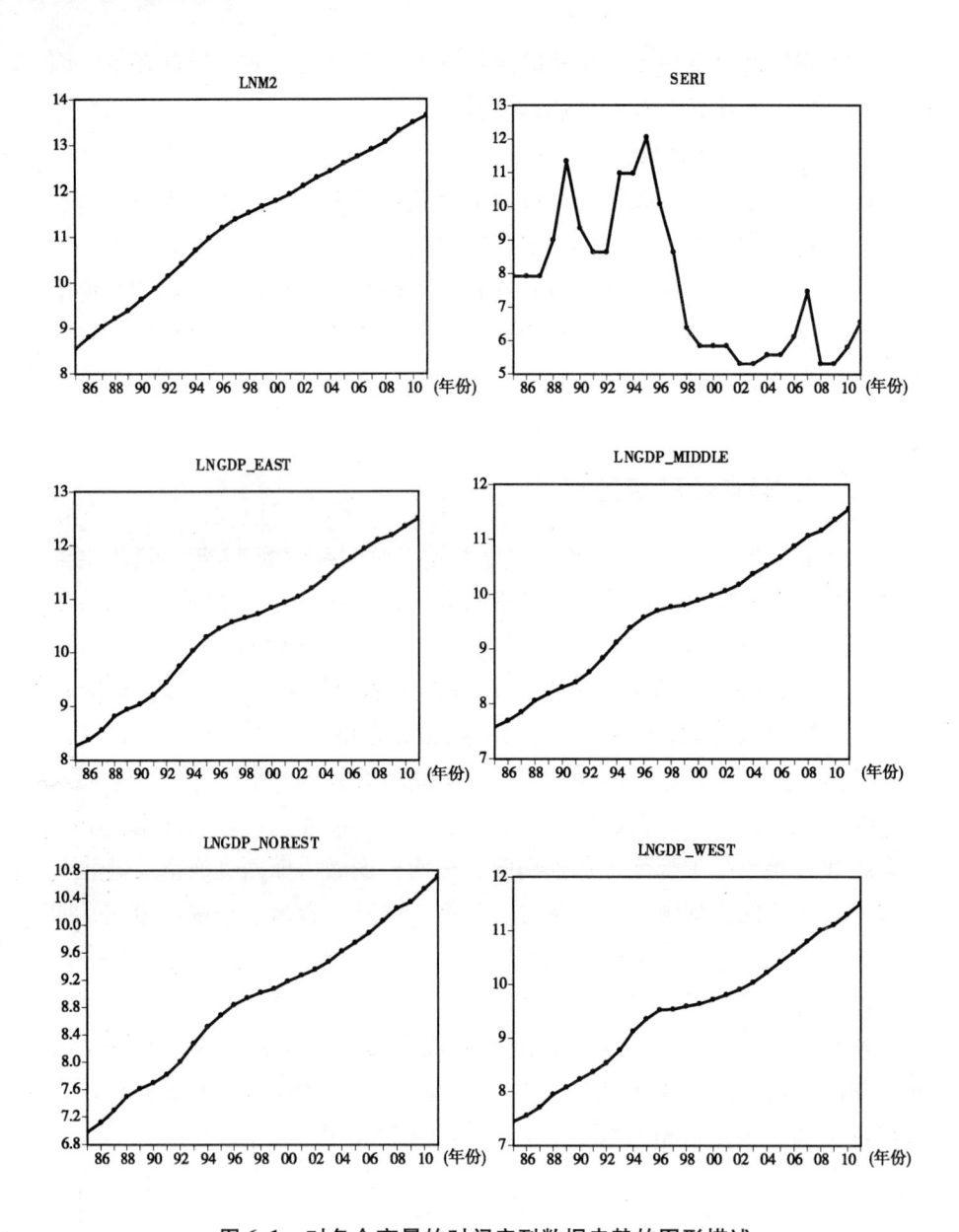

图 6.1 对各个变量的时间序列数据走势的图形描述

除了金融机构一年期贷款基准利率之外,所有的变量都采用了 ln 值。我们用 lnm2 表示货币供给量的对数,东部地区真实产出的对数表示为 lnrgdp_ east,中部地区真实产出的对数表示为 lnrgdp_ middle,西部地区的真实产出表示为 lnrgdp_ west,东北地区的真实产出表示为 lnrgdp_ norest;用 seri 表示一年期贷款基准利率。另外,用 D 表示变量的差分,上述变量的一阶差分分别表示为 D（lnm2）、D（lnrgdp_east）、D（lnrgdp_middle）、D（lnrgdp_west）、D（lnrgdp_norest）、D（seri），二阶差分分别表示为 D（lnm2,2）、D（lnrgdp_east,2）、D（lnrgdp_middle,2）、D（lnrgdp_west,2）、D（lnrgdp_norest,2）、D（seri,2）。

三 变量的单位根检验

在对数据进行进一步分析之前，需要检验相关变量的平稳性。这里采用了扩展的 Dickey-Fuller（ADF）单位根检验方法。

使用的软件为 EViews 6.0，单位根检验结果如表 6.1 所示。可以看出，所有变量的 ADF 检验都大于 5% 显著性水平的临界值，说明变量具有非平稳性。但是所有变量序列的二阶差分 ADF 检验值都小于 1% 显著性水平的临界值，这表明所有变量序列的二阶差分都是平稳的时间序列。由此可知，所有的变量都含有两个单位根，都服从 I（2）过程。

表 6.1　区域产出变量、货币供给量、利率变量的单位根检验

变量	检验类型(c,t)	ADF检验值	P值	临界值(5%显著水平)	临界值(1%显著水平)
lnrgdp_east	(1,0)	-1.18	0.6684	-2.99	-3.72
D(lnrgdp_east)	(1,0)	-2.36	0.1620	-2.99	-3.72
D(lnrgdp_east,2)	(1,0)	-5.65***	0.0001	-2.99	-3.74
lnrgdp_middle	(1,0)	-0.41	0.8935	-2.99	-3.72
D(lnrgdp_middle)	(1,0)	-2.33	0.1741	-3.02	-3.81
D(lnrgdp_middle,2)	(1,0)	-3.64***	0.0137	-3.01	-3.79
lnrgdp_west	(1,0)	-0.32	0.9078	-2.99	-3.72
D(lnrgdp_west)	(1,0)	-2.89	0.0608	-2.99	-3.72
D(lnrgdp_west,2)	(1,0)	-4.09***	0.0049	-3.00	-3.77
lnrgdp_norest	(1,0)	-0.30	0.9124	-2.99	-3.72
D(lnrgdp_norest)	(1,0)	-2.79	0.0742	-2.99	-3.72
D(lnrgdp_norest,2)	(1,0)	-6.56***	0.0000	-2.99	-3.74
Lnm2	(1,0)	-1.31	0.6057	-3.02	-3.81
D(lnm2)	(1,0)	-2.14	0.2330	-2.99	-3.72
D(lnm2,2)	(1,0)	-5.32***	0.0002	-2.99	-3.74
Seri	(1,0)	-1.39	0.5706	-2.98	-3.71
D(seri)	(1,0)	-4.43***	0.002	-2.99	-3.72

续表

变量	检验类型(c,t)	ADF检验值	P值	临界值（5%显著水平）	临界值（1%显著水平）
D(seri,2)	(1,0)	-7.52***	0.0000	-2.99	-3.74

注：ADF检验值检验值后面，*** 表示在 1% 水平上显著。临界值根据 EViews 6.0 给出的结果进行报告，(c, t) 表示是否含有常数项、趋势项，1 表示含有，0 表示不含有；D 表示变量的差分。

第三节 货币政策区域产出效应实证研究

一 货币供给量、利率与区域产出协整分析

下面讨论 3 个时间序列 $y_t = [\ln rgdp_t, \ln m2_t, seri_t]'$（$t=1, 2, \cdots, T$）的三个经济指标是否具有协整关系。其中，$y_t$ 是 3 维内生变量向量，$rgdp_t$ 表示第 t 期真实区域产出，$m2_t$ 表示第 t 期的货币供给量，$seri_t$ 表示第 t 期的一年期贷款利率。T 为样本个数。

表 6.2　　　　　变量间的 Johansen 协整检验结果

变量	假设协整个数	协整值	迹统计量	5%临界值	P值	最大特征值	5%临界值	P值
(lnrgdp_east, lnm2, seri,)	0	0.56	34.02**	29.80	0.02	19.88*	21.13	0.07
	最多1个	0.42	14.14*	15.49	0.08	13.08*	14.26	0.08
	最多2个	0.04	1.05	3.84	0.30	1.05	3.84	0.30
(lnrgdp_middle, lnm2, seri,)	0	0.55	29.69**	29.80	0.05	19.26*	21.13	0.09
	最多1个	0.35	10.44	15.49	0.25	10.44	14.26	0.18
	最多2个	0.00	0.00	3.84	0.96	0.00	3.84	0.96
(lnrgdp_west, lnm2, seri)	0	0.60	28.63*	29.80	0.07	22.19**	21.13	0.04
	最多1个	0.23	6.44	15.49	0.64	6.37	14.26	0.57
	最多2个	0.00	0.08	3.84	0.78	0.08	3.84	0.78

续表

变量	假设协整个数	协整值	迹统计量	5%临界值	P值	最大特征值	5%临界值	P值
(lnrgdp_norest, lnm2, seri)	0	0.62	33.08**	29.80	0.02	23.09**	21.13	0.03
	最多1个	0.33	10.00	15.49	0.28	9.61	14.26	0.24
	最多2个	0.02	0.39	3.84	0.53	0.39	3.84	0.53

注：临界值由 EViews 软件计算得出，检验滞后期为 2 期，具体计算方法为 $p = T^{1/4}$，T 为样本容量。该方法由 Diebold 和 Nerlove（1990）针对小样本数据提出的滞后期阶数计算方法，在本文中，T = 27。因此，有 $p = 27^{1/4} = 2.2795$。因此我们对区域变量和货币政策变量组成的各个系统统一取 p = 2 为滞后阶数。检验值后面 * 表示在 10% 水平上显著，** 表示在 5% 水平上显著。

从表 6.3 可以看出，各个地区的变量系统的迹统计量和最大特征值都在 10% 的显著水平上拒绝了不存在协整向量的假设，表明各个地区的产出变量和利率、货币供给量之间都存在 1 个以上的协整关系。表明货币供给量、利率与各个区域的真实 GDP 之间具有长期均衡关系。可以建立向量误差修正（VEC）模型，研究系统中各个变量对系统结构性冲击的反应。

$$east\_ecm = lnrgdp\_east(-1) - 1.16lnm2(-1) - 0.42seri(-1) + 5.99 \quad (6.3)$$
$$(-11.63) \quad (-4.52)$$

$$middle\_ecm = lngdp\_middle(-1) - 1.23lnm2(-1) - 0.49seri(-1) + 8.27 \quad (6.4)$$
$$(-8.90) \quad (-4.27)$$

$$west\_ecm = lnrgdp\_west(-1) - 3.04lnm2(-1) - 3.41seri(-1) + 51.24 \quad (6.5)$$
$$(-3.60) \quad (-4.86)$$

$$norest\_ecm = lngdp\_norest(-1) + 0.15lnm2(-1) + 0.98seri(-1) - 18.07 \quad (6.6)$$
$$(0.65) \quad (5.14)$$

式（6.3）、（6.4）、（6.5）、（6.6）分别为系统（lnrgdp_east, lnm2, seri）、（lnrgdp_middle, lnm2, seri）、（lnrgdp_west, lnm2, seri）、（lnrgdp_norest, lnm2, seri）的误差修正项，方程下小括号中数字代表 t

统计量，表明利率变量在各区域协整关系中显著。从式（6.3）、（6.4）、（6.5），M2 变量在东部、中部、西部地区都是显著的，在东北地区并不显著。

式（6.3）、（6.4）、（6.5）、（6.6）表明，广义货币供应量、利率与各个地区国内生产总值之间存在长期的均衡关系。广义货币供应量对东部、中部、西部、东北地区国内生产总值的长期影响系数分别为 1.16、1.23、3.04、-0.15（不显著），说明从长期来看，在其他条件不变的情况下，广义货币供应量每增加 1%，东部地区国内生产总值将增加 1.16%；中部地区国内生产总值将增加 1.23%；西部地区国内生产总值将增加 3.04%。东部、中部、西部、东北地区国内生产总值对利率的长期弹性系数分别为 0.42、0.49、3.41、-0.98，说明在其他条件不变的情况下，利率提高 1 个点，东部地区国内生产总值将上升 0.42%、中部地区国内生产总值将上升 0.49%、西部国内生产总值将上升 3.41%，东北地区生产总值将下降 0.98%。利率与经济增长的关系与 IS-LM 理论相冲突，这说明我国经济长期处于金融抑制环境当中，实际利率长期偏低，官方利率大部分时间并没有处于均衡利率水平上，故而与经济增长的关系表现为上述的正向关系。综上可知，长期来看，货币政策对各个区域的影响程度存在着显著差异。

二 向量误差修正模型

我们对各个区域统一选取 p = 2 为滞后阶数[①]，建立 VEC（2）模型。各区域系统估计得出的向量误差模型如表 6.3、表 6.4、表 6.5、表 6.6 所示。根据 Johansen（1995），VECM 模型的估计要基于以下假设：误差项不存在自相关、符合正态分布，不存在异方差（童锦治、赵川、孙健，2012）。从 LM 统计量、White 异方差检验、Jeque-bera 检验可以看出，误差项不存在序列相关、异方差等问题，满足高斯条件要求。向量误差修正模型估计系数具有一致性。结果显示，各个区域向量误差修正模型中的

---

① VAR 模型需要对滞后阶数进行确定，较大的滞后阶数能够保证模型的动态特征得到更好的反映；但是阶数越大就会牺牲掉越多的自由度（高铁梅，2006）。另外，模型估计的各个区域滞后阶数可能有所不同，因此我们不采取 AIC 准则、SC 准则以及 LR 统计量进行最优滞后阶数的判断。而是采用 Diebold 和 Nerlove 提出的方法（转引自王剑、刘玄，2006），对小样本数据的滞后阶数取 p = $T^{1/4}$，T 为样本容量，在本书中，T = 27。因此，有 p = $27^{1/4}$ = 2.2795。

ECM 项的系数符号符合反向修正机制，但是并不显著，说明各个区域短期经济波动受长期均衡关系的影响并不显著。

表 6.3　系统（lnrgdp_east，lnm2，seri）对应的向量误差修正模型

变量	D（lngdp_east）	D（lnm2）	D（seri）
east_ecm	-0.011599	-0.023442	2.317805
	(0.02417)	(0.02316)	(0.54675)
	[-0.47994]	[-1.01236]	[4.23922]
D（lngdp_east（-1））	0.037561	-0.282586	-1.174601
	(0.27968)	(0.26797)	(6.32720)
	[0.13430]	[-1.05456]	[-0.18564]
D（lngdp_east（-2））	0.033850	-0.028763	0.438699
	(0.26054)	(0.24962)	(5.89413)
	[0.12992]	[-0.11523]	[0.07443]
D（lnm2（-1））	0.320199	0.728583	13.03032
	(0.28198)	(0.27017)	(6.37933)
	[1.13553]	[2.69672]	[2.04258]
D（lnm2（-2））	0.105708	-0.097398	12.98234
	(0.29040)	(0.27824)	(6.56982)
	[0.36401]	[-0.35005]	[1.97606]
D（seri（-1））	0.017001	0.002355	0.415479
	(0.00868)	(0.00832)	(0.19645)
	[1.95782]	[0.28307]	[2.11495]
D（seri（-2））	0.014192	0.011787	0.301621
	(0.00847)	(0.00811)	(0.19157)
	[1.67591]	[1.45283]	[1.57445]
C	0.073343	0.122916	-4.985111
	(0.06114)	(0.05858)	(1.38311)
	[1.19965]	[2.09839]	[-3.60428]
Adj. R-squared	0.660866	0.610859	0.634926
系统联合检验	统计量		P值
Jaque-bera	9.628463		0.1412
LM 统计量	5.375666		0.8004
White 异方差检验	74.60238		0.7587

注：各个变量的系数下面的小括号里面的数字表示标准误，中括号里面的数字表示 t 统计量。C 表示常数项（Constant）。Jaque-bera 是正态性检验，零假设是正态分布；LM 统计量为检验残差是否序列相关，零假设为没有序列相关；White 异方差检验用于检验系统是否存在异方差性，零假设为同方差。

表6.4 系统（lnrgdp_middle, lnm2, seri）对应的向量误差修正模型

变量	D(lngdp_middle)	D(lnm2)	D(seri)
middle_ecm	-0.044902	-0.026506	1.539485
	(0.02541)	(0.02109)	(0.52508)
	[-1.76690]	[-1.25689]	[2.93188]
D(lngdp_middle((-1))	-0.164282	-0.216027	-4.449703
	(0.23995)	(0.19912)	(4.95782)
	[-0.68465]	[-1.08493]	[-0.89751]
D(lngdp_middle(-2))	0.072092	-0.156730	-1.004286
	(0.22824)	(0.18940)	(4.71582)
	[0.31586]	[-0.82752]	[-0.21296]
D(lnm2(-1))	0.227640	0.626454	11.73596
	(0.27918)	(0.23167)	(5.76831)
	[0.81540]	[2.70412]	[2.03456]
D(lnm2(-2))	0.009551	0.009450	10.49554
	(0.29913)	(0.24823)	(6.18066)
	[0.03193]	[0.03807]	[1.69813]
D(seri(-1))	0.016854	-0.003685	0.294112
	(0.01179)	(0.00978)	(0.24352)
	[1.43000]	[-0.37680]	[1.20775]
D(seri(-2))	0.014698	0.010667	0.298138
	(0.00965)	(0.00801)	(0.19947)
	[1.52248]	[1.33152]	[1.49467]
C	0.126406	0.126160	-3.533293
	(0.06528)	(0.05417)	(1.34872)
	[1.93650]	[2.32909]	[-2.61973]
Adj. R-squared	0.555212	0.458384	0.434971
系统联合检验	统计量	P值	
Jaque-bera	9.418376	0.1514	
LM 统计量	9.665437	0.3782	
White 异方差检验	82.08702	0.5387	

注：各个变量的系数下面的小括号里面的数字表示标准误，中括号里面的数字表示 t 统计量。C 表示常数项（Constant）。Jaque-bera 是正态性检验，零假设是正态分布；LM 统计量为检验残差是否序列相关，零假设为没有序列相关；White 异方差检验用于检验系统是否存在异方差性，零假设为同方差。

表6.5 系统（lnrgdp_norest, lnm2, seri）对应的向量误差修正模型

变量	D(lngdp_norest)	D(lnm2)	D(seri)
norest_ecm	0.011728	0.007319	-0.967666
	(0.00741)	(0.00961)	(0.23190)
	[1.58257]	[0.76170]	[-4.17272]
D(lngdp_norest((-1)))	-0.002085	0.026264	2.310190
	(0.26829)	(0.34785)	(8.39552)
	[-0.00777]	[0.07550]	[0.27517]
D(lngdp_norest((-2)))	-0.062826	-0.379369	0.759782
	(0.22722)	(0.29460)	(7.11027)
	[-0.27650]	[-1.28773]	[0.10686]
D(lnm2(-1))	0.299684	0.677696	9.436667
	(0.18529)	(0.24024)	(5.79813)
	[1.61741]	[2.82096]	[1.62754]
D(lnm2(-2))	0.024159	0.047859	10.24996
	(0.20108)	(0.26072)	(6.29246)
	[0.12014]	[0.18357]	[1.62893]
D(seri(-1))	0.012754	0.000584	0.365471
	(0.00639)	(0.00828)	(0.19992)
	[1.99627]	[0.07055]	[1.82805]
D(seri(-2))	0.000353	0.006295	0.235662
	(0.00660)	(0.00855)	(0.20639)
	[0.05354]	[0.73614]	[1.14183]
C	0.091132	0.102287	-4.316316
	(0.04257)	(0.05519)	(1.33202)
	[2.14093]	[1.85336]	[-3.24043]
Adj. R-squared	0.553530	0.444491	0.455499

系统联合检验	统计量	P值
Jaque-bera	11.24738	0.0810
LM统计量	7.959025	0.5383
White异方差检验	79.64988	0.6141

注：各个变量的系数下面的小括号里面的数字表示标准误，中括号里面的数字表示t统计量。C表示常数项（Constant）。Jaque-bera是正态性检验，零假设是正态分布；LM统计量为检验残差是否序列相关，零假设为没有序列相关；White异方差检验用于检验系统是否存在异方差性，零假设为同方差。

表 6.6　系统（lnrgdp_west, lnm2, seri）对应的向量误差修正模型

变量	D（lngdp_west）	D（lnm2）	D（seri）
west_ecm	-0.000674	-0.001787	0.259475
	(0.00266)	(0.00260)	(0.05825)
	[-0.25350]	[-0.68655]	[4.45425]
D（lngdp_west（-1））	0.317769	-0.297211	7.124854
	(0.27978)	(0.27403)	(6.13283)
	[1.13579]	[-1.08457]	[1.16176]
D（lngdp_west（-2））	-0.019297	0.044266	-5.440351
	(0.20171)	(0.19757)	(4.42148)
	[-0.09567]	[0.22405]	[-1.23044]
D（lnm2（-1））	0.190231	0.748008	8.541979
	(0.26816)	(0.26265)	(5.87808)
	[0.70940]	[2.84791]	[1.45319]
D（lnm2（-2））	-0.027871	-0.110058	14.44490
	(0.25782)	(0.25253)	(5.65153)
	[-0.10810]	[-0.43582]	[2.55593]
D（seri（-1））	0.038170	0.002527	0.370696
	(0.00753)	(0.00737)	(0.16498)
	[5.07154]	[0.34284]	[2.24696]
D（seri（-2））	0.005374	0.018837	-0.015904
	(0.01320)	(0.01293)	(0.28937)
	[0.40707]	[1.45684]	[-0.05496]
C	0.084786	0.110250	-4.829578
	(0.05341)	(0.05231)	(1.17066)
	[1.58759]	[2.10766]	[-4.12550]
Adj. R-squared	0.668099	0.444497	0.531828
系统联合检验	统计量	P 值	
Jaque-bera	8.569082	0.1993	
LM 统计量	5.508864	0.7879	
White 异方差检验	89.58490	0.3182	

注：各个变量的系数下面的小括号里面的数字表示标准误，中括号里面的数字表示 t 统计量。C 表示常数项（Constant）。Jaque-bera 是正态性检验，零假设是正态分布；LM 统计量为检验残差是否序列相关，零假设为没有序列相关；White 异方差检验用于检验系统是否存在异方差性，零假设为同方差。

三 脉冲响应分析

脉冲响应函数描述的货币政策冲击对各个区域经济增长的影响。脉冲响应图表明了每一期各个因素冲击对真实区域经济增长的短期影响，因此响应值和协整关系当中的系数有所不同。

从各个区域产出对货币供给量的累积脉冲响应结果（见表6.7）可以看出，货币供给量受到一个标准差的系统性冲击后，各个区域在不同响应期的累积响应值存在明显的差异。

表6.7　　　　货币供给量冲击下区域产出累积响应差异比较

日期：年	东部	中部	西部	东北
1	0.000000	0.000000	0.000000	0.000000
2	0.010701	0.007094	0.016268	0.009730
3	0.041956	0.034958	0.049835	0.036679
4	0.100169	0.096156	0.114310	0.085062
5	0.177307	0.180592	0.193775	0.148603
6	0.260813	0.274599	0.270797	0.221388
7	0.343641	0.370139	0.334522	0.297939
8	0.422702	0.463508	0.386726	0.374639
9	0.496173	0.552519	0.430489	0.448920
10	0.563711	0.636974	0.468622	0.519884

从产出对货币供给量的动态响应程度来看（见图6.2），东北地区产出响应值小于中部地区，东部地区产出响应值小于中部地区。东部和中部的响应值较高，东北地区较低，西部最低。脉冲响应值的大小顺序为：中部＞东部＞东北＞西部。中部的脉冲响应值最大，东部地区弱于中部地区，东北地区弱于东部和中部地区，西部响应值居于最后。

（一）中部地区的响应值高于其他地区响应值可以归结为以下几个原因

中部地区受货币供应量系统性冲击后，产出波动较大的原因主要源于

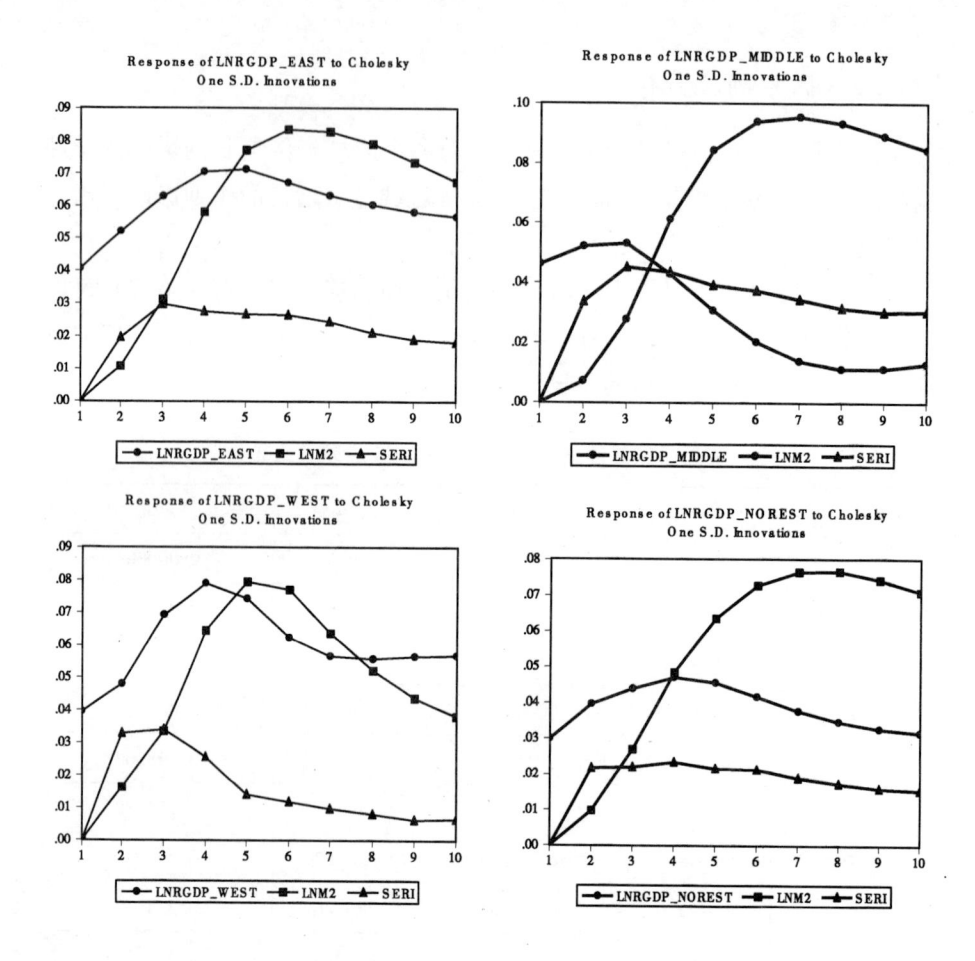

图6.2　各区域产出对货币供给量冲击的相应动态模拟结果

中部地区经济发展状况。

在受货币政策负向冲击时,中部地区受到紧缩政策的负向效应较大。相比于东部地区,中部地区在货币政策紧缩时可以获得的流动性渠道较少。东部地区在政策变动时,由于自身的外向型增长方式,可以通过外汇占款获得较多的流动性。中部地区的国际收支比重较低,受到紧缩冲击时无法像东部地区那样通过外汇占款缓解所受的冲击。西部地区向东部地区跨区域流动的资金也缓冲了东部地区所受到的政策冲击,但是中部地区经济没有足够的吸引力获取外部资金。受到货币政策紧缩冲击的负向效应较为明显。另一方面,与西部地区相比,中部地区获得的政策优惠较少,再贷款等结构性政策向中部倾斜程度较低,在缓冲货币政策冲击上发挥作用较小。

最后，中部地区的资产价格波动受货币政策影响较大。2001—2011年对房地产价格月度数据波动程度的考察表明，中部地区房地产价格的波动程度也较大。

综上所述，中部地区对货币政策的响应程度较高。

(二) 东部地区货币政策效应主要受到以下几个方面的影响

外汇占款、中小企业、非国有经济、资产价格变动、资金流入等因素导致东部地区受到的货币政策冲击影响较大。

外汇占款构成了近年来（尤其是2003年之后）对我国货币供应量的正向冲击，尽管央行采取了一些具有紧缩性质的政策措施，通过央行票据收回了部分流动性。但是由于外汇占款规模较大，央行票据并没有完全抵消外汇占款造成的货币供给量增加。因此可以认为外汇占款的增加导致了正的系统性冲击，对东部地区造成了区域正向效应。东部地区经济受外汇占款因素影响的正向效应最明显。此外，外汇占款也一定程度上缓解了东部地区经济受货币政策冲击的负向效应。货币政策扩张阶段导致的区域间资金流动也对东部地区产生了较大的正向效应，并且也减弱了东部地区受货币政策冲击的负向效应。

货币供给变动冲击对东部地区产生的并不都是正向效应，中小企业较多，非国有经济比重较高、受资产价格波动影响较大等特点一定程度上都导致了东部地区在货币供给量发生变动时受到的负向效应也较大。因此，东部地区对货币政策响应弱于中部地区，强于东北和西部地区。

(三) 东北地区货币政策效应弱于东部和中部地区主要原因如下

东北地区国有经济比重高，中小企业少，国有经济受到货币政策冲击程度弱于中小企业。由于体制原因，东北地区的市场化程度较低，国有大企业的投资项目受到货币政策的影响较小，其他非国有的可投资项目也相对较少。因此受到货币政策扩张影响的正向效应和负向效应都较小。但是东北地区在货币政策扩张阶段也有一定的资金外流，对东北地区造成了负向效应。因此，从实证结果来看东北地区的脉冲响应值居于东部和中部之后。另外，东北地区的在货币政策冲击下资产价格波动程度较低。因此受到货币政策冲击较弱。

(四) 西部地区脉冲效应值较小的原因在于以下几点

首先，西部经济发展落后，对基础设施建设等外部资金的投入的依赖性较强，而自身的经济活力较低。1979—1991年，国家产业政策发展重心向东部沿海地区转移，东部沿海地区在货币政策扩张当中获得了较多信贷规模。导致东部和西部收入差距拉大。西部地区经济在政策扩张阶段受到了一定的抑制。

随着1991年国家提出各个地区经济协调发展，以及1999年正式提出的西部大开发战略，这期间货币政策调控方式逐渐转为以间接调控为主。这一阶段国家通过财政政策、基础设施建设、政策性银行贷款、支农再贷款等方面对西部给予各种政策支持。这些政策性资金的投入并不会随着货币政策的扩张和紧缩增加或者减少，而且在经济出现下滑时，通过基础设施拉动经济的资金投放会倾向于投放到西部地区。即使在M2增长幅度较低时，国家通过基础设施建设对西部地区的支持程度仍然不会减弱。

其次，从增长方式来看，西部地区增长与其他区域方式不同，产业结构不合理，制造业和服务业处于初步发展阶段；自我积累能力弱，资金使用效率低，收入水平低，产出的增长很大程度上依赖国家政策资金的投入，自身增长能力弱。这一方面导致西部地区受统一的货币政策间接调控影响程度很低；另一方面在政策扩张阶段，由于东部的快速增长，资金通过上存总行、银行间拆借、票据贴现等形式从金融体系内部和外部的各种渠道流向了东部。这种资金的跨区域流动抑制了西部地区在政策波动时所受的影响，一定程度上使得存在政策波动冲击的情况下，西部地区经济增长对于这些政策冲击相对并不敏感。

综上所述，政策性因素、西部地区自身增长方式和资金跨区域流动等因素导致了西部地区经济的波动与货币政策的波动不同步，西部地区经济变动与货币政策的扩张紧缩周期并不一致。这导致了西部的脉冲响应弱于其他地区。

利率对区域产出的脉冲响应结果进一步证实，受管制的利率对于实体经济的影响有效性较弱。当利率受到一个标准差冲击后，可以看出各个地区对利率的响应结果都是正值，这也进一步说明了利率渠道在我国传递中出现的扭曲现象，不能有效地达到调控宏观经济的目的。利率的上调无法遏制过热的宏观经济，反而加快了热钱的流入；利率下调阶段伴随着银行惜贷等现象，无法刺激经济走出低谷。

综上可知，影响各个区域对货币政策冲击响应的因素较为复杂，不能用单一理论或解释简单概括之。

四 方差分解

从方差分解结果（见图6.3）来看，各个货币政策变量对产出变动的贡献程度也存在一定的差异。M2变量在解释脉冲响应值在前期贡献率较低，之后逐渐升高，说明货币政策对区域经济存在显著的影响，另外，区域经济自身因素在解释产出变动方面的贡献度也较高。

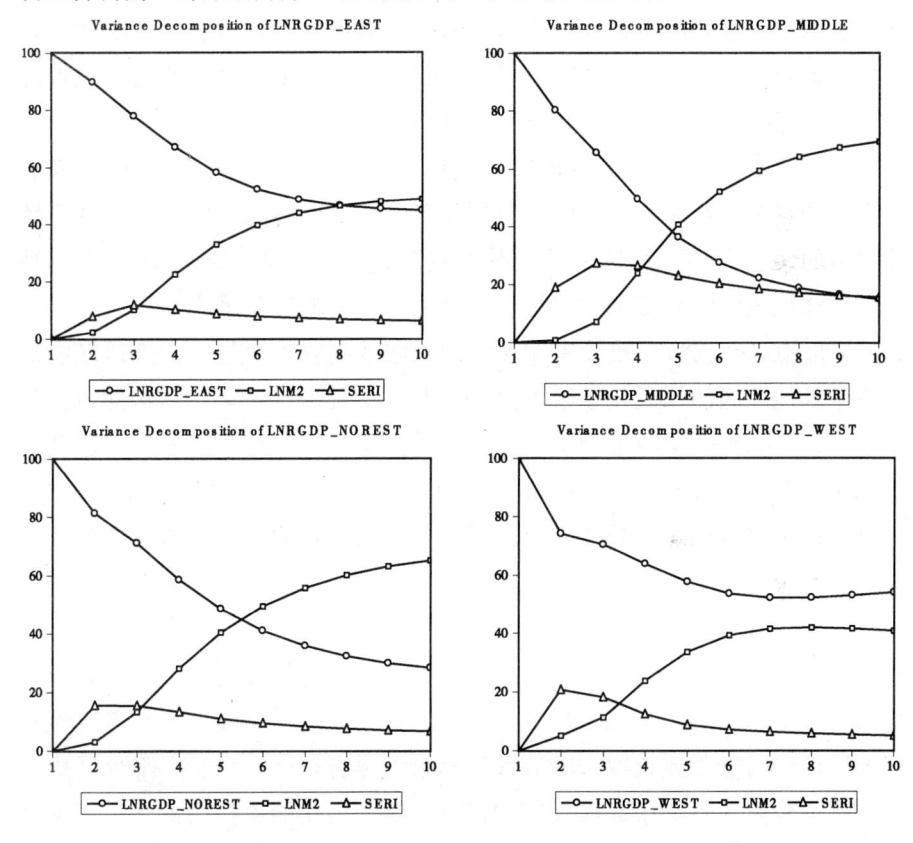

图6.3　各区域不同变量受到系统冲击后对产出变动的贡献率

方差分解结果也可以看出，利率对区域产出变动的贡献度较低，说明信贷渠道仍然是我国货币政策的主要传导渠道，尽管利率市场化已经取得了一定的进展，但是由于货币市场和资本市场发展相对落后，利率渠道仍然不够畅通，利率对实体经济的作用仍然弱于信贷渠道。

第四节　本章小结

本章对货币政策变量与各个区域产出变量之间的关系进行了理论和实证分析。对货币政策区域产出效应的协整检验结果表明，货币供给量、利率与各个区域的真实 GDP 之间具有长期稳定的均衡关系。货币供给量受到一个单位标准差的系统性冲击后，各个区域产出对货币供给量的冲击都产生了正向的响应。从影响程度看，中部地区受货币政策影响的区域效应较大，东部次之，东北地区较低，西部地区最低。

在此基础上，建立了向量误差修正（VEC）模型，并基于 VEC 模型得出脉冲响应函数和方差分解，分析了各个区域对货币供应量带来的系统性冲击的反应大小。发现中部的脉冲响应值最大，东部地区弱于中部地区，东北地区弱于东部和中部地区。西部的政策响应值最小。

中部地区受到货币政策紧缩冲击的负向效应较为明显。中部地区响应值高于其他地区的原因在于缺乏缓冲机制，受货币政策紧缩影响的负向效应较大；在受到货币政策的负向冲击时，由于没有东部地区外汇占款和跨区域流动资金的缓冲效应，中部地区没有这些缓冲货币政策冲击的机制，并且资产价格波动程度较高。因此随着货币供应量的系统冲击因素波动较为明显。

外汇占款和资金流动因素导致货币政策冲击对东部地区产生了较大的正向效应，但是也缓冲了东部地区受货币政策冲击的负向效应。中小企业比重较高、非国有经济比重较高、受资产价格波动影响较大等特点导致东部地区产出对货币政策冲击响应程度较大。尽管如此，由于东部地区由于市场活力较强，对货币政策负向冲击有一定的消化能力。因此，东部地区的脉冲响应值较大的原因主要是来自货币政策的正向效应。

东北地区国有经济比重大，市场化程度较低，资产价格波动程度也较弱，受货币政策冲击影响小于东部地区和中部地区。因此对货币政策的脉冲效应值也较小。

西部地区受货币政策冲击响应结果最弱，原因在于西部地区经济变动与货币政策的扩张紧缩周期并不一致。西部地区一方面受政策性资金投入的影响较大，受紧缩货币政策影响程度较弱，在政策扩张阶段资金流出也较为明显，政策扩张效力较小。

方差分解的结果表明，货币政策在短期内对区域产出变动贡献度较高，但是长期趋于减弱，对一个区域经济变动起最重要作用的还是区域的内生性因素。这符合货币政策长期中性的理论观点。

第七章

中国货币政策区域价格
效应实证研究

根据本书第四章区域 AD – AS 模型的理论假设，货币政策冲击下的各个区域的物价可能产生一定的偏离。目国内对于货币政策区域效应的研究主要集中于货币政策对区域产出影响的实证研究方面，对于货币政策对区域价格冲击的相关研究仍然较少。本章在理论和机理分析的基础上，通过 VEC 方法、脉冲响应函数、方差分解研究了我国货币政策的区域价格效应。

第一节 实证研究方法

本部分的实证研究主要采取非平稳时间序列的计量方法对相关问题进行检验。研究采取以下步骤：（1）对相关变量进行平稳性检验；（2）如果经济变量平稳，采取传统的 VAR 方法进行分析；如果经济变量不平稳，则对变量进行协整关系检验；（3）如果存在协整关系，那么采用向量误差修正模型；（4）通过脉冲响应函数和方差分解进一步分析。关于向量误差修正模型、脉冲响应函数、方差分解原理的更多说明和具体的推导请参照本文第六章相关内容和高铁梅（2006）的详细说明。

第二节 变量选取、数据来源和变量平稳性检验

使用的软件为 EViews 6.0，单位根检验结果如表 7.1 所示。可以看出，所有变量的 ADF 检验都大于 5% 显著性水平的临界值，说明变量具有非平稳性。但是所有变量序列的二阶差分 ADF 检验值都小于 1% 显著性水平的临界值，这表明所有变量序列的二阶差分都是平稳的时间序列。由此

可知，所有的变量都含有两个单位根，都服从 I（2）过程。

一　变量选取

采用 M2 作为货币政策的衡量指标，采用利率作为影响产出的变量之一。对于区域价格变动，我们采用了消费者价格指数（CPI）来衡量区域物价水平。

二　数据来源和变量定义

本书采用了 1985—2011 年的年度数据，时间跨度为 27 年。货币供给量和一年期贷款基准利率数据来自中国人民银行网站、中经网以及相关年份的《中国金融年鉴》。各个省份价格指数（CPI）均来自《新中国六十年统计资料汇编》以及中国人民银行编制的各期《区域金融运行报告》。区域层面的数据由各个省份的数据加总得出。

我们仍然采用东部、中部、西部、东北四大区域的划分方式。东部地区包括：北京、天津、河北、山东、上海、江苏、浙江、广东、海南、福建十个省和直辖市；中部地区包括湖南、山西、安徽、江西、河南、湖北六个省；西部地区包括陕西、内蒙古、甘肃、宁夏、青海、新疆、重庆、四川、广西、云南、贵州十一个省[1]、自治区、直辖市；东北地区包括辽宁、吉林和黑龙江三个省。

$$cpi\_region = \sum_{j=i}^{J} cpi_j / J \tag{7.1}$$

除了金融机构一年期贷款基准利率之外，所有的变量都采用了 ln 值。我们用 lnm2 表示货币供给量的对数，东部地区 CPI 的对数表示为 lncpi_east，中部地区 CPI 的对数表示为 lncpi_middle，西部地区 CPI 的对数表示为 lncpi_west，东北地区 CPI 的对数表示为 lncpi_norest；用 seri 表示一年期贷款基准利率。另外，用 D 表示变量的差分，上述变量的一阶差分分别表示为 D（lnm2）、D（seri）、D（lncpi_east）、D（lncpi_middle）、D（lnrgdp_west）、D（lncpi_norest），二阶差分分别表示为 D（lnm2, 2）、D（seri, 2）、D（lncpi_east, 2）、D（lncpi_middle, 2）、D（lnrgdp_

---

[1] 西藏地区的居民价格指数统计数据缺失，无法计算西藏地区的真实产出和居民价格指数。本文实证部分的西部地区不包括西藏自治区。由于向量误差修正模型研究并不涉及绝对量之间的比较，剔除一个省份对模型分析基本不构成影响。

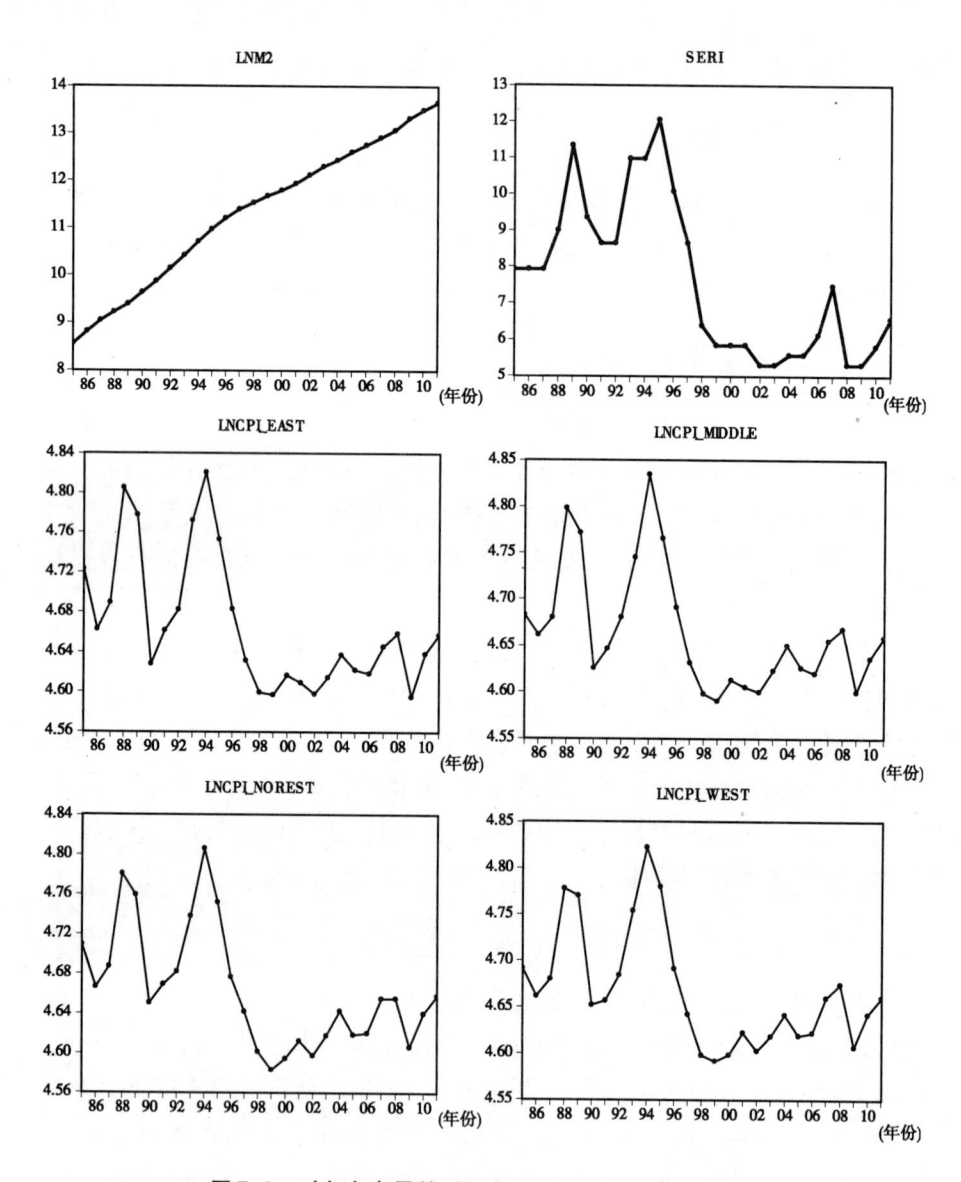

图 7.1 对各个变量的时间序列数据走势的图形描述

west, 2)、D (lncpi_ norest, 2)。

三 变量的单位根检验

在对数据进行进一步分析之前,需要检验相关变量的平稳性。这里采用了扩展的 Dickey-Fuller (ADF) 单位根检验方法。

使用的软件为 EViews 6.0，单位根检验结果如表 7.1 所示。可以看出，所有变量的 ADF 检验都大于 5% 显著性水平的临界值，说明变量具有非平稳性。但是所有变量序列的二阶差分 ADF 检验值都小于 1% 显著性水平的临界值，这表明所有变量序列的二阶差分都是平稳的时间序列。

表 7.1　　区域价格变量和货币供给量的单位根检验

变量	检验类型 (c, t)	ADF 检验值	P 值	临界值 (5% 显著水平)	临界值 (1% 显著水平)
Lncpi_east	(1, 0)	-2.61	0.1038	-2.99	-3.72
D (lncpi_east)	(1, 0)	-4.38 ***	0.0022	-2.99	-3.72
D (lncpi_east, 2)	(1, 0)	-6.27 ***	0.0000	-3.00	-3.75
lncpi_middle	(1, 0)	-2.93	0.0563	-2.99	-3.72
D (lncpi_middle)	(1, 0)	-4.13 ***	0.0039	-2.99	-3.72
D (lncpi_middle, 2)	(1, 0)	-5.59 ***	0.0002	-3.01	-3.79
lncpi_west	(1, 0)	-2.76	0.0791	-2.99	-3.72
D (lncpi_west)	(1, 0)	-3.89 ***	0.0069	-2.99	-3.72
D (lncpi_west, 2)	(1, 0)	-6.03 ***	0.0001	-3.00	-3.75
lncpi_norest	(1, 0)	-2.42	0.1476	-2.99	-3.72
D (lncpi_norest)	(1, 0)	-4.18 ***	0.0035	-2.99	-3.72
D (lncpi_norest, 2)	(1, 0)	-5.08 ***	0.0006	-3.01	-3.79
Lnm2	(1, 0)	-1.31	0.6057	-3.02	-3.81
D (lnm2)	(1, 0)	-2.14	0.2330	-2.99	-3.72
D (lnm2, 2)	(1, 0)	-5.32 ***	0.0002	-2.99	-3.74
Seri	(1, 0)	-1.39	0.5706	-2.98	-3.71
D (seri)	(1, 0)	-4.43 ***	0.002	-2.99	-3.72
D (seri, 2)	(1, 0)	-7.52 ***	0.0000	-2.99	-3.74

注：ADF 检验值检验值后面 *** 表示在 1% 水平上显著。临界值根据 EViews 6.0 给出的结果进行报告，(c, t) 表示是否含有常数项、趋势项，1 表示含有，0 表示不含有；D 表示变量的差分。

第三节　货币政策区域价格效应实证研究

一　货币供给量与区域价格协整分析

在对货币政策价格效应的 VEC（p）模型中，y_t 是 3 维内生变量向量：

$$y_t = [\ln cpi_t, \ln m2_t, seri_t]' \quad t = 1, 2, \cdots, T$$

其中，$m2_t$ 表示第 t 期的货币供给量，cpi_t 表示第 t 期居民消费价格指数，$seri_t$ 表示第 t 期的一年期贷款利率。T 为样本个数。

从表 7.2 可以看出，各个地区的变量系统的迹统计量和最大特征值都在 1% 的显著水平上拒绝了不存在协整向量的假设表明各个地区的价格变量和货币供给量之间都存在 1 个以上的协整关系。

$$east\_ecm = \ln cpi\_east(-1) + 0.02\ln m2(-1) + 0.007seri(-1) - 4.97 \quad (7.2)$$
$$(4.96) \qquad (1.60)$$

$$middle\_ecm = \ln cpi\_middle(-1) + 0.02\ln m2(-1) + 0.008seri(-1) - 4.93 \quad (7.3)$$
$$(4.07) \qquad (1.69)$$

$$west\_ecm = \ln cpi\_west(-1) + 0.014\ln m2(-1) + 0.003seri(-1) - 4.86 \quad (7.4)$$
$$(3.64) \qquad (0.80)$$

$$norest\_ecm = \ln cpi\_norest(-1) + 0.02\ln m2(-1) + 0.02seri(-1) - 5.05 \quad (7.5)$$
$$(4.56) \qquad (3.00)$$

表 7.2　　　　　　　　变量间的 Johansen 协整检验结果

变量	假设协整个数	协整值	迹统计量	5%临界值	P 值	最大特征值	5%临界值	P 值
(lncpi_east, lnm2, seri,)	0	0.72	45.70***	29.80	0.00	30.69***	21.13	0.00
	最多 1 个	0.42	15.01*	15.49	0.06	13.01*	14.26	0.08
	最多 2 个	0.08	2.00	3.84	0.16	2.00	3.84	0.16
(lncpi_middle, lnm2, seri,)	0	0.76	49.64***	29.78	0.00	34.08***	21.13	0.00
	最多 1 个	0.44	15.55**	15.49	0.05	13.76*	14.26	0.06
	最多 2 个	0.07	1.79	3.84	0.18	1.80	3.84	0.18
(lncpi_west, lnm2, seri)	0	0.73	45.72***	29.80	0.00	31.74***	21.13	0.00
	最多 1 个	0.40	13.98*	15.49	0.08	12.07	14.26	0.11
	最多 2 个	0.08	1.90	3.84	0.17	1.90	3.84	0.17

续表

变量	假设协整个数	协整值	迹统计量	5%临界值	P值	最大特征值	5%临界值	P值
(lncpi_norest, lnm2, seri)	0	0.74	44.12***	29.80	0.00	32.06***	21.13	0.00
	最多1个	0.34	12.06	15.49	0.15	9.80	14.26	0.23
	最多2个	0.09	2.26	3.84	0.13	2.26	3.84	0.13

注：临界值由 EViews 软件计算得出，检验滞后期为2期，具体计算方法为 $p = T^{1/4}$，T 为样本容量。该方法由 Diebold 和 Nerlove (1990) 针对小样本数据提出的滞后期阶数计算方法，在本文中，T = 27。因此，有 $p = 27^{1/4} = 2.2795$。因此我们对区域变量和货币政策变量组成的各个系统统一取 p = 2 为滞后阶数。检验值后面 * 表示在10%水平上显著，** 、*** 表示在1%水平上显著。

式 (7.2)、(7.3)、(7.4)、(7.5) 分别为系统 (lncpi_east, lnm2, seri)、(lncpi_middle, lnm2, seri)、(lncpi_west, lnm2, seri,)、(lnm2, seri, lngdp_norest) 的误差修正项，方程下小括号中数字代表 t 统计量，表明 M2 变量在各区域协整关系中显著。式 (7.2)、(7.3)、(7.4)、(7.5) 表明货币供给量和各个地区的物价水平之间具有长期稳定的均衡关系。

二 向量误差修正模型

各区域系统估计得出的向量误差模型如表7.3、表7.4、表7.5、表7.6 所示，可以看出各个系统估计得出的向量误差修正模型拟合程度较好。

从各区域系统向量误差模型的 LM 统计量、White 异方差检验、Jeque-bera 检验可以看出，误差项不存在序列相关、异方差等问题，满足高斯条件要求。向量误差修正模型估计系数具有一致性，可以进一步用脉冲响应函数分析货币政策对区域物价水平产生影响的动态变化。

表7.3 系统 (lncpi_east, lnm2, seri) 对应的向量误差修正模型

变量	D(lncpi_east)	D(lnm2)	D(seri)
ease_ecm	-1.341198	0.237894	-22.43719
	(0.22225)	(0.34503)	(8.04448)
	[-6.03471]	[0.68949]	[-2.78914]
D(lncpi_east(-1))	0.566873	0.119994	22.68191

续表

变量	D（lncpi_east）	D（lnm2）	D（seri）
	（0.12470）	（0.19359）	（4.51360）
	[4.54595]	[0.61984]	[5.02524]
D（lncpi_east（-2））	0.071161	-0.077642	15.08047
	（0.18875）	（0.29303）	（6.83199）
	[0.37701]	[-0.26497]	[2.20733]
D（lnm2（-1））	0.725571	0.712230	10.60682
	（0.15937）	（0.24742）	（5.76872）
	[4.55262]	[2.87860]	[1.83868]
D（lnm2（-2））	0.414952	-0.264024	10.60063
	（0.24929）	（0.38702）	（9.02349）
	[1.66450]	[-0.68220]	[1.17478]
D（seri（-1））	0.016285	-0.000183	-0.228287
	（0.00610）	（0.00947）	（0.22090）
	[2.66847]	[-0.01927]	[-1.03346]
D（seri（-2））	0.010774	0.007133	0.179594
	（0.00574）	（0.00891）	（0.20772）
	[1.87739]	[0.80058]	[0.86459]
C	0.010774	0.007133	0.179594
	（0.00574）	（0.00891）	（0.20772）
	[1.87739]	[0.80058]	[0.86459]
Adj. R-squared	0.855388	0.603317	0.637145
系统联合检验	统计量	P值	
Jaque-bera	10.2843	0.1132	
LM 统计量	5.8588	0.7540	
White 异方差检验	101.5567	0.0933	

注：各个变量的系数下面的小括号里面的数字表示标准误，中括号里面的数字表示 t 统计量。C 表示常数项（Constant）。Jaque-bera 是正态性检验，零假设是正态分布；LM 统计量为检验残差是否序列相关，零假设为没有序列相关；White 异方差检验用于检验系统是否存在异方差性，零假设为同方差。

第七章 中国货币政策区域价格效应实证研究

表7.4 系统（lncpi_middle，lnm2，seri）对应的向量误差修正模型

变量	D（lncpi_middle）	D（lnm2）	D（seri）
middle_ecm	-1.277979	0.079328	-17.23110
	(0.19531)	(0.30754)	(7.38514)
	[-6.54318]	[0.25794]	[-2.33321]
D（lncpi_middle（-1））	0.498961	0.099174	20.79165
	(0.11800)	(0.18580)	(4.46175)
	[4.22849]	[0.53376]	[4.65998]
D（lncpi_middle（-2））	0.019080	0.022339	9.499787
	(0.17753)	(0.27954)	(6.71270)
	[0.10748]	[0.07991]	[1.41520]
D（lnm2（-1））	0.666644	0.672072	10.54721
	(0.15701)	(0.24722)	(5.93667)
	[4.24595]	[2.71849]	[1.77662]
D（lnm2（-2））	0.468886	-0.101341	6.152237
	(0.22635)	(0.35640)	(8.55846)
	[2.07155]	[-0.28434]	[0.71885]
D（seri（-1））	0.019914	0.001708	-0.204794
	(0.00614)	(0.00966)	(0.23209)
	[3.24426]	[0.17676]	[-0.88239]
D（seri（-2））	0.011171	0.008129	0.140775
	(0.00585)	(0.00921)	(0.22119)
	[1.90964]	[0.88248]	[0.63644]
C	-0.220488	0.082434	-3.283358
	(0.03765)	(0.05928)	(1.42345)
	[-5.85689]	[1.39065]	[-2.30662]
Adj. R-squared	0.800679	0.403049	0.420763
系统联合检验	统计量	P值	
Jaque-bera	9.6609	0.1397	
LM统计量	7.9979	0.5344	
White异方差检验	93.8504	0.2168	

注：各个变量的系数下面的小括号里面的数字表示标准误，中括号里面的数字表示t统计量。C表示常数项（Constant）。Jaque-bera是正态性检验，零假设是正态分布；LM统计量为检验残差是否序列相关，零假设为没有序列相关；White异方差检验用于检验系统是否存在异方差性，零假设为同方差。

表 7.5　系统（lncpi_west, lnm2, seri）对应的向量误差修正模型

变量	D (lncpi_west)	D (lnm2)	D (seri)
west_ecm	-1.276156	0.222280	-22.85297
	(0.19811)	(0.36291)	(9.04053)
	[-6.44167]	[0.61249]	[-2.52783]
D (lncpi_west (-1))	0.606956	0.161757	24.12017
	(0.11892)	(0.21785)	(5.42700)
	[5.10372]	[0.74251]	[4.44448]
D (lncpi_west (-2))	-0.013168	-0.014775	12.87439
	(0.18975)	(0.34760)	(8.65918)
	[-0.06940]	[-0.04251]	[1.48679]
D (lnm2 (-1))	0.707302	0.678318	11.14596
	(0.13616)	(0.24943)	(6.21350)
	[5.19467]	[2.71952]	[1.79383]
D (lnm2 (-2))	0.326177	-0.198783	9.845179
	(0.20696)	(0.37912)	(9.44440)
	[1.57604]	[-0.52432]	[1.04244]
D (seri (-1))	0.014888	-0.001437	-0.285097
	(0.00531)	(0.00973)	(0.24242)
	[2.80259]	[-0.14766]	[-1.17604]
D (seri (-2))	0.011463	0.005369	0.099223
	(0.00508)	(0.00931)	(0.23203)
	[2.25451]	[0.57642]	[0.42763]
C	-0.200572	0.099884	-4.135084
	(0.03462)	(0.06342)	(1.57997)
	[-5.79311]	[1.57486]	[-2.61720]
Adj. R-squared	0.819112	0.433749	0.408699

系统联合检验	统计量	P 值
Jaque-bera	11.2344	0.0814
LM 统计量	6.5135	0.6879
White 异方差检验	85.6700	0.4288

注：各个变量的系数下面的小括号里面的数字表示标准误，中括号里面的数字表示 t 统计量。C 表示常数项（Constant）。Jaque-bera 是正态性检验，零假设是正态分布；LM 统计量是检验残差是否序列相关，零假设为没有序列相关；White 异方差检验用于检验系统是否存在异方差性，零假设为同方差。

第七章　中国货币政策区域价格效应实证研究

表7.6　系统（lncpi_norest, lnm2, seri）对应的向量误差修正模型

变量	D（lncpi_norest）	D（lnm2）	D（seri）
norest_ecm	-0.931440	0.177705	-19.14935
	(0.14109)	(0.28173)	(6.74014)
	[-6.60186]	[0.63075]	[-2.84109]
D（lncpi_norest(-1)）	0.297663	0.135437	21.75575
	(0.11110)	(0.22185)	(5.30760)
	[2.67921]	[0.61048]	[4.09898]
D（lncpi_norest(-2)）	-0.231043	0.075127	12.34625
	(0.15616)	(0.31183)	(7.46003)
	[-1.47956]	[0.24093]	[1.65499]
D（lnm2(-1)）	0.656734	0.638615	11.98688
	(0.12087)	(0.24137)	(5.77442)
	[5.43327]	[2.64582]	[2.07586]
D（lnm2(-2)）	0.296150	-0.165900	10.56840
	(0.17855)	(0.35655)	(8.53002)
	[1.65860]	[-0.46529]	[1.23897]
D（seri(-1)）	0.021090	-0.001749	-0.143357
	(0.00495)	(0.00988)	(0.23647)
	[4.26083]	[-0.17699]	[-0.60624]
D（seri(-2)）	0.013254	0.004869	0.149084
	(0.00460)	(0.00919)	(0.21983)
	[2.88038]	[0.52993]	[0.67817]
C	-0.185509	0.101408	-4.413205
	(0.03239)	(0.06469)	(1.54756)
	[-5.72660]	[1.56767]	[-2.85172]
Adj. R-squared	0.814815	0.423847	0.445114

系统联合检验	统计量	P值
Jaque-bera	11.4408	0.0757
LM 统计量	7.0073	0.6364
White 异方差检验	93.3082	0.2284

注：各个变量的系数下面的小括号里面的数字表示标准误，中括号里面的数字表示t统计量。C表示常数项（Constant）。Jaque-bera是正态性检验，零假设是正态分布；LM统计量为检验残差是否序列相关，零假设为没有序列相关；White异方差检验用于检验系统是否存在异方差性，零假设为同方差。

三　脉冲响应分析

区域价格脉冲响应动态结果（见图 7.2）表明，各个区域的物价水平对货币供给量的初始反应较为强烈，但是经过几期调整之后，货币冲击响应值迅速衰减，并向接近于 0 的某个固定值收敛。利率对价格波动的影响程度则较为微弱。可见货币政策对于价格的影响为短期非中性，长期中性。从脉冲响应结果图形上的比较可以看出，各个区域价格对 M2 受到的系统结构性冲击后的动态反应方式较为类似。从表 7.7 可以看出，脉冲响应的累积结果存在微弱的差异。

表 7.7　　　　　货币供给量冲击下区域价格累积响应差异比较

日期：年	东部	中部	西部	东北
1	0.000000	0.000000	0.000000	0.000000
2	0.024598	0.022592	0.024148	0.024149
3	0.065285	0.065409	0.065143	0.063152
4	0.088476	0.091915	0.092792	0.086098
5	0.088903	0.094295	0.098912	0.090419
6	0.081965	0.088337	0.094825	0.089350
7	0.076190	0.082856	0.088579	0.085001
8	0.070942	0.077727	0.081816	0.076323
9	0.063954	0.071315	0.074942	0.066782
10	0.056135	0.064768	0.068869	0.058587

东部和东北地区的价格响应值小于中部和西部地区，原因在于东部和东北地区的经济发达程度和人均 GDP 高于中西部地区，物资供应丰富，各类商品在当地的竞争程度较高，受货币供给因素影响下的价格波动程度较小。从价格的脉冲响应图可以看出，货币政策冲击对各个区域价格影响存在一定的差异。西部的价格受到货币政策冲击最为明显，原因是西部贫困地区比重较高，在这些地区商品供应的竞争程度低于东部地区。在出现外部冲击时，价格波动程度高于发达地区。

但是这个差异与产出效应相比并不显著。价格效应的实证检验结果表明中国的区域价格对货币政策的反应较为符合本书理论部分的区域 AD - AS 模型的第一种模式，可见，我国生产要素和商品在区域间的流动消除

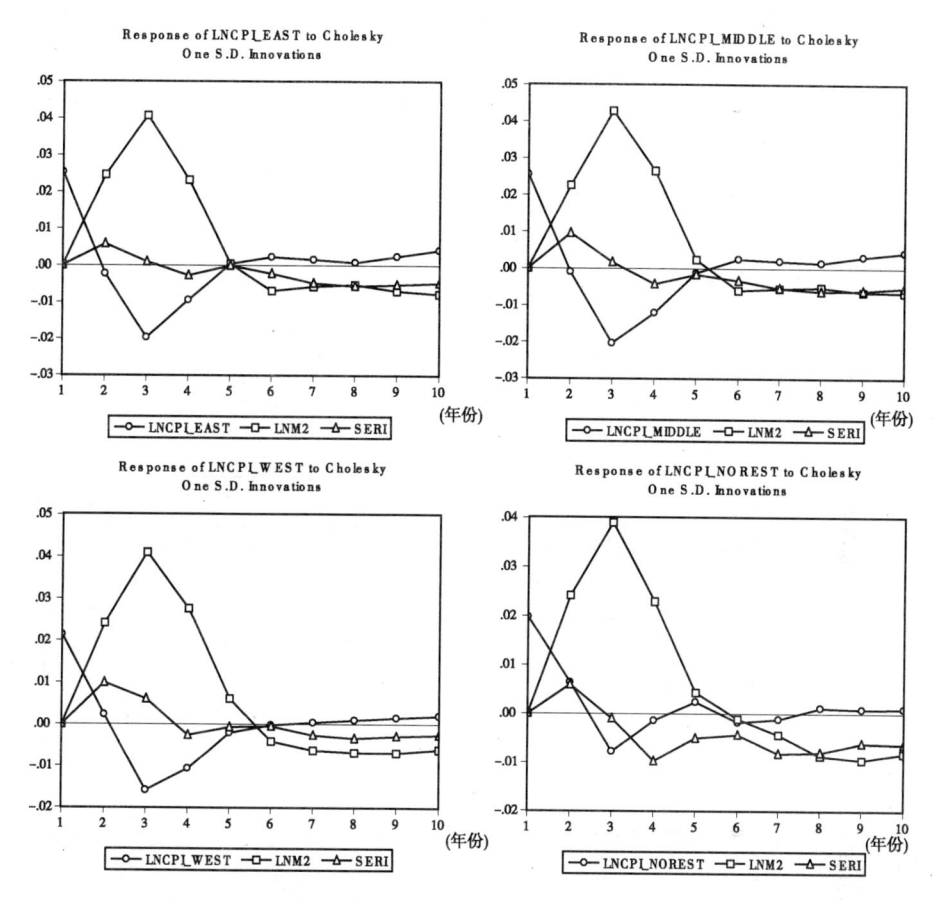

图 7.2　各区域物价水平对货币供给量冲击的相应动态模拟结果

了商品价格的显著差异。

货币政策导致的价格区域差异性远远小于货币政策导致的产出区域差异性，说明影响区域价格偏离的原因并不是货币政策的冲击，可能更多的是受到了内生性因素的影响。此外，区域价格的衡量指标采用了消费者价格指数，消费者价格指数当中包括的商品大部分都能够低成本在区域间自由流动，因此不可能造成明显的差异。

四　方差分解

从方差分解的结果（见图 7.3）可以看出，货币供给量和利率对各个区域价格变动的动态贡献模式较为接近，说明货币政策对各个区域价格的影响方式比较类似。从贡献度大小也可以看出货币政策是导致各个区域价格变动的显著影响因素。与货币政策区域产出变动的方差分解结果相结合,可以得出结论,货币政策对于实际变量的长期影响为中性,但是短期内对于实际变量和名义变量都影响显著。

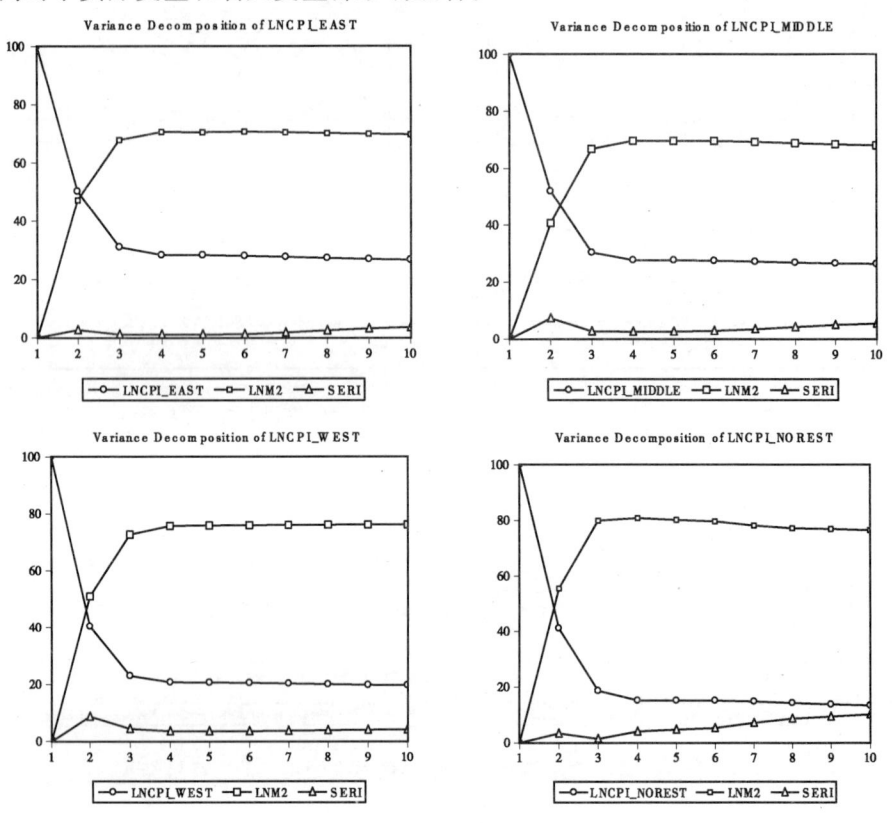

图 7.3　各区域不同变量受到系统冲击后对产出变动的贡献率

第四节　本章小结

本章对货币政策变量与各个区域价格变量之间的关系进行了实证分析。协整检验结果表明,货币供给量和各个区域价格变量之间具有长期稳定的均衡关系。并基于协整关系建立了向量误差修正(VEC)模型,得出脉冲响应函数和方差分解,分析了区域价格对货币供应量带来的系统性冲击的反应大小。货币供给量受到一个单位标准差的系统性冲击后,各个区域价格对货币供给量变动导致的系统性冲击都产生了正向的响应。脉冲响应动态结果表明，各个区域的物价水平对 M2 受到系统结构性冲击后的动态响应彼此类似。从影响程度看，东部和东北地区的价格响应值略小于中部和西部地区。原因在于东部和东北地区经济较为发达，商品之间竞争程度高于中西部地区，价格受到冲击后的波动程度相对较小。但是各个区域价格对货币供给量的脉冲响应差距较小。可以认为导致区域价格偏离的主要原因并不是货币政策。方差分解结果表明，货币政策对各个区域价格变动的动态贡献度较为接近，说明货币政策对各个区域价格的影响方式比较类似。

第八章

中国货币政策区域效应成因——基于各省份数据的实证分析

第一节 计量方法说明

在本书第五章货币政策区域效应作用机理研究当中,我们分析了货币政策分别通过产业结构、银行结构、企业结构、国际收支结构等因素对各个区域产生不同的影响。本节试图对各个省份受到货币政策冲击之后的累积脉冲响应值和这几个结构性因素的相关性进行检验,通过变量相关散点图验证产业结构、银行结构、企业结构、国际收支结构等因素在货币政策对区域经济产生影响的传导过程中所起的作用。

由于样本数量有限,应用多元的 OLS 回归难以获得显著的结果。本书采用变量相关散点图来分析以上几种结构性差异对货币政策区域效应的影响。

第二节 变量选择和数据来源

我们分别产业结构、银行结构、企业结构、国际收支结构为解释变量,以各个省份受到一个标准差基础货币冲击后 10 年的累积脉冲响应(见表 8.1)为被解释变量,通过变量相关散点图来检验这些因素对于货币政策区域效应的影响程度。产业结构以第二产业产值占生产总值为衡量指标(见表 8.2),银行结构以股份制商业银行资产占全部银行资产比重为衡量指标(见表 8.3),企业结构以小企业就业人数占全部企业就业人数(见表 8.4)和国有企业就业人数占全部企业就业人数(见表 8.5)为两个衡量指标。国际收支结构以进出口差额和实际外资利用额与本省 GDP 比重为衡量指标(见表 8.6)。由于脉冲响应函数得出的脉冲响应累计值

第八章 中国货币政策区域效应成因——基于各省份数据的实证分析

所代表的是样本期间的经济变量受到结构冲击后的平均表现,选用解释变量数据的平均值是合理的,卡里诺和蒂凡那(Carlino&DeFina, 1999)在对货币政策对于美国各个洲的区域效应研究当中也采取了同样的处理方式。

表8.1 各个省份受货币供给冲击后10期的累积脉冲响应值

省、市、自治区	累积脉冲响应值	省、市、自治区	累积脉冲响应值
北京	0.07532	河南	0.64794
天津	0.31969	湖北	0.67691
河北	0.72989	湖南	0.60311
山西	0.35676	广东	0.21566
内蒙古	0.18272	广西	0.51597
辽宁	0.36926	海南	-0.41423
吉林	0.32243	重庆	0.64866
黑龙江	0.42980	四川	0.91407
上海	0.47937	贵州	0.16215
江苏	0.62108	云南	-0.08959
浙江	0.69923	陕西	0.158743
安徽	0.71247	甘肃	0.35960
福建	0.93989	青海	0.16688
江西	0.58243	宁夏	0.22727
山东	0.53925	新疆	0.28

注:①累积脉冲响应值同样根据货币供给量、利率与各个省份的实际产出之间建立的VEC模型计算得出。②货币供给量、利率与各个省份的实际产出的单位根检验和协整检验请见附表9和附表10。

表8.2 各个省份第二产业在生产总值中所占比重
(1985—2011年数据平均值)

省、市、自治区	第二产业占比(%)	省、市、自治区	第二产业占比(%)
北京	0.40425515	河南	0.47058113
天津	0.55095711	湖北	0.44978951
河北	0.49307658	湖南	0.39030334
山西	0.53598708	广东	0.47565825
内蒙古	0.41432452	广西	0.36347078
辽宁	0.5182632	海南	0.22773602
吉林	0.4518185	重庆	0.42654336

续表

省、市、自治区	第二产业占比（%）	省、市、自治区	第二产业占比（%）
黑龙江	0.53678433	四川	0.40603753
上海	0.53997214	贵州	0.38599839
江苏	0.52406998	云南	0.41703007
浙江	0.50853144	陕西	0.45267193
安徽	0.43619719	甘肃	0.44900216
福建	0.43212942	青海	0.44676954
江西	0.40772768	宁夏	0.44165013
山东	0.49471966	新疆	0.40554012

数据来源：《新中国五十五年统计资料汇编》以及各年度《中国区域金融运行报告》。

表8.3　各个省份股份制商业银行资产占银行类金融机构总资产比重
（1985—2011年数据平均值）

省、市、自治区	股份制银行占比（%）	省、市、自治区	股份制银行占比（%）
北京	0.226959	河南	0.123886
天津	0.204308	湖北	0.161223
河北	0.058998	湖南	0.092239
山西	0.123619	广东	0.223996
内蒙古	0.048982	广西	0.067738
辽宁	0.175237	海南	0.076531
吉林	0.070301	重庆	0.220023
黑龙江	0.080166	四川	0.109185
上海	0.262201	贵州	0.039869
江苏	0.16666	云南	0.137045
浙江	0.215201	陕西	0.130807
安徽	0.080266	甘肃	0.065154
福建	0.352596	青海	0
江西	0.071462	宁夏	0.009216
山东	0.147161	新疆	0.065901

数据来源：数据来自2005—2011年《中国区域金融运行报告》。

第八章 中国货币政策区域效应成因——基于各省份数据的实证分析

表 8.4　　各个省份小企业在全部企业中所占比重
（1993—2010 年数据平均值）

省、市、自治区	小企业占比（%）	省、市、自治区	小企业占比（%）
北京	0.443669	河南	0.444279
天津	0.468694	湖北	0.467099
河北	0.432031	湖南	0.562028
山西	0.352788	广东	0.576632
内蒙古	0.375959	广西	0.494419
辽宁	0.430065	海南	0.495643
吉林	0.372029	重庆	0.441638
黑龙江	0.286283	四川	0.439886
上海	0.489122	贵州	0.412776
江苏	0.537538	云南	0.422673
浙江	0.633771	陕西	0.34514
安徽	0.450915	甘肃	0.386155
福建	0.63541	青海	0.344879
江西	0.525775	宁夏	0.305307
山东	0.438642	新疆	0.367359

数据来源：由于《中国工业经济统计年鉴》1993 年以前的统计数据不包含大中小三类企业的统计数据，因此，本书的采用的是《中国工业经济统计年鉴》中 1993—2010 年统计数据的平均值，而且，这些年份的年鉴也并不连续，1995 年、1996 年、1998 年的统计数据并没有印发。由于企业规模具有一定的稳定性，个别年份缺失对于所有年份的样本平均值影响不大。

表 8.5　　各个省份国有企业在全部企业中所占比重
（1993—2010 年数据平均值）

省、市、自治区	国有企业占比（%）	省、市、自治区	国有企业占比（%）
北京	0.526459	河南	0.475505
天津	0.411713	湖北	0.481175
河北	0.458092	湖南	0.46987
山西	0.616174	广东	0.140937
内蒙古	0.597425	广西	0.503767
辽宁	0.485083	海南	0.574942
吉林	0.605203	重庆	0.507573
黑龙江	0.697995	四川	0.462095

续表

省、市、自治区	国有企业占比（%）	省、市、自治区	国有企业占比（%）
上海	0.337091	贵州	0.687013
江苏	0.207876	云南	0.587995
浙江	0.127134	陕西	0.701241
安徽	0.466961	甘肃	0.678573
福建	0.190667	青海	0.723923
江西	0.528633	宁夏	0.6165
山东	0.324536	新疆	0.738138

数据来源：《中国工业经济统计年鉴》中1993—2010年统计数据的平均值，这些年份的年鉴并不连续，1995年、1996年、1998年的统计数据没有印发。但企业规模方面的数据在短期内变动幅度不大，个别年份缺失对于所有年份的样本平均值影响不大。

表8.6　　　　各个省份国际收支差额占GDP比重
（1991—2010年数据平均值）

省、市、自治区	国际收支占本省GDP比重	省、市、自治区	国际收支占本省GDP比重
北京	0.007639461	河南	-0.008365851
天津	0.06599835	湖北	0.03437064
河北	0.09647725	湖南	0.008725839
山西	-0.037086611	广东	0.170625417
内蒙古	-0.112956693	广西	-0.104545448
辽宁	0.093357373	海南	0.060148804
吉林	-0.105766453	重庆	-0.076338315
黑龙江	0.051381141	四川	-0.011125761
上海	0.110598486	贵州	-0.225747668
江苏	0.143019054	云南	-0.163763517
浙江	0.1131857	陕西	-0.077601536
安徽	0.016650814	甘肃	-0.110870417
福建	0.081863336	青海	-0.279632069
江西	0.028093972	宁夏	-0.371274363
山东	0.089788893	新疆	-0.137285646

注：数据根据《新中国五十五年统计资料汇编》以及各年度《中国区域金融运行报告》的数据整理计算得出。

第八章 中国货币政策区域效应成因——基于各省份数据的实证分析

第三节 实证结果及解释

变量相关散点图（见图8.1）表明，第二产业占比与省份的累积脉冲响应值大小具有显著的正相关关系，说明第二产业比重越高的省份受货币政策冲击影响越大；小企业占比与省份的累积脉冲响应值大小具有较强的正相关关系，说明小企业比重越高的省份受货币政策冲击影响越大；国有企业占比省份的累积脉冲响应值大小具有较强的负相关关系，说明国有企业比重越高的省份受货币政策冲击影响越小；国际收支差额占本省GDP比重与省份的累积脉冲响应值大小具有较显著的正相关关系，说明国际收支差额占本省GDP比重越高的省份受货币政策冲击影响越大。说明企业结构和国际收支结构在解释货币政策对区域的差异性冲击上具有很强的贡献度。股份制商业银行占比与省份的累积脉冲响应值大小具有正相关关系，说明股份制比重越高的省份受货币政策冲击影响越大。

已经有一些研究分析了货币政策的产业非对称效应。甘利和萨蒙（Ganley & Salmon，1997）对英国24个部门进行了货币政策冲击的分解效应研究，分析了不同行业对货币政策的敏感程度。哈约和乌伦布洛克（Hayo & Uhlenbrock，2000）实证研究了德国28个行业的货币政策效应。戴金平、金永军（2006）分析了我国等六个产业对货币政策冲击的响应结果。曹永琴（2008）采用ARMA模型和VAR模型的脉冲响应函数分析了货币政策对不同产业产生的非对称效力。

但是三大产业包含的产业结构较为复杂，每个省份的三大产业内部各种行业的风险程度存在很大差异，这些行业差异可能导致产业结构差异与货币政策对区域经济冲击相关性显著性不够。

在货币政策调整期间，银行对低风险行业的收缩程度会小于对高风险行业的收缩程度。而各个省份的第二产业构成存在很大的差异。例如，辽宁省和浙江省的第二产业在生产总值中所占的比重都为50%，但辽宁的第二产业以由采掘业、原材料工业和装备制造业构成的重工业为主，而浙江对产出贡献较大的则是纺织印染等轻工业。2007年到2008年上半年的货币政策紧缩期间，由于出口外向型的行业受到外需减弱的冲击，对于银行而言贷款风险较大，浙江的第二产业受到的货币政策紧缩冲击必然远远大于辽宁第二产业所受的冲击。因此，货币政策对区域贷款的冲击除了受到三大产业影响之外，也受到产业内部结构的影响。

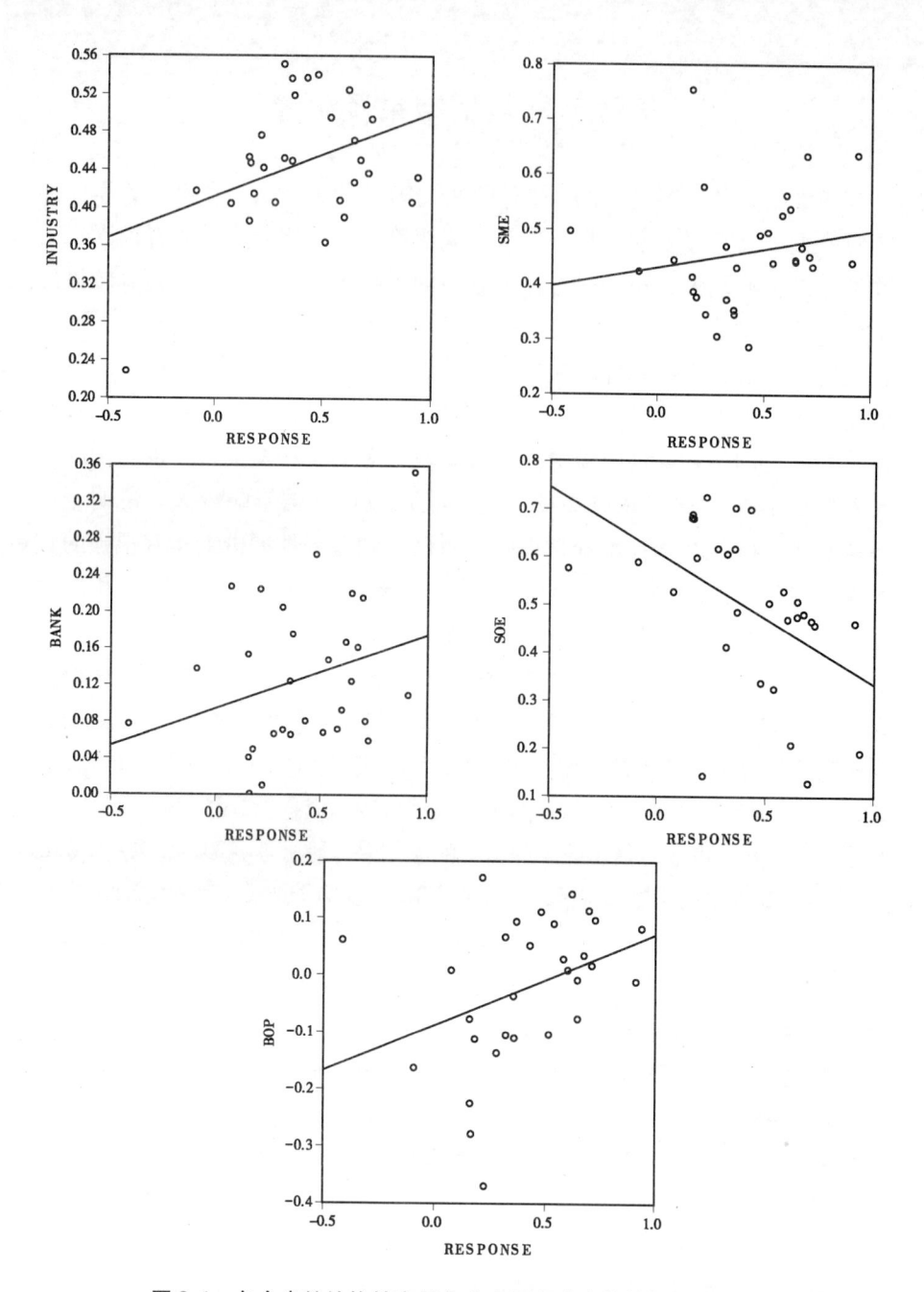

图 8.1　各个省份结构性变量与产出累积响应值的相关散点图

注：①数据来源：本文的表 8.1—表 8.6。②Industry 表示第二产业比重，SME 表示小企业比重，SOE 表示国有企业比重，BANK 表示股份制商业银行比重，BOP 表示国际收支差额占 GDP 比重，RESPONSE 表示累积脉冲响应值。

第四节 本章小结

可见，在货币政策冲击下，各个地区的经济受到企业规模、企业的所有制结构、国际收支规模等因素的影响，对货币政策冲击的反应程度存在较大差异；股份制商业银行发展较快的地区对货币政策也较为敏感。区域产业结构差异在解释区域贷款受货币政策冲击程度方面不具有显著性，产业内部结构的区域差异是其不显著的原因。

对各个省份的累积脉冲响应值和产业结构、企业结构、银行结构、国际收支结构的关系分别进行了变量相关散点图分析，得出了以上几种结构性差异对货币政策区域效应的影响。

变量相关散点图分析表明，第二产业占比与省份的累积脉冲响应具有较强的正相关关系说明第二产业比重越高的产业受货币政策冲击影响越大；小企业占比与省份的累积脉冲响应值大小具有较强的正相关关系，说明小企业比重越高的省份受货币政策冲击影响越大；国有企业占比省份的累积脉冲响应值大小具有较强的负相关关系，说明国有企业比重越高的省份受货币政策冲击影响越小；国际收支差额占本省 GDP 比重与省份的累积脉冲响应值大小具有较强的正相关关系，说明际收支差额占本省 GDP 比重越高的省份受货币政策冲击影响越大。股份制商业银行占比与省份的累积脉冲响应值具有正相关关系，说明股份制比重越高的省份受货币政策冲击影响越大。

第九章

结论与政策建议

第一节 主要结论

（一）通过对货币政策决策机构演变历程、货币政策决策机制的国际比较和货币政策工具的阶段性实施的考察，发现中国货币政策具有几个可能对区域经济影响存在差异的特殊性。我国区域经济发展程度、区域经济结构差异、区域经济周期差异、区域金融结构都存在显著的差异，货币政策在这些差异下可能会对区域经济产生差异性影响。

我国与国外的货币政策和区域经济金融环境存在种种区别，需要建立适用于我国特定经济背景下的理论分析框架，并结合我国的经验数据对货币政策区域效应进行实证研究。对区域经济金融差异的定性和定量的描述为我国货币政策区域效应机理分析提供了经验证据。

（二）对我国不同区域的 AD – AS 曲线分析表明，在货币政策冲击下，东部发达地区产出变动大于中西部等欠发达地区，但是东部地区的价格变动小于中西部等欠发达地区。区域货币乘数模型分析表明，基础货币投放在区域间分布并不平衡，大部分基础货币分布在东部地区；而东部地区的通货—存款比率和存款准备金比率也低于中西部等欠发达地区；在货币政策冲击下，东部地区货币供给量的变动程度高于中西部等欠发达地区。对区域货币政策乘数模型的分析表明，发达地区的货币政策乘数大于欠发达地区的货币政策乘数。货币政策发生变动时，发达地区经济受货币政策的影响程度大于欠发达地区。

（三）货币政策区域效应的作用机理分析表明，我国货币政策扩张和紧缩对不同区域的影响并不是对称的，需要在理论分析的基础上，对货币政策区域效应成因加以更具体的解释。

1. 从货币政策工具视角对货币政策区域效应作用机理的分析表明，

再贷款在 20 世纪 80 年代到 90 年代初期间，对东部沿海地区的正向效应较大；再贴现业务在主要发展年份对商业信用较为发达的东部地区具有较强的正向效应；本币公开市场业务和外币公开市场业务的叠加作用导致货币政策对东部地区正向效应较大；准备金率调整东部发达地区的影响大于中西部等欠发达地区；银行借贷利率的提高对东部地区的负向效应小于对中西部等欠发达地区的负向效应，降低银行借贷利率对东部地区的正向效应则大于对中西部等欠发达地区的正向效应。窗口指导对"过热"行业的风险提示以及对住房类贷款对东部发达地区的固定资产投资和房地产行业具有一定的负向效应。

2. 东部发达地区房地产价格受货币政策影响的波动程度大于中西部等欠发达地区，货币政策通过房地产价格这一途径对东部地区影响较大；东部发达地区企业能够通过股市筹集到更多资金，因此货币政策通过股票价格的投资效应对东部发达地区影响较大。东部发达地区的股票投资占东部地区收入比重大大高于中西部等欠发达地区。货币政策通过股票价格财富效应对东部发达地区影响较大。

3. 货币政策将通过产业结构对不同区域产生差异性的冲击。东部地区和东北地区第二产业比重高于中部地区和西部地区，因此受产业结构因素影响的区域效应较大。东部地区的金融体系发展水平高于中西部等欠发达地区、中小企业比重高于其他地区、国有企业比重低于其他地区，因此东部地区经济对货币政策变动更加敏感。受国际贸易和资本流动的影响，大部分通过外汇占款方式投放的基础货币都投放在了东部，这导致扩张的货币政策对东部地区经济具有较强的正向效应。

4. 在货币扩张阶段，资金投资收益率差异会导致资金从中西部等欠发达地区向东部地区的流动，东部地区货币政策正向效应大于中西部等欠发达地区。紧缩阶段资金跨区域流动减弱，货币政策对各个区域影响具有显著差异。

5. 对各种货币政策对区域经济作用机制的分析表明不同因素对货币政策区域效应影响不尽相同，要得出货币政策对各个区域的具体影响程度大小，还需要对中国的现实数据进行经验研究以得出实证结论。

（四）在理论和机理分析的基础上，本书通过单位根检验、协整检验、VEC 模型、脉冲响应函数、方差分解实证研究了我国货币政策的区域产出效应和价格效应。并采用变量相关散点图的方法分析了我国货币政策效应的成因。

1. 对我国货币政策区域产出效应的实证分析表明，中部地区受货币政策影响的区域效应较大，东部次之，东北地区较低，西部地区最小。中部地区受到货币政策扩张冲击的正向效应远远小于东部，受紧缩冲击的负向效应较为明显。东部地区的脉冲响应值较大的原因主要是来自货币政策正向效应。东北地区国有经济比重大，市场化程度不高，受货币政策冲击影响小于东部地区和中部地区。西部地区受货币政策冲击的脉冲响应最小，西部地区经济变动与货币政策的扩张紧缩周期具有较强的不一致性。方差分解的结果表明，货币政策在短期内对区域产出变动贡献度较高，但是长期趋于减弱，对一个区域经济变动起最重要作用的还是区域的内生性因素。

2. 货币政策区域价格效应实证结果表明，各个区域价格的动态响应程度较为类似，货币政策冲击基本没有造成我国各个区域价格出现差异性的变动。方差分解的结果表明，货币政策对各个区域价格变动的动态贡献度也较为接近，说明货币政策对各个区域价格的影响方式比较类似。

3. 我国货币政策区域效应成因的实证结果表明，区域产业结构、企业结构、国际收支结构、银行结构在解释货币政策区域效应上具有显著性。

第二节 政策建议

一 完善货币政策制定模式

（一）提高人民银行区域分行在货币政策决策中的参与程度

改革我国货币政策决策机制，把货币政策委员会从咨询议事机构提升为政策决策机构，并在货币政策委员会中适当增加央行大区行行长作为区域代表。没有投票权的大区行行长也应列席会议，发表自己对辖区内经济状况的看法以及对货币政策制定的观点。赋予大区行行长货币政策决策投票权有助于充分考虑货币政策实施效果的区域差异，这是长期改革的趋势。但是目前人民银行总行尚不具备独立性以及大区行的人事权都集中在总行的前提下，大区行的参与并不能马上改善现状。

中央银行分支机构应该收集本地区经济运行数据，科学调查与研究本地区经济金融发展状况，形成区域金融运行报告，为总行实施充分考虑各个地区经济状况的货币政策提供依据。并对再贷款、再贴现、存款准备金率、窗口指导等货币政策工具提出使用规模、期限、条件、范围等方面的建议，有助于总行实施充分考虑区域经济差异的货币政策。

（二）提高人民银行分支机构对区域经济的研究能力

人民银行分支机构应该更加重视对区域信息的调查统计，在此基础上研究本地区经济与货币政策之间的关系，在参与货币政策制定的过程中发挥有效作用。大区行具有对区域经济进行详细考察的优势，能够对区域经济拐点等关键性的变化有及时的了解和准确的把握，这些可以作为有力的证据影响货币政策的制定。只有对富有争议的问题进行充分的讨论后，才能够制定出具有前瞻性的货币政策。

1. 人民银行分支机构应该更注重对微观经济主体信息的收集

中央银行分支机构应该对本地区的企业、个人、金融机构等微观主体进行深入的调研，及时了解这些微观主体的变化。可以通过与企业家代表、金融企业代表、金融市场分析人士座谈和深入企业当中调查研究等方式收集微观主体信息，并形成相关的报告和研究成果。微观经济主体信息具有重要价值，货币政策是通过微观主体差异等途径发生作用的。没有微观实体经济具体发展状况为依据，对区域经济的研究也无法得出有意义的结论。了解微观结构差异，才能够了解货币政策在具体运行中对区域经济的影响，有利于克服货币政策在实施当中对区域产生负面冲击。

2. 人民银行分支机构应该对于收集的信息和数据进行深入研究

人民银行已经建立了金融统计系统、信息登记咨询系统、银行家问卷调查系统、企业景气调查系统、物价检测系统、国库核算系统、国际收支系统等经济金融信息系统（匡国建、林平、何伟刚，2004）。中央银行分支机构（主要是省中心支行和大区行）应该充分利用这些信息系统的数据，建立有效反映区域经济状况的分析框架和指标体系；并采用先进的研究方法和研究工具提高分析结论的准确性。

3. 增加人民银行分支机构科研人员的数量

美国各联邦储备银行的研究部门雇用了国内一流的经济学家对宏观经济和金融政策进行研究，相比之下，中国人民银行科研人员数量有限。分支机构机构臃肿，尤其是县一级支行，普遍存在着人数众多和学历偏低的问题。这样的人员分布结构不适合充分发挥中央银行的经济研究功能。中国人民银行省中心支行和大区行应该吸纳更多的经济学家进行区域经济金融分析和研究工作，并且与其他经济研究部门和高校展开科研项目的合作。

（三）区域政策工具的选择

从已有的发达国家货币政策实施经验来看，货币政策是在对地区经济形势进行分析总结和典型的微观主体调查基础上制定的，但是制定后的货币政策是全国统一执行的，在区域上并不体现差异性。也就是说，发达国家的区域分支行并不会采取彼此存在差异的货币政策。

根据发达国家的经验，中国人民银行在货币政策制定前，应该充分讨论和收集各个区域的经济信息，提高货币政策制定时中央银行分支机构的参与程度，人民银行大区行应该有提出意见以及投票的权利。但是在制定后应该在全国统一执行，分支机构不应自行改变再贴现率和再贷款率和改变再贴现和再贷款额度，在实施过程中应该保持货币政策的统一性，灵活性应主要体现在制定前，在实施过程中不宜赋予地区人民银行过多的自主权。

对于区域固定资产投资贷款增速过快、房地产信贷增长过快、中小企业贷款难等区域货币政策负向效应问题，人民银行区域分支机构可以通过"个别通知、警示谈话、月度经济金融分析会、特别经济金融形势分析会"等窗口指导方式对本地区金融机构贷款发放进行规模控制和结构调整。通过对这些结构性因素的调节影响区域经济变动。

区域分支行的主要功能在于执行货币政策，尽管目前央行分支行部分保留了再贴现再贷款的权力[①]，但是这也不是货币政策执行的主要途径。孙天琦（2004）从再贷款、再贴现、直接调控手段、存款准备金等角度提出了统一性前提下货币政策部分区域差别化的具体策略。这些措施对区域经济差距的缩小的确能起到重要的作用，但是货币政策本身应该是总量性的政策手段，并且政策目标是以调整经济的短期周期性变动为主。把区域经济平衡列入货币政策的职能范围将导致货币政策目标之间的冲突，不仅无法实现区域经济的均衡发展，可能还将扰乱经济的正常秩序，阻碍经

---

① 中国人民银行对再贷款、再贴现、准备金采用上级行授权、限额控制、限定用途、专项使用的管理原则，因此区域人民银行不能根据区域经济需要自行增加再贷款和再贴现额度，并且只能严格按照规定的使用这些政策工具。

济中信号机制的市场调节作用。

货币政策对区域经济造成的差异性冲击，可以通过其他政策的结构调节作用进行补充。直接调控手段等非市场的货币政策调控方式应该谨慎使用，随着区域经济差距的逐步减小以及货币政策独立性的增强，应逐步限制和取消货币政策的结构性调整职责。财政政策具有结构性调整的功能，是调节区域经济较为合理的政策性工具。此外，还应该通过法律法规的制定、制度的完善、政策的优惠等措施减少货币政策区域差异性影响造成的负向效应。

二 控制资产价格过快上涨

资产价格的区域差距是导致货币政策对区域经济造成差异影响的原因之一。

股票交易额的分布差异导致了货币政策对区域经济的影响，应该采取措施防止资金过度流入股市。上市公司的区域分布也存在差别，这导致中西部欠发达地区企业在股市上涨时募集资金的机会小于东部地区，应该为中西部等欠发达地区企业开拓更多的融资渠道，使中西部等欠发达地区在宽松货币政策的环境下能够获得更多的金融资源，促进本地区的经济增长。

由于东部地区的城市化进程较快，东部地区的劳动报酬高于中西部等欠发达地区，因此劳动力大量从欠发达地区向东部发达地区转移，这导致东部地区城市土地成为极为稀缺的资源。在宽松的货币环境下，东部地区房地产价格快速上涨，涨幅超过了中西部等欠发达地区。进而通过投资效应、财富效应、资产负债表效应对东部地区经济产生较大的影响；一旦这些资产泡沫破灭，又通过这些途径对东部地区造成较大的冲击。

因此，应该采取措施控制房地产价格的过快上涨。人民银行已经推出了一系列旨在控制房地产价格过快上涨的政策。但是还需要采取更有效的措施从根本上解决部分地区房地产价格过快上涨问题。

（一）房地产价格的过快上涨与土地价格的快速上涨有关，地方政府可以通过拍卖土地获得大量财政收入，在有些地区，土地拍卖收入已经成为地方财政收入的主要组成部分。应该通过相关法律的制定规范地方政府的"土地财政"行为。

（二）通过控制项目开发贷款、调节贷款首付比例和贷款利率、采取更严格的贷款审核制度等方式调控房地产价格，防止资金在房地产市场的过度流入流出，抑制房地产投机行为造成房地产价格的大起大落。

（三）应该通过物业税、房地产交易税等方式调整房地产价格，避免货币政策通过房地产市场对经济造成的冲击。

（四）通过扩大房地产供给，通过增加小户型商品房、经济适用房、廉租房等多层次多元化的房地产供应满足房地产的刚性需求，使房地产市场在合理的价格区间达到供求平衡点。

三 优化区域经济金融结构

（一）合理调整产业结构

区域产业结构差异是导致货币政策区域效应的重要因素之一。应该根据不同地区的资源禀赋特点对本地区的产业结构进行优化和升级，使产业结构趋于合理。但是不能以减少货币政策冲击为出发点对产业结构比重进行盲目的规划，这样将会导致过去我国曾经出现的产业结构高度趋同现象，不仅浪费资源，导致生产相对过剩，也形成了区域间的市场分割。尽管第三产业受货币政策冲击最小，但是在第二产业没有充分发展之前不能简单通过大力发展第三产业来解决区域受货币政策负向效应影响的问题。区域产业结构将会从低水平向高水平逐渐发展，应该遵循产业结构的发展规律，引导各个地区优势产业合理发展。

各个地区具有差异性的资源禀赋和要素特征，产业发展也有其市场规律。应该以国家的产业政策为指导，根据自身比较优势发展主导产业，最终形成互补的地区产业结构。对不同区域的产业按照先进和落后的程度分别采取优先发展、改造、限制、淘汰等不同措施。具体而言，东部地区应该促进一些传统的劳动密集型产业转型升级，向高技术产业和服务业等方向发展；中西部地区应该创造条件承接东部地区转移的产业，利用自身劳动力成本低的优势发展劳动密集型产业。此外，应通过法律法规等形式防止地方政府的地方保护主义行为，消除区域之间产业梯度转移的阻碍因素。

（二）促进中西部等欠发达地区金融体系发展

中西部等欠发达地区的金融体系发展滞后是中西部地区在货币政策扩张阶段经济增长速度较慢的原因之一。应该通过金融机构和金融市场的发展来提高中西部地区在实施宽松货币政策时的经济增长速度。

具体而言，一是要鼓励和引导股份制商业银行、外资银行、区域性商业银行等在欠发达地区设立分支机构；二是要通过多种方式支持中西部等欠发达地区的农村信用社和城市商业银行等中小金融机构的发展，确保在货币政策紧缩时仍然为当地中小企业提供必需的资金；三是要充分利用政策性银行功能，加大政策性银行在中西部等欠发达地区贷款比重，保证货币政策紧缩时中西部等欠发达地区的重大基础设施建设、支柱产业、技术创新和研发等项目的资金供应；四是要建立针对中西部等欠发达地区的金融机构，如村镇银行、西部发展银行、中部发展银行、东北开发银行等直接为中西部等欠发达地区提供金融服务；五是要利用资本市场为中西部等欠发达地区配置资金。建立区域性证券交易所，为中西部欠发达地区企业发行企业债券创造条件，培育更多的中西部等欠发达地区上市企业，拓宽中西部地区企业融资渠道。

（三）拓宽中小企业融资渠道

企业结构差异是货币政策对区域产生差异性影响的重要原因，应采取通过增加中小企业贷款、拓宽中小企业融资渠道、发展中小企业担保机构等方式减少中小企业在货币政策紧缩期间受到的冲击。

1. 增加商业银行对中小企业的支持。

商业银行应该借鉴外资银行的中小企业融资经验，通过业务创新的方式推出专门针对中小企业的融资方案。例如花旗银行在2004年就发起的中小企业方案和渣打银行2006年在上海和深圳推出的"无抵押信用贷款"方式（彭伶，2008），都是针对中小企业缺乏传统的抵押担保品以及信息不对称问题的业务创新模式。

由于中小银行与大银行相比实力较弱，在大企业客户争夺当中处于劣势，因此中小银行会更多地开发中小企业客户。中小企业贷款单笔额度小，数量多而且零星分散，经营成本大大高于大银行。但是中小银行贷款对本地区的中小企业更加熟悉，在给中小企业贷款上比大银行更具有信息对称性的优势。周建松（2005）指出地方性银行的绝大部分贷款都投向了当地的中小企业。例如，上海银行中小企业开户数占该地区中小企业总量的38%，对中小企业的贷款余额占该行贷款总额的70%。因此，发展中小银行将大大提高中小企业资金的可获得性。

此外，中国人民银行应通过窗口指导的方式鼓励商业银行在货币政策紧缩时期增加向中小企业贷款的比重。

2. 发展专门服务中小企业的贷款机构，例如商业性中小企业银行、小额贷款公司等。这些机构与中小银行同样具有信息上的优势，在服务中小企业上更具有灵活性和快捷性，将使中小企业融资更加便利，缓解在货币政策紧缩期间中小企业融资困难的情况。适度引导民间融资，中小企业是民间融资的主要需求方，规范发展民间融资能够盘活大量民间资本，在政策紧缩期间为中小企业提供资金融通。

3. 发展中小企业直接融资渠道。一是应发展中小企业资本市场，使中小企业可以通过中小企业板、创业板上市、中小企业集合债券等方式获得直接融资；二是应该建立针对高新技术型中小企业的风险投资基金；三是要建立中小企业产权交易市场。通过这些直接融资方式，中小企业增加了在货币政策紧缩期间的其他可融资渠道。

4. 完善征信体系和发展担保机构。征信体系的完善可以使中小企业的信息更加透明，更容易获得银行贷款。信用担保机构可以提高中小企业融资信誉度，通过较少资金的杠杆作用撬动起较大规模的中小企业贷款资金。可以采用政府主导的担保形式，例如英国的小企业贷款担保计划（SFLGS）。此外，也可以采用商业化运营、行业与金融机构联合、中小企业联合互助等多种担保形式。

此外，在中小企业受到紧缩货币政策冲击较大期间，应该通过财政上的政策措施为中小企业减轻负担，给予增加采购份额、税收、贷款利率、直接拨款等多种方式的优惠。

（四）促进欠发达地区外向型经济的发展

对外贸易（出口）和FDI的区域差异导致了外汇占款的区域非均衡发放，这是货币政策对区域产生差异影响的因素之一，应采取相应的措施平衡基础货币的区域分布。应该致力于改善中西部等欠发达地区出口和外商投资的硬环境和软环境。增加中西部地区的对外贸易量和外商投资规模，只有当国际收支在区域间分布比重和经济规模的比重达到基本一致后，才会从根本上改变外汇占款发放区域失衡的情况。

具体而言，首先，政府应该加强地方企业的合作，促进欠发达地区外向型经济的发展。发达地区的企业有先进的技术和地理优势，中西部等欠发达地区企业如果能够加强与发达地区企业的合作，那么将会大大促进中西部地区对外贸易的发展。但是中国各个地区之间存在很大的贸易壁垒，各个地区的政府应该主动推动不同省份企业间的合作（徐振辉，2006）。

在吸引外商投资方面，中西部等欠发达地区政府应该在税收、土地等政策上给予外商投资优惠。其次，应该增加基础设施建设。公路和铁路的增加有助于便利交通运输，中西部等欠发达地区企业的对外贸易量将会相应增加。应该把交通运输投资集中在中西部地区，尤其是中部地区的几个交通枢纽省份，投资这几个省份的基础设施能够最大限度地降低中西部地区出口的运输成本，有利于发展中西部地区的进出口贸易以及改善外商投资环境。同样，现代通信业的发展也有利于外贸企业和外商投资企业通过现代通信手段，例如手机和互联网进行生产经营管理。再次，政府应提高服务效率和服务质量，深化市场化改革，改善外商在该地区投资的软环境。最后，应该增加政府的教育投资，不仅是基础教育和高等教育投资，还包括职业教育、就业培训等多方面的教育投资。人力资本的积累是保证出口部门和外资企业长期增长的关键因素。

此外，针对我国外汇占款在东部沿海地区发放过多以及货币政策操作却只能针对货币供给总量进行调控的情况，应该在适当的时机改革国际收支的资本项目管理体制，防止国际游资的过度流入，这也能够一定程度上改变外汇占款被动的区域非均衡发放。

四　缩小区域投资效率差异

在货币政策扩张阶段，资金的不平衡流动是导致区域效应差异的重要原因。资金的流动既可以通过金融体系内部流动，如通过商业银行的总分行体制使贷款向发达地区倾斜；一种是在金融体系以外流动，如企业和个人的投资行为使资金在欠发达地区和发达地区的非均衡配置。由于东部地区的资本边际产出远远大于中西部等欠发达地区。在货币政策扩张时期，资金将会从欠发达地区向发达地区加速流动。这种资金的区域不平衡流动导致了中西部等欠发达地区的企业发展资金不足，经济增长速度远远落后于发达地区。可见区域投资效率差异是资金从欠发达地区流出的根本原因，需要采取措施缩小区域投资效率差异。

（一）通过财政和金融政策优惠鼓励资金向欠发达地区配置

通过财政和金融上的优惠减少企业在欠发达地区投资成本，提高区域投资收益。

通过给予欠发达地区投资的企业进行资金补助、建筑补助、所得税减免、利息优惠、设备购置补贴、租金减免等方式降低欠发达地区投资的成本。除此之外,通过对企业研发和技术开发补贴的方式鼓励欠发达地区的技术创新。

(二)改善区域投资环境,提高欠发达地区经济内生增长能力

由于我国的欠发达地区和发达地区之间的区域差异较大,仅仅依靠财政政策上的投入无法从长期改变落后地区投资效率低的局面,不能把足够资金引入欠发达地区支持当地经济发展。还应该促进欠发达地区企业发展,提高欠发达地区的内生增长能力,从根本上提高区域投资效率。

从政策上应采取措施促进市场化环境的进一步发展,通过基础设施投资改善区域投资环境,通过教育投资提高人口素质,使落后地区经济有自我发展能力,从本质上提高欠发达地区的投资效率,使资金更多地向欠发达地区配置,而不是仅仅依靠国家财政资金的输血。

1. 提高欠发达地区经济的市场化程度。

衡量市场化程度高低的最重要变量之一就是国有经济部门的比重高低。中西部等欠发达地区国有企业的比重大大高于发达地区。市场化仍然有很大的转型空间。市场化程度较低严重阻碍了欠发达地区的经济增长,资金收益率远远低于发达地区。应该推动中西部等欠发达地区构建市场化秩序,减少经济当中的不确定性,降低交易费用,保护产权,促进经济发展。具体应该从改革国有企业、发展私有经济、减少地方政府对经济的直接干预等方面提高市场化程度。首先,加快国有企业改革,对国有企业改革提供法律、政策支持,妥善处理国有企业改革中下岗人员的安置。其次,鼓励私有经济的发展,创造非国有企业与国有企业的平等竞争环境,保护非国有经济的各项合法权利,适度向非国有经济开放部分垄断性的行业。承认企业家才能在生产活动当中的作用,给予企业家合理报酬。再次,应减少地方政府对经济的直接干预,改革投资体制,发挥地方政府的服务型管理职能,减少对市场的行政性干预,减少税收,改变地方政府的低效率以及官僚作风,采取宽松的企业管制政策。

2. 基础设施的投资有利于缩小中国地区间的经济发展差距。

应制定合理的投资政策,改善欠发达地区的公共交通,修建更多的公路和铁路、发展邮电通信业,建立更加发达的互联网系统都将改善欠发达地区的硬件设施,这有助于改善投资环境,增加欠发达地区资金的投资效率。

3. 加大欠发达地区教育投入,为欠发达地区累积人力资本。

在基础设施等投资的拉动下，欠发达地区的产出将会出现较为明显的变动，但是民间投资和外商投资并没有随之增加。根本的经济增长方式不转变，一旦这些投资减少或者停止，增长速度仍然会下降。国家在投入上应该短中长目标相结合，既要通过基础设施建设等投入拉动经济，也要注重教育等方面的投入，改变当地人口素质，为欠发达地区累积人力资本，使西部形成可持续的内生增长机制，从根本上缩小区域投资效率。

第三节　研究展望

一、货币政策区域效应的理论研究是货币政策区域效应研究当中较为薄弱的环节，由于对货币政策领域的研究仍然以宏观理论模型为分析基础，企业、商业银行、资产价格等因素都没能纳入货币政策理论模型当中，这也限制了对货币政策区域效应研究的理论模型的研究。下一步的研究希望能够把影响区域效应的微观经济变量纳入货币政策区域效应的理论分析框架当中，对模型加以拓展，为货币政策区域效应理论模型提供微观基础，增强货币政策区域效应理论模型的解释力。

二、本书在理论模型分析中采用了不包含政府也不包含对外贸易的简单经济模型，不考虑政府支出、进出口等因素与货币政策间的相互作用。但是我国货币供给量受到经常项目和资本项目流动的影响，对区域经济的作用存在显著差异。可以在未来的研究当中把在封闭经济中的两部门区域货币政策区域效应模型拓展为开放经济下的货币政策区域效应模型，并把货币供给量内生化，那么模型的结论将更具有一般性。

三、本书在作用机理分析中紧密联系了我国的特定区域经济金融背景，把我国的货币政策工具、微观主体、资金流动、资产价格变量等因素都纳入了分析体系。在未来的研究中可以考虑把这几种影响因素能够进一步理论化和模型化，把几个分析视角纳入统一的分析框架内，使货币政策区域效应作用机理在分析货币政策区域效应问题时能够具有更强普适性。

四、在实证研究当中，区域数据的获取也是本研究面临的主要难点，部分数据的时间跨度较短，可能会导致相关的实证检验结果有一定的偏误。另外，由于研究样本容量的限制，计量模型分析不能通过纳入更多的变量分析区域之间的影响，这些样本造成的缺陷在将来的研究当中可以通过计量方法的改进得出更有效的结论。

附　　录

附表1　　　　　中国人民银行再贷款利率历次调整

	计划内贷款			临时性贷款
1985.01.01	3.9‰（月息）			4.2‰（月息）
	日拆性贷款利率	季节性贷款利率	年度性贷款利率	调整方向
1987.01.01	6.48%	6.84%	6.48%	↑
1987.09.21	6.48%	6.84%	7.2%	↑
1988.09.01	6.84%	7.56%	8.28%	↑
1990.03.21	9%			↑
1990.08.21	7.92%			↓
1991.04.21	7.2%			↓
	20天内（%）	3个月内（%）	6个月内（%）	1年期（%）	调整方向
1993.04.01	6.84	7.02	7.2	7.38	
1993.05.15	8.46	8.64	8.82	9.00	↑
1993.07.11	10.08	10.26	10.44	10.62	↑
1996.05.01	9.00	10.08	10.17	10.98	↑
1996.08.23	9.00	9.72	10.17	10.62	↓
1997.10.23	8.55	8.82	9.09	9.36	↓
1998.03.21	6.39	6.84	7.02	7.92	↓
1998.07.01	5.22	5.49	5.58	5.67	↓
1998.12.07	4.59	4.86	5.04	5.13	↓
1999.06.10	3.24	3.51	3.69	3.78	↓
2002.02.21	2.70	2.97	3.15	3.24	↓
2004.03.25	3.33	3.60	3.78	3.87	↑
2008.01.01	4.14	4.41	4.59	4.68	↑
2008.11.27	3.06	3.33	3.51	3.60	↓
2008.12.23	2.79	3.06	3.24	3.33	↓
2010.12.26	3.25	3.55	3.75	3.85	↑

注：数据来源于陆前进、陆庆杰（2006）以及中国人民银行网站（www.pbc.gov.cn）。

附表2　　　　　　中国人民银行法定存款准备金率历次调整

时间	调整前（%）	调整后（%）	调整幅度（%）	调整方向
1985		10		
1987	10	12	+2	↑
1988	12	13	+1	↑
1998.03.21	13	8	-5	↓
1999.11.21	8	6	-2	↓
2003.09.21	6	7	+1	↑
2004.04.25	7	7.5	+0.5	↑
2006.07.05	7.5	8	+0.5	↑
2006.08.15	8	8.5	+0.5	↑
2006.11.15	8.5	9	+0.5	↑
2007.01.15	9	9.5	+0.5	↑
2007.02.25	9.5	10	+0.5	↑
2007.04.16	10	10.5	+0.5	↑
2007.05.15	10.5	11	+0.5	↑
2007.06.05	11	11.5	+0.5	↑
2007.08.15	11.5	12	+0.5	↑
2007.09.25	12	12.5	+0.5	↑
2007.10.25	12.5	13	+0.5	↑
2007.11.26	13	13.5	+0.5	↑
2007.12.25	13.5	14.5	+1	↑
2008.01.25	14.5	15	+0.5	↑
2008.03.25	15	15.5	+0.5	↑
2008.04.25	15.5	16	+0.5	↑
2008.05.20	16	16.5	+0.5	↑
2008.06.15	16.5	17	+0.5	↑
2008.06.25	17	17.5	+0.5	↑
2008.09.25	大型金融机构17.5% 中小金融机构17.5%	不调整 16.5%	— -1%	↓
2008.10.15	大型金融机构17.5% 中小金融机构16.5%	17.% 16%	-0.5% -0.5%	↓
2008.12.05	大型金融机构17% 中小金融机构16%	16% 14%	1% 2%	↓

续表

时间	调整前（%）	调整后（%）	调整幅度（%）	调整方向
2008.12.25	大型金融机构16 中小金融机构14	15.5 13.5	-0.5 -0.5	↓
2010.1.18	大型金融机构15.5 中小金融机构13.5	16 不调整	+0.5 —	↑
2010.2.25	大型金融机构16 中小金融机构13.5	16.5 不调整	+0.5 —	↑
2010.5.10	大型金融机构16.5% 中小金融机构13.5	17 不调整	+0.5 —	↑
2010.11.16	大型金融机构17 中小金融机构13.5	17.5 14	+0.5 +0.5	↑
2010.11.29	大型金融机构17.5 中小金融机构14	18 14.5	+0.5 +0.5	↑
2010.12.20	大型金融机构18 中小金融机构14.5	18.5 15	+0.5 +0.5	↑
2011.1.20	大型金融机构18.5 中小金融机构15	19 15.5	+0.5 +0.5	↑
2011.2.24	大型金融机构19 中小金融机构15.5	19.5 16	+0.5 +0.5	↑
2011.3.25	大型金融机构19.5 中小金融机构16	20 16.5	+0.5 +0.5	↑
2011.4.21	大型金融机构20 中小金融机构16.5	20.5 17	+0.5 +0.5	↑
2011.5.18	大型金融机构20.5 中小金融机构17	21 17.5	+0.5 +0.5	↑
2011.6.20	大型金融机构21 中小金融机构17.5	21.5 18	+0.5 +0.5	↑
2011.12.5	大型金融机构21.5 中小金融机构18	21 17.5	-0.5 -0.5	↓
2012.2.24	大型金融机构21 中小金融机构17.5	20.5 17	-0.5 -0.5	↓
2012.5.18	大型金融机构20.5 中小金融机构17	20 16.5	-0.5 -0.5	↓

注：数据来源于陆前进、陆庆杰（2006）以及中国人民银行网站（www.pbc.gov.cn）。

附表3　　　　金融机构人民币存款基准利率历次调整　　单位：年利率%

调整时间	活期存款	定期存款					
^	^	3个月	6个月	1年	2年	3年	5年
1990.04.15	2.88	6.30	7.74	10.08	10.98	11.88	13.68
1990.08.21	2.16	4.32	6.48	8.64	9.36	10.08	11.52
1991.04.21	1.80	3.24	5.40	7.56	7.92	8.28	9.00

续表

调整时间	活期存款	定期存款					
		3个月	6个月	1年	2年	3年	5年
1993.05.15	2.16	4.86	7.20	9.18	9.90	10.80	12.06
1993.07.11	3.15	6.66	9.00	10.98	11.70	12.24	13.86
1996.05.01	2.97	4.86	7.20	9.18	9.90	10.80	12.06
1996.08.23	1.98	3.33	5.40	7.47	7.92	8.28	9.00
1997.10.23	1.71	2.88	4.14	5.67	5.94	6.21	6.66
1998.03.25	1.71	2.88	4.14	5.22	5.58	6.21	6.66
1998.07.01	1.44	2.79	3.96	4.77	4.86	4.95	5.22
1998.12.07	1.44	2.79	3.33	3.78	3.96	4.14	4.50
1999.06.10	0.99	1.98	2.16	2.25	2.43	2.70	2.88
2002.02.21	0.72	1.71	1.89	1.98	2.25	2.52	2.79
2004.10.29	0.72	1.71	2.07	2.25	2.70	3.24	3.60
2006.08.19	0.72	1.80	2.25	2.52	3.06	3.69	4.14
2007.03.18	0.72	1.98	2.43	2.79	3.33	3.96	4.41
2007.05.19	0.72	2.07	2.61	3.06	3.69	4.41	4.95
2007.07.21	0.81	2.34	2.88	3.33	3.96	4.68	5.22
2007.08.22	0.81	2.61	3.15	3.60	4.23	4.95	5.49
2007.09.15	0.81	2.88	3.42	3.87	4.50	5.22	5.76
2007.12.21	0.72	3.33	3.78	4.14	4.68	5.40	5.85
2008.10.09	0.72	3.15	3.51	3.87	4.41	5.13	5.58
2008.10.30	0.72	2.88	3.24	3.60	4.14	4.77	5.13
2008.11.27	0.36	1.98	2.25	2.52	3.06	3.60	3.87
2008.12.23	0.36	1.71	1.98	2.25	2.79	3.33	3.60
2010.10.20	0.36	1.91	2.20	2.50	3.25	3.85	4.20
2010.12.26	0.36	2.25	2.50	2.75	3.55	4.15	4.55
2011.02.09	0.40	2.60	2.80	3.00	3.90	4.50	5.00
2011.04.06	0.50	2.85	3.05	3.25	4.15	4.75	5.25
2011.07.07	0.50	3.10	3.30	3.50	4.40	5.00	5.50
2012.06.08	0.40	2.85	3.05	3.25	4.10	4.65	5.10
2012.07.06	0.35	2.60	2.80	3.00	3.75	4.25	4.75

注：数据来源于中国人民银行网站（www.pbc.gov.cn）。

附表4　　金融机构人民币贷款基准利率历次调整　　单位：年利率%

调整时间	6个月以内（含6个月）	6个月—1年（含1年）	1—3年（含3年）	3—5年（含5年）	5年以上
1991.04.21	8.10	8.64	9.00	9.54	9.72
1993.05.15	8.82	9.36	10.80	12.06	12.24
1993.07.11	9.00	10.98	12.24	13.86	14.04
1995.01.01	9.00	10.98	12.96	14.58	14.76
1995.07.01	10.08	12.06	13.50	15.12	15.30
1996.05.01	9.72	10.98	13.14	14.94	15.12
1996.08.23	9.18	10.08	10.98	11.70	12.42
1997.10.23	7.65	8.64	9.36	9.90	10.53
1998.03.25	7.02	7.92	9.00	9.72	10.35
1998.07.01	6.57	6.93	7.11	7.65	8.01
1998.12.07	6.12	6.39	6.66	7.20	7.56
1999.06.10	5.58	5.85	5.94	6.03	6.21
2002.02.21	5.04	5.31	5.49	5.58	5.76
2004.10.29	5.22	5.58	5.76	5.85	6.12
2006.04.28	5.40	5.85	6.03	6.12	6.39
2006.08.19	5.58	6.12	6.30	6.48	6.84
2007.03.18	5.67	6.39	6.57	6.75	7.11
2007.05.19	5.85	6.57	6.75	6.93	7.20
2007.07.21	6.03	6.84	7.02	7.20	7.38
2007.08.22	6.21	7.02	7.20	7.38	7.56
2007.09.15	6.48	7.29	7.47	7.65	7.83
2007.12.21	6.57	7.47	7.56	7.74	7.83
2008.09.16	6.21	7.20	7.29	7.56	7.74
2008.10.09	6.12	6.93	7.02	7.29	7.47
2008.10.30	6.03	6.66	6.75	7.02	7.20
2008.11.27	5.04	5.58	5.67	5.94	6.12
2008.12.23	4.86	5.31	5.40	5.76	5.94
2010.10.20	5.10	5.56	5.60	5.96	6.14
2010.12.26	5.35	5.81	5.85	6.22	6.40
2011.02.09	5.60	6.06	6.10	6.45	6.60
2011.04.06	5.85	6.31	6.40	6.65	6.80

续表

调整时间	6个月以内（含6个月）	6个月—1年（含1年）	1—3年（含3年）	3—5年（含5年）	5年以上
2011.07.07	6.10	6.56	6.65	6.90	7.05
2012.06.08	5.85	6.31	6.40	6.65	6.80
2012.07.06	5.60	6.00	6.15	6.40	6.55

注：数据来源于中国人民银行网站（www.pbc.gov.cn）。

附表5　　　　　　　中国人民银行再贴现利率历次调整

时间	调整前（%）	调整后（%）	调整幅度（%）	调整方向
1986.08.01		*		
1987.01.01	*	**		↓
1998.03.21	**	6.03		
1998.07.01	6.03	4.32	-1.71	↓
1998.12.07	4.32	3.96	-0.36	↓
1999.06.10	3.96	2.16	-1.80	↓
2001.09.11	2.16	2.97	+0.81	↑
2004.03.25	2.97	3.24	+0.27	↑
2008.01.01	3.24	4.32	+1.08	↑
2008.11.27	4.32	2.97	-1.35	↓
2008.12.23	2.97	1.80	-1.17	↓
2010.12.26	1.80	2.25	+0.45	↑

注：①*表示按同档次再贷款利率降低月息0.3%执行，**表示按同档次中央银行贷款利率下浮5%—10%。②数据来源于陆前进、陆庆杰．中国货币政策传导机制研究．立信会计出版社以及中国人民银行网站（www.pbc.gov.cn）。

附表6　　　　　　　各个省份三大产业占生产总值比重

	第一产业（%）	第二产业（%）	第三产业（%）
全国	17.90	45.51	36.59
北京	4.49	40.43	54.58
天津	5.40	55.10	39.06
河北	18.78	49.31	32.04
山西	11.58	53.60	34.35
内蒙古	23.98	41.43	33.96
辽宁	12.46	51.83	35.59

续表

	第一产业（%）	第二产业（%）	第三产业（%）
吉林	21.87	45.18	32.94
黑龙江	15.70	53.68	30.59
上海	2.28	54.00	43.47
江苏	15.18	52.41	32.28
浙江	14.27	50.85	34.89
安徽	25.73	43.62	30.68
福建	19.56	43.21	37.21
江西	26.61	40.77	32.05
山东	18.72	49.47	31.88
河南	24.16	47.06	28.90
湖北	22.54	44.98	32.43
湖南	26.67	39.03	34.02
广东	14.30	47.57	37.89
广西	29.01	36.35	34.62
海南	37.12	22.77	39.92
重庆	21.35	42.65	34.72
四川	26.21	40.60	32.03
贵州	28.73	38.60	32.27
云南	25.15	41.70	33.15
西藏	33.49	21.35	45.19
陕西	18.77	45.27	35.39
甘肃	21.03	44.90	34.08
青海	18.04	44.68	36.98
宁夏	18.82	44.17	36.49
新疆	25.73	40.55	33.73

注：表中的数据是从1985年度到2011年度三大产业占生产总值比重的平均值。三大产业占生产总值比重根据《新中国五十五年统计资料汇编》和各年度《中国区域金融运行报告》中各个省份三大产业规模和生产总值规模比重计算得出。

附表7　　　　　各个省份商业银行不良贷款率　　　　　单位：%

	2005	2006	2007	2008	2009	2010	2011	平均值
北京	4.43	3.6	3.04	1.62	1.03	0.85	0.77	2.19

续表

	2005	2006	2007	2008	2009	2010	2011	平均值
天津	5.91	5.32	5.26	2.25	1.43	1.16	0.87	3.17
河北	13.97	11.54	11.43	3.42	1.85	1.11	0.84	6.31
辽宁	14.22	11.9	12.25	3.64	2.15	1.35	1.31	6.69
上海	3.14	2.56	2.68	1.59	1.23	0.79	0.61	1.80
江苏	4.74	3.43	2.82	1.61	1.10	0.86	0.81	2.20
浙江	2.05	1.41	1.07	1.19	1.16	0.86	0.91	1.24
福建	5.67	3.97	2.98	1.60	1.06	0.70	0.64	2.37
山东	7.67	6.52	6.33	2.20	1.49	1.14	1.01	3.77
广东	11.47	8.43	6.38	2.42	1.68	1.36	1.16	4.70
海南	24.47	21.1	19.32	2.56	1.58	0.90	0.78	10.10
山西	10.41	8.5	11.02	4.57	2.86	1.68	1.45	5.78
吉林	20.19	17.45	18.61	5.08	2.75	1.36	0.94	9.48
黑龙江	24.74	23.38	24.6	4.90	2.52	1.42	1.17	11.82
安徽	11.82	9.97	10.2	2.11	1.39	0.88	0.91	5.33
江西	12.95	11.66	11.48	3.13	1.80	1.24	1.03	6.18
河南	17.09	15.99	16.8	2.79	1.73	1.27	1.10	8.11
湖北	12.68	9.88	9.15	1.92	1.48	1.12	1.06	5.33
湖南	15.11	12.6	12.05	2.85	1.86	1.47	1.12	6.72
重庆	8.32	6	4.65	1.57	0.90	0.91	0.63	3.28
四川	10.99	9.84	9.52	7.27	3.13	1.82	1.30	6.27
贵州	9.14	7.92	7.51	2.92	1.93	1.25	0.95	4.52
云南	8.71	6.69	6.66	2.15	1.50	1.26	1.14	4.02
西藏	16.36	14.32	16.6	3.96	3.07	4.03	1.95	8.61
陕西	12.5	11.5	10.91	3.18	2.23	1.35	1.10	6.11
甘肃	13.41	11.84	13.43	3.76	2.39	1.57	1.19	6.80
青海	18.42	16.96	15.46	4.06	2.76	2.61	1.93	8.89
宁夏	10.93	9.05	9.96	1.19	0.62	0.66	1.06	4.78
新疆	17.63	15.52	16.47	3.83	2.52	1.37	1.04	8.34
广西	9.86	8.12	8.75	2.60	1.43	0.91	0.77	4.63
内蒙古	11.53	8.28	7.94	2.51	1.16	0.82	0.57	4.69

注：本表数据根据各年份《中国银行业监督管理委员会年报》附表中的"主要商业银行不良贷款分地区情况表"整理。2005年数据根据《中国银行监督管理委员会年报》（2006年）"主要商业银行不良贷款分地区情况表"本期比年初变动百分点推算得出。

附表8　　各个省份商品房销售价格（1999—2010）　　单位：元人民币

	1999	2000	2001	2002	2003	2004	2005	2006	2007	2008	2009	2010
北京	5647	4919	5062	4764	4737	5053	6788	8280	11553	12418	13799	17782
天津	2251	2328	2375	2487	2518	3115	4055	4774	5794	6015	6886	8230
河北	1352	1448	1463	1503	1463	1605	1862	2111	2656	2779	3263	3539
山西	1027	1118	1349	1435	1611	1803	2210	1988	2277	2355	2707	3487
内蒙古	1147	1136	1235	1256	1270	1401	1653	1811	2241	2483	2972	3521
辽宁	1919	2076	2126	2139	2291	2412	2798	3073	3501	3758	4034	4505
吉林	1436	1408	1552	1665	1574	1880	1888	2010	2395	2507	2917	3647
黑龙江	1609	1739	1784	1803	1799	1939	2099	2196	2481	2832	3241	3719
上海	3422	3565	3866	4134	5118	5855	6842	7196	8361	8195	12840	14464
浙江	1908	1947	2050	2387	2737	3108	4280	4774	5802	4049	4983	5841
江苏	1584	1643	1801	1925	2197	2651	3359	3592	4007	6262	7826	9258
安徽	1232	1173	1163	1290	1513	1782	2220	2322	2663	2949	3420	4205
福建	2064	2084	2015	2152	2297	2560	3162	3994	4685	4384	5427	6256
江西	820	949	972	1062	1210	1325	1529	1708	2108	2136	2643	3144
山东	1344	1427	1457	1605	1698	2045	2425	2541	2915	2970	3505	3944
河南	1022	1260	1236	1380	1388	1573	1867	2012	2252	2339	2666	3042
湖北	1296	1368	1363	1456	1506	1672	2263	2556	3050	3001	3532	3743
湖南	1063	1079	1248	1326	1413	1511	1625	1928	2236	2302	2680	3146
广东	3161	3228	3305	3241	3195	3482	4443	4853	5891	5953	6513	7486
广西	1517	1450	1836	1926	1883	2083	2014	2195	2548	2826	3260	3562
海南	1799	1980	1910	1789	2105	2405	2924	3787	4268	5443	6261	8735
重庆	1377	1351	1443	1556	1596	1766	2135	2269	2723	2785	3442	4281
四川	1350	1340	1368	1381	1421	1572	1945	2271	2860	3157	3509	4138
贵州	1283	1269	1164	1238	1313	1385	1607	1780	2163	2339	2874	3357
云南	1651	1739	1940	1913	1882	1978	2165	2380	2497	2680	2931	3158
西藏	1313	1075	1674	1569	1753	2748	1700	1976	1021	3202	2452	2896
陕西	1042	1253	1570	1554	1534	1731	2060	2461	2624	2952	3223	3759
甘肃	1274	1302	1259	1326	1275	1754	1936	1780	2191	1958	2483	3042
青海	1462	1238	1208	1292	1465	1583	1832	1921	2320	2460	2517	3005
宁夏	1404	1352	1596	1865	1868	1880	2235	2063	2136	2435	3090	3304
新疆	1394	1424	1533	1735	1817	1585	1798	1858	2086	2240	2604	3087

注：各个省份房地产价格为各个省份房地产销售额与区域房地产销售面积的比值。②各个省份的房地产销售额和房地产销售面积数据都来自 Wind 数据库。

附表9　各个省份产出变量、货币供给量、利率变量的单位根检验

变量	检验类型(c,t)	ADF检验值	P值	临界值(5%显著水平)	临界值(1%显著水平)
lnrgdp_anhui	(1,0)	-0.62	0.8468	-3.00	-3.77
D(lnrgdp_anhui)	(1,0)	-3.17**	0.0246	-2.99	-3.72
D(lnrgdp_anhui,2)	(1,0)	-3.17**	0.0374	-3.02	-3.81
lnrgdp_beijing	(1,0)	-0.25	0.9202	-2.98	-3.71
D(lnrgdp_beijing)	(1,0)	-4.36***	0.0023	-2.99	-3.72
D(lnrgdp_beijing,2)	(1,0)	-7.48***	0.0000	-2.99	-3.74
lnrgdp_chongqing	(1,0)	-0.28	0.9129	-3.00	-3.77
D(lnrgdp_chongqing)	(1,0)	-2.97*	0.0513	-2.99	-3.72
D(lnrgdp_chongqing,2)	(1,0)	-3.19**	0.0352	-3.01	-3.79
lnrgdp_fujian	(1,0)	-1.81	0.3675	-2.99	-3.72
D(lnrgdp_fujian)	(1,0)	-1.82	0.3603	-2.99	-3.74
D(lnrgdp_fujian,2)	(1,0)	-5.28***	0.0003	-3.01	-3.79
lnrgdp_gansu	(1,0)	-0.06	0.9554	-2.99	-3.72
D(lnrgdp_gansu)	(1,0)	-3.15**	0.0393	-3.03	-3.83
D(lnrgdp_gansu,2)	(1,0)	-3.01*	0.0534	-3.04	-3.86
lnrgdp_guangdong	(1,0)	-2.37	0.1603	-2.98	-3.71
D(lnrgdp_guangdong)	(1,0)	-3.35**	0.0233	-2.99	-3.72
D(lnrgdp_guangdong,2)	(1,0)	-6.90***	0.0000	-2.99	-3.74
lnrgdp_guangxi	(1,0)	-0.73	0.8220	-2.99	-3.72
D(lnrgdp_guangxi)	(1,0)	-2.54	0.1179	-2.99	-3.72
D(lnrgdp_guangxi,2)	(1,0)	-3.93***	0.0071	-3.00	-3.77
lnrgdp_guizhou	(1,0)	-0.32	0.9745	-2.99	-3.72
D(lnrgdp_guizhou)	(1,0)	-3.70**	0.0107	-2.99	-3.72
D(lnrgdp_guizhou,2)	(1,0)	-6.80***	0.0000	-2.99	-3.74
lnrgdp_hainan	(1,0)	-0.31	0.9086	-3.01	-3.79
D(lnrgdp_hainan)	(1,0)	-5.58***	0.0002	-3.01	-3.79
D(lnrgdp_hainan,2)	(1,0)	-10.44***	0.0000	-2.99	-3.74
lnrgdp_hebei	(1,0)	-1.63	0.4521	-2.99	-3.72
D(lnrgdp_hebei)	(1,0)	-2.80*	0.0731	-2.99	-3.72
D(lnrgdp_hebei,2)	(1,0)	-6.04***	0.0000	-2.99	-3.74
lnrgdp_heilongjiang	(1,0)	-1.13	0.6845	-3.01	-3.79

续表

变量	检验类型（c,t）	ADF检验值	P值	临界值（5%显著水平）	临界值（1%显著水平）
D(lnrgdp_heilongjiang)	(1,0)	-2.53	0.1202	-2.99	-3.72
D(lnrgdp_heilongjiang,2)	(1,0)	-4.41***	0.0024	-3.00	-3.77
lnrgdp_henan	(1,0)	-0.84	0.7888	-2.99	-3.72
D(lnrgdp_henan)	(1,0)	-3.49**	0.0171	-2.99	-3.72
D(lnrgdp_henan,2)	(1,0)	-3.69**	0.0124	-3.01	-3.79
lnrgdp_hubei	(1,0)	-0.49	0.8785	-2.99	-3.72
D(lnrgdp_hubei)	(1,0)	-2.45	0.1397	-2.99	-3.72
D(lnrgdp_hubei,2)	(1,0)	-5.51***	0.0002	-2.99	-3.74
lnrgdp_hunan	(1,0)	-0.19	0.9278	-2.99	-3.72
D(lnrgdp_hunan)	(1,0)	-3.93*	0.0566	-2.99	-3.74
D(lnrgdp_hunan,2)	(1,0)	-5.64***	0.0001	-2.99	-3.74
lnrgdp_jiangsu	(1,0)	-2.58	0.1116	-3.00	-3.77
D(lnrgdp_jiangsu)	(1,0)	-1.87	0.3396	-3.01	-3.79
D(lnrgdp_jiangsu,2)	(1,0)	-3.37**	0.0240	-3.01	-3.79
lnrgdp_jiangxi	(1,0)	-0.32	0.9077	-2.99	-3.72
D(lnrgdp_jiangxi)	(1,0)	-2.94*	0.0547	-2.99	-3.72
D(lnrgdp_jiangxi,2)	(1,0)	-5.55***	0.0001	-2.99	-3.74
lnrgdp_jilin	(1,0)	-0.10	0.9388	-2.99	-3.72
D(lnrgdp_jilin)	(1,0)	-3.52**	0.0159	-2.99	-3.72
D(lnrgdp_jilin,2)	(1,0)	-7.51***	0.0000	-2.99	-3.74
lnrgdp_liaoning	(1,0)	-2.01	0.2793	-3.02	-3.81
D(lnrgdp_liaoning)	(1,0)	-3.48**	0.0172	-2.99	-3.72
D(lnrgdp_liaoning,2)	(1,0)	-7.32***	0.0000	-2.99	-3.74
lnrgdp_neimenggu	(1,0)	2.57	0.9999	-3.02	-3.81
D(lnrgdp_neimenggu)	(1,0)	-2.97*	0.0519	-2.99	-3.72
D(lnrgdp_neimenggu,2)	(1,0)	-6.70***	0.0000	-2.99	-3.74
lnrgdp_ningxia	(1,0)	0.60	0.9868	-2.99	-3.72
D(lnrgdp_ningxia)	(1,0)	-2.76*	0.0786	-2.99	-3.72
D(lnrgdp_ningxia,2)	(1,0)	-5.90***	0.0001	-2.99	-3.74
lnrgdp_qinghai	(1,0)	0.70	0.9897	-2.98	-3.71
D(lnrgdp_qinghai)	(1,0)	-5.54***	0.0001	-2.99	-3.72

续表

变量	检验类型 （c,t）	ADF 检验值	P值	临界值 （5%显著水平）	临界值 （1%显著水平）
D(lnrgdp_qinghai,2)	(1,0)	-10.99***	0.0000	-2.99	-3.74
lnrgdp_shandong	(1,0)	-1.69	0.4213	-3.00	-3.75
D(lnrgdp_shandong)	(1,0)	-2.44	0.1410	-2.99	-3.74
D(lnrgdp_shandong,2)	(1,0)	-5.02***	0.0005	-2.99	-3.74
lnrgdp_shanghai	(1,0)	-2.04	0.2699	-3.00	-3.75
D(lnrgdp_shanghai)	(1,0)	-1.96	0.3030	-2.99	-3.72
D(lnrgdp_shanghai,2)	(1,0)	-5.52***	0.0002	-2.99	-3.74
lnrgdp_shanxia	(1,0)	0.44	0.9811	-2.98	-3.71
D(lnrgdp_shanxia)	(1,0)	-3.70**	0.0106	-2.99	-3.72
D(lnrgdp_shanxia,2)	(1,0)	-4.27***	0.0035	-3.01	-3.79
lnrgdp_shanxib	(1,0)	0.84	0.9929	-2.98	-3.71
D(lnrgdp_shanxib)	(1,0)	-3.77***	0.0090	-2.99	-3.72
D(lnrgdp_shanxib,2)	(1,0)	-7.28***	0.0000	-2.99	-3.74
lnrgdp_sichuan	(1,0)	-0.51	0.8735	-2.98	-3.71
D(lnrgdp_sichuan)	(1,0)	-4.08***	0.0044	-2.99	-3.72
D(lnrgdp_sichuan,2)	(1,0)	-5.35***	0.0003	-3.00	-3.77
lnrgdp_tianjin	(1,0)	-0.13	0.9337	-3.00	-3.77
D(lnrgdp_tianjin)	(1,0)	-3.35**	0.0246	-3.00	-3.77
D(lnrgdp_tianjin,2)	(1,0)	-6.43***	0.0000	-2.99	-3.74
lnrgdp_xinjiang	(1,0)	-1.56	0.4883	-2.98	-3.79
D(lnrgdp_xinjiang)	(1,0)	-4.39***	0.0021	-2.99	-3.72
D(lnrgdp_xinjiang,2)	(1,0)	-9.95***	0.0000	-2.99	-3.74
lnrgdp_yunnan	(1,0)	-1.57	0.4819	-2.99	-3.72
D(lnrgdp_yunnan)	(1,0)	-3.39**	0.0213	-2.99	-3.72
D(lnrgdp_yunnan,2)	(1,0)	-7.18***	0.0000	-2.99	-3.74
lnrgdp_zhejiang	(1,0)	-3.98***	0.0070	-3.02	-3.81
D(lnrgdp_zhejiang)	(1,0)	-2.66*	0.0957	-2.99	-3.74
D(lnrgdp_zhejiang,2)	(1,0)	-3.77***	0.0093	-2.99	-3.74
Lnm2	(1,0)	-1.31	0.6057	-3.02	-3.81
D(lnm2)	(1,0)	-2.14	0.2330	-2.99	-3.72
D(lnm2,2)	(1,0)	-5.32***	0.0002	-2.99	-3.74

续表

变量	检验类型 (c,t)	ADF 检验值	P 值	临界值 (5%显著水平)	临界值 (1%显著水平)
Seri	(1,0)	-1.39	0.5706	-2.98	-3.71
D(seri)	(1,0)	-4.43***	0.002	-2.99	-3.72
D(seri,2)	(1,0)	-7.52***	0.0000	-2.99	-3.74

注：①lnrgdp_后面为省份的拼音，表示各个省份真实 GDP 的对数值。由于山西和陕西的拼音相同，因此用 shanxia 表示山西，shanxib 表示陕西。②ADF 检验值后面的 * 表示在 10% 的水平上显著，** 表示在 5% 的水平上显著，*** 表示在 1% 的水平上显著。③临界值根据 EViews 6.0 给出的结果进行报告，(c,t)表示是否含有常数项、趋势项，1 表示含有，0 表示不含有；D 表示变量的差分，D(lnrgdp_省份名称,2)表示变量的二阶差分。

附表 10　各个省份产出变量、货币供给量、利率变量的 Johansen 协整检验结果

变量	假设协整个数	协整值	迹统计量	5%临界值	P 值	最大特征值	5%临界值	P 值
(lnrgdp_anhui, lnm2,seri,)	0	0.56	35.01**	29.80	0.01	19.74*	21.13	0.08
	最多1个	0.46	15.26*	15.49	0.05	14.79**	14.26	0.04
	最多2个	0.02	0.48	3.84	0.49	0.48*	3.84	0.49
(lnrgdp_beijing, lnm2,seri,)	0	0.65	32.57**	29.80	0.02	25.21***	21.13	0.01
	最多1个	0.25	7.36	15.49	0.54	6.92	14.26	0.50
	最多2个	0.02	0.44	3.84	0.51	0.44	3.84	0.51
(lnrgdp_chongqing, lnm2,seri)	0	0.52	28.53*	29.80	0.07	17.81	21.13	0.14
	最多1个	0.36	10.71	15.49	0.23	10.67	14.26	0.17
	最多2个	0.00	0.043	3.84	0.84	0.04	3.84	0.84
(lnrgdp_fujian, lnm2,seri)	0	0.73	39.27***	29.80	0.00	31.16***	21.13	0.00
	最多1个	0.28	8.11	15.49	0.45	7.75	14.26	0.40
	最多2个	0.01	0.35	3.84	0.55	0.35	3.84	0.55
(lnrgdp_gansu, lnm2,seri)	0	0.58	28.52	29.80	0.07	20.80*	21.13	0.06
	最多1个	0.26	7.72	15.49	0.50	7.12	14.26	0.47
	最多2个	0.02	0.60	3.84	0.44	0.60	3.84	0.44

续表

变量	假设协整个数	协整值	迹统计量	5%临界值	P值	最大特征值	5%临界值	P值
(lnrgdp_guangdong, lnm2, seri)	0	0.65	42.43***	29.80	0.00	25.40***	21.13	0.01
	最多1个	0.44	17.03**	15.49	0.03	13.90*	14.26	0.06
	最多2个	0.12	3.13*	3.84	0.08	3.13*	3.84	0.08
(lnrgdp_guangxi, lnm2, seri)	0	0.63	32.74**	29.80	0.02	23.95**	21.13	0.02
	最多1个	0.30	8.79	15.49	0.39	8.43	14.26	0.34
	最多2个	0.02	0.36	3.84	0.55	0.37	3.84	0.55
(lnrgdp_guizhou, lnm2, seri)	0	0.64	35.05***	29.80	0.01	24.58**	21.13	0.02
	最多1个	0.31	10.47	15.49	0.25	8.93	14.26	0.29
	最多2个	0.06	1.53	3.84	0.21	1.54	3.84	0.21
(lnrgdp_hainan, lnm2, seri)	0	0.72	51.62***	29.80	0.00	30.39***	21.13	0.00
	最多1个	0.54	21.22***	15.49	0.01	18.42***	14.26	0.01
	最多2个	0.11	2.80*	3.84	0.09	2.80	3.84	0.09
(lnrgdp_hebei, lnm2, seri)	0	0.52	30.46**	29.80	0.04	17.57	21.13	0.15
	最多1个	0.37	12.89	15.49	0.12	11.21	14.26	0.14
	最多2个	0.07	1.68	3.84	0.20	1.67	3.84	0.20
(lnrgdp_heilongjiang, lnm2, seri)	0	0.50	27.18*	29.80	0.10	16.63	21.13	0.19
	最多1个	0.30	10.55	15.49	0.24	8.73	14.26	0.30
	最多2个	0.07	1.82	3.84	0.18	1.82	3.84	0.18
(lnrgdp_henan, lnm2, seri)	0	0.64	34.96**	29.80	0.01	24.33**	21.13	0.02
	最多1个	0.35	10.64*	15.49	0.23	10.35	14.26	0.19
	最多2个	0.01	0.29	3.84	0.59	0.29	3.84	0.59
(lnrgdp_hubei, lnm2, seri)	0	0.56	27.45*	29.80	0.09	19.66*	21.13	0.08
	最多1个	0.25	7.80	15.49	0.49	6.96	14.26	0.49
	最多2个	0.03	0.84	3.84	0.36	0.84	3.84	0.36
(lnrgdp_hunan, lnm2, seri)	0	0.60	29.47**	29.80	0.05	22.12**	21.13	0.04
	最多1个	0.26	7.35	15.49	0.54	7.25	14.26	0.46
	最多2个	0.00	0.10	0.86	0.75	0.10	3.84	0.75

续表

变量	假设协整个数	协整值	迹统计量	5%临界值	P值	最大特征值	5%临界值	P值
(lnrgdp_jiangsu, lnm2, seri)	0	0.63	37.35	29.80	0.01	23.82***	21.13	0.02
	最多1个	0.41	13.52	15.49	0.10	12.73*	14.26	0.09
	最多2个	0.03	0.79	3.84	0.37	0.79	3.84	0.37
(lnrgdp_jiangxi, lnm2, seri)	0	0.54	27.85*	29.80	0.08	18.84*	21.13	0.10
	最多1个	0.31	9.01	15.49	0.36	8.93	14.26	0.29
	最多2个	0.00	0.08	3.84	0.77	0.08	3.84	0.77
(lnrgdp_jilin, lnm2, seri)	0	0.70	46.62***	29.80	0.00	28.89***	21.13	0.00
	最多1个	0.51	17.74*	15.49	0.02	17.26**	14.26	0.02
	最多2个	0.02	0.48	3.84	0.49	0.48	3.84	0.48
(lnrgdp_liaoning, lnm2, seri)	0	0.67	32.99**	29.80	0.02	26.64***	21.13	0.01
	最多1个	0.22	6.35	15.49	0.65	6.08	14.26	0.60
	最多2个	0.01	0.28	3.84	0.60	0.28	3.84	0.60
(lnrgdp_neimenggu, lnm2, seri)	0	0.77	42.27***	29.80	0.00	35.08***	21.13	0.00
	最多1个	0.26	7.19	15.49	0.56	7.19	14.26	0.47
	最多2个	0.00	0.00	3.84	0.95	0.00	3.84	0.95
(lnrgdp_ningxia, lnm2, seri)	0	0.65	33.52**	29.80	0.02	24.93***	21.13	0.01
	最多1个	0.27	8.59	15.49	0.40	7.63	14.26	0.42
	最多2个	0.04	0.96	3.84	0.33	0.96	3.84	0.33
(lnrgdp_qinghai, lnm2, seri)	0	0.63	41.36***	29.80	0.00	23.91**	21.13	0.02
	最多1个	0.45	17.45**	15.49	0.03	14.47**	14.26	0.05
	最多2个	0.12	2.98*	3.84	0.08	2.98*	3.84	0.08
(lnrgdp_shandong, lnm2, seri)	0	0.55	34.53***	29.80	0.01	18.96*	21.13	0.10
	最多1个	0.45	15.57*	15.49	0.05	14.24**	14.26	0.05
	最多2个	0.05	1.33	3.84	0.25	1.33	3.84	0.25
(lnrgdp_shanghai, lnm2, seri)	0	0.58	39.59***	29.80	0.00	20.81*	21.13	0.06
	最多1个	0.53	18.78***	15.49	0.01	17.90***	14.26	0.01
	最多2个	0.04	0.87	3.84	0.39	0.87	3.84	0.35

续表

变量	假设协整个数	协整值	迹统计量	5%临界值	P值	最大特征值	5%临界值	P值
(lnrgdp_shanxia, lnm2, seri)	0	0.60	28.91*	29.80	0.06	22.02**	21.13	0.04
	最多1个	0.25	6.89	15.49	0.59	6.75	14.26	0.52
	最多2个	0.01	0.14	3.84	0.71	0.14	3.84	0.71
(lnrgdp_shanxib, lnm2, seri)	0	0.62	30.67**	29.80	0.04	23.07**	21.13	0.03
	最多1个	0.24	7.60	15.49	0.51	6.45	14.26	0.56
	最多2个	0.05	1.15	3.84	0.28	1.15	3.84	0.28
(lnrgdp_sichuan, lnm2, seri)	0	0.60	43.49***	29.80	0.00	22.00**	21.13	0.04
	最多1个	0.51	21.49***	15.49	0.01	17.12**	14.26	0.02
	最多2个	0.17	4.37**	3.84	0.04	4.37**	3.84	0.04
(lnrgdp_tianjin, lnm2, seri)	0	0.61	41.04***	29.80	0.00	22.66**	21.13	0.03
	最多1个	0.53	18.39**	15.49	0.02	18.22**	14.26	0.01
	最多2个	0.01	0.17	3.84	0.68	0.17	3.84	0.68
(lnrgdp_xinjiang, lnm2, seri)	0	0.67	43.07***	29.80	0.00	26.78***	21.13	0.01
	最多1个	0.46	16.29**	15.49	0.04	14.97**	14.26	0.04
	最多2个	0.05	1.33	3.84	0.25	1.33	3.84	0.25
(lnrgdp_yunnan, lnm2, seri)	0	0.70	45.69***	29.80	0.00	28.63***	21.13	0.00
	最多1个	0.50	17.06**	15.49	0.03	16.57**	14.26	0.02
	最多2个	0.02	0.48	3.84	0.49	0.48	3.84	0.48
(lnrgdp_zhejiang, lnm2, seri)	0	0.63	44.45***	29.80	0.00	23.96***	21.13	0.02
	最多1个	0.56	20.49***	15.49	0.01	19.69***	14.26	0.01
	最多2个	0.03	0.79	3.84	0.37	0.79	3.84	0.37

注：①lnrgdp_后面为省份的拼音，表示各个省份真实 GDP 的对数值。由于山西和陕西的拼音相同，因此用 shanxia 表示山西，shanxib 表示陕西。②临界值由 EViews 软件计算得出，检验滞后期为 2 期，具体计算方法为 $p = T^{1/4}$，T 为样本容量。该方法由 Diebold 和 Nerlove(1990) 针对小样本数据提出的滞后期阶数计算方法，在本文中，T = 27。因此，有 $p = 27^{1/4} = 2.2795$。因此我们对区域变量和货币政策变量组成的各个系统统一取 p = 2 为滞后阶数。③检验值后面 * 表示在10%水平上显著，** 表示在5%水平上显著，*** 表示在1%水平上显著。④从附表10可以看出，大多数省份的变量系统的迹统计量和最大特征值都在5%的显著水平上拒绝了不存在协整向量的假设，表明大多数的产出变量和利率、货币供给量之间都存在1个以上的协整关系。

参 考 文 献

1. Arnold, I & Vrugt, E. Firm size, industry mix and the regional transmission of monetary policy in Germany [J]. *German Economic Review*, 2004 (1), Vol. 5: 35—59.
2. Arnold, I & Vrugt, E. The regional effects of monetary policy in the Netherlands [J]. *International Journal of Business and Economics*, 2002 (2), Vol. 1: 37—49.
3. Arnold, I. The regional effects of monetary policy in Europe [J]. *Journal of Economic Integration*, 2001 (3), Vol. 16: 399—420.
4. Ashcraft, A. On the economic distortions of smoothing aggregate volatility with monetary policy [R]. *Federal Reserve bank of New York*, July 25, 2001, Working Paper.
5. Bank for International Settlements (BIS). Financial Structure and the monetary policy transmission mechanism [R]. *Bank for International Settlements*, Basle, 1995.
6. Beare, J. A. monetarist model of regional business cycles [J]. *Journal of Regional Science*, 1976, Vol. 16: 57—63.
7. Bernanke, S. & Mark Gertler. Inside the black box: the credit channel of monetary policy transmission [J]. *Journal of Economic Perspectives*, Fall 1995, Vol. 9 (4): 27—48.
8. Bernanke, B & Blinder, A. Credit, money and aggregate demand [J]. *American Economic Review*, 1988, Vol. 78: 435—439.
9. Bernanke, B & Blinder, A. The federal funds rate and the channels of monetary transmission [J]. *American Economic Review*, 1992, Vol. 82: 901—921.

10. Bernanke, B & Gertler, M. Agency costs, net worth, and business fluctuations [J]. *American Economic Review*, 1989, Vol. 79: 14—31.
11. Bernanke, B & Gertler, M. Inside the black box: the credit box: the credit channel of monetary policy transmission [J]. *Journal of Economic Perspective*, 1995, Vol. 9: 27—48.
12. Bernanke, B & Mihov, . Measuring monetary policy [J]. *Quarterly Journal of Economics*, 1998, Vol. 113: 869—902.
13. Bias, P. Regional financial segmentation in the United States [J]. *Journal of Regional Science*, Vol. 32: 321—334.
14. Carlino, G & Robert DeFina. Monetary policy and the U. S. States and regions: some implications for European monetary policy [R]. *Federal Reserve Bank of Philadelphia*, Working Paper, July 1998, No. 98—17.
15. Carlino, G & Robert DeFina. The differential regional effects of monetary policy: Evidence from the U. S. states [J]. *Journal of Regional Science*, 1999, Vol. 39: 339—358.
16. Carlino, G& Robert DeFina. The difference regional effect of monetary policy [J]. *Review of Economics and Statistics*, November 1998, 80 (4): 572—587.
17. Cecchetti, S. Distinguishing theories of the monetary transmission mechanism [J]. *Federal Reserve Bank of St. Louis Review*, 1995, Vol. 77: 83—97.
18. Cecchetti, S. Legal structure, financial structure, and the monetary policy transmission mechanism [J]. *Federal Reserve Bank of New York Economic Policy Review*, 1999 (3): 9—28.
19. Cecchetti, S. Legal structure, financial structure, and the monetary transmission mechanism [J]. *Federal Reserve Bank of New York Economic policy Review*, 1999: 9—28.
20. Cecchetti, S. , Mark, N & Sonora, R. Price index convergence among United States cities [J]. *International Economic Review*, 2002, Vol. 43: 1081—1099.
21. De Lucio, J & Izquierdo, M. Local Responses to a global monetary policy : the regional structure of financial systems [R]. *FEDEA, Documento de trabajo*, 1999, No. 99—14.

22. Dow, S. The treatment of money in regional economics [J]. *Journal of Regional Science*, 1987, Vol. 27: 13—24.
23. Elbourne, A & de Haan, J. Asymmetric monetary transmission in EMU: the robustness of VAR conclusion and Cecchetti's legal family theory [R]. *CESifo Working Paper*, November 2004, No. 1327.
24. Fishkind, H. The regional impact of monetary policy: an economic simulation study of Indiana 1958—1973 [J]. *Journal of Regional Science*, 1977, Vol. 17: 77—88.
25. Frantantoni, M& Scott, S. Monetary policy, housing, and heterogeneous regional markets [J]. *Journal of Money credit and banking*, 2003, Vol. 35, 557—589.
26. Fratantoni, M. & Schuh, S. Monetary policy, housing and heterogeneous regional markets [J]. *Journal of Money, Credit, and Banking*, 2003, Vol. 35: 557—590.
27. Ganley, J. & Salmon, C. The industrial impact of monetary policy shock: some stylized facts [J]. *Bank of England Working Paper*, 1997, No. 68.
28. Gertler, M & Gilchrist, S. The role of credit market imperfections in monetary transmission mechanism: arguments and evidence [J]. *Scandinavian Journal of Economics*, 1993, Vol. 95: 43—64.
29. Giacinto, V. Differential regional effects of monetary policy: a geographical SVAR approach [R]. *Banca d' Italia Working Paper*, 2002 (5).
30. Hanson, M, Hurst, E & Park, K. Does monetary policy help least those who need it most? [R]. *Wesleyan Economics Working Papers*, 2006, No. 2006—006.
31. Hayo B. & Uhlenbrock. Industry effects of monetary policy in Germany [M]. J. Von Hagen and C. Waller (eds.). *Regional aspects of monetary policy in Europe*, Boston, Kluwer, 127—158.
32. Hoskins, W. Price stability and regional diversity [R]. *Federal Reserve Bank of Cleveland Economic Commentary*, 1991 (5).
33. Johansen, S., 1995, *Likelihood-Based Inference in Cointegrated Vector Autoregressive Models*, Oxford University Press.
34. Kashyap, A & Stein, J. The impact of monetary policy on bank balance

sheets [J]. *Carnegie-Rochester Conference Series on Public Policy*, 1995, Vol. 42: 151—195.

35. Kashyap, A & Stein, J. What do a million observation on banks say about the transmission of monetary policy? [J]. *American Economic Review*, 2000, Vol. 90: 407—428.

36. Mathur, V & Stein, S. Regional impacts of monetary policy and fiscal policy: an investigation into the reduced form approach [J]. *Journal of Regional Science*. 1980, Vol. 20, No. 3: 342—351.

37. Moore, C & Hill, J. Interregional arbitrage and the supply of loanable funds [J]. *Journal of Regional Science*, 1982, Vol. 22: 499—512.

38. Mundell, R. A theory of optimum currency areas [J]. *American Economic Review*, 1961, Vol. 51: 509—517.

39. Nachane, D, Ray, P & Ghosh, S. Does monetary policy have differential state-level effects? An empirical evaluation [J]. *Economic and Political Weekly*, November 23, 2001, 4723—4728.

40. Owyang, M & Wall, H. Regional VARs and the channels of monetary policy [R]. *Federal Reserve Bank of St. Louis*, 2006, Working Paper 2006—002A.

41. Owyang, M &Wall, H. Structural breaks and regional disparities in the transmission of monetary policy [J]. *Federal Reserve Bank of St. louis, Working paper*, June 2004.

42. Owyang, M. & Wall, H. Structural breaks and regional disparities in the transmission of monetary policy [R]. *Federal Reserve Bank of St. Louis*, 2005, Working paper 2003—2008.

43. Owyang, M., Piger, J. & Wall, H. Business cycle phases in U. S. States [R]. *Federal Reserve Bank of St. Louis Working paper*, 2003—011E.

44. Peersman, G. The transmission of monetary policy in the Euro area: are the effects different across countries? [J]. *Oxford Bulletin of Economics and Statistics*, 2004 (3), Vol. 66: 285—308.

45. Rodriguez-Fuentes, C & Dow, S. EMU and the regional impact of monetary policy [J]. *Regional Studies*, 2003, Vol. 37: 969—980.

46. Roisland, O. Should central banks care about regional imbalances? [J].

Scottish Journal of Political Economy, 2005（5）, Vol. 52, No. 2: 242—260.

47. Scott, I. The regional impact of monetary policy [J]. Quarterly Journal of Economics, 1955, Vol. 69: 269—284.

48. Sims, C. & Zha, T. Does monetary policy generate recession? [R]. Federal Reserve Bankd of Atlanta working paper, 1998, No. 98.

49. Sims, C. Are forecasting models usable for policy analysis? [J]. Federal Reserve Bank of Minneapolics Quarterly Review, 1986, Vol. 10: 2—16.

50. Sims, C. Interpreting the macroeconomic time series fact [J]. European Economic Review, 1992, Vol. 36: 975—1111.

51. Sims, C. Macroeconomics and reality [J]. Econometrica, 1980, Vol. 48: 1—48.

52. Sims, C. Stock, J & Watson, M. Inference in linear time series models with some unit roots [J]. Econometrica, 1990, Vol. 58: 113—144.

53. Taylor, J. The monetary transmission mechanism: an empirical framework [J]. Journal of Economic Perspectives, 1995, Vol. 9: 11—26.

54. Taylor, L & Yucel, M. The policy sensitivity of industries and regions [R]. Federal Reserve Bank of Dallas Working Paper, 1996, No. 12.

55. Timothy Cogley & Desiree Schaan. Should the central bank be responsible for regional stabilization? [R]. FRBSF Weekly Letter, July 15, 1994, No. 94—25.

56. Tremosa-Balcells, R & Pons-Novell, J. Measuring monetary policy shocks in the European Monetary Union [J]. Applied Economic Letters, 2001, Vol. 8: 299—303.

57. Weber, E. Monetary policy in a heterogeneous monetary union: the Australian experience [R]. Working paper, December 2003.

58. Weber, E. Monetary policy in a heterogeneous monetary union: the Australian experience [J]. Applied Economics, 2006, Vol. 38, 2487—2495.

59. Weber, E. The role of money during the recession in Australia in 1990—92 [J]. Journal of Applied Financial Economics, 1994, Vol. 4: 355—361.

60. 阿姆斯特朗·泰勒：《区域经济学与区域政策》，上海人民出版社2007年版。

61. 鲍石英：《中国的大区行制与美国联邦储备体系》，《创新科技》2007年第9期，第20—21页。
62. 曹永琴：《中国货币政策效应的区域差异研究》，《数量经济技术经济研究》2007年第9期，第37—47页。
63. 曹永琴、李泽祥：《货币政策非对称性效应形成机理的理论述评》，《经济学家》2007年第4期，第76—82页。
64. 曹永琴：《中国货币政策非对称效应形成机理研究》，复旦大学博士学位论文，2008年5月。
65. 陈安平：《货币政策非对称性效应形成机理的理论述评》，《数量经济技术经济研究》2007年第6期，第56—64页。
66. 储峥：《改善我国再贷款业务功能的建议》，《商业时代》2007年第19期，第67—69页。
67. 储峥：《重新发挥再贴现工具的调控作用》，《浙江金融》2007年第6期，第53—54页。
68. 金平、金永军：《货币政策的行业非对称效应》，《世界经济》2006年第7期，第46—55、96页。
69. 丁文丽：《统一货币政策须关注区域金融非均衡发展》，《金融理论与实践》2006年第5期，第8—11页。
70. 丁文丽：《转轨时期中国货币政策效力区域非对称性实证研究——基于VAR模型的经验分析》，《经济科学》2006年第6期，第22—30页。
71. 董志勇、黄迈、周铭山：《我国货币政策区域效应的度量与成因分析》，《经济理论与经济管理》2010年第10期，第34—40页。
72. 窦玲：《制度供给差异对区域经济差异的影响》，中国财政经济出版社2008年版。
73. 房林：《从紧货币政策与房地产价格波动关系研究》，《上海房地》2008年第1期，第10—12页。
74. 方轶强：《支付系统发展与超额准备金需求变动》，《上海金融》2008年第8期，第34—37页。
75. 高铁梅：《计量经济分析方法与建模——Eviews应用及实例》，清华大学出版社2006年版。
76. 耿识博、谢士强、董军：《货币政策区域不对称效应》，《金融研究》

2005 年第 7 期,第 128—136 页。
77. 耿同劲:《货币政策工具区域化研究》,《上海金融》2006 年第 5 期,第 11—13 页。
78. 《国务院发展研究中心》,《地区协调发展的战略和政策》,2005 年。
79. 郭福春、王丹:《中国货币政策变化的浙江效应研究》,《浙江学刊》2010 年第 3 期,第 215—220 页。
80. 郭子忠、尹继志:《货币政策决策新变化:国际实践经验与启示》,《武汉金融》2008 年第 2 期,第 60—62 页。
81. 韩蓓:《货币政策区域效应的微观分析:信用传导机制视角》,《首都经济贸易大学学报》2009 年第 2 期,第 31—36 页。
82. 何帆、郑联盛:《中央银行需要地方分行吗?——美联储的经验以及对中国的启示》[EB/OL]. http://www.rcif.org.cn/Article/UploadFiles/2005-07-24。
83. 何丽娜:《我国统一货币政策调控的区域效应费对称性分析》,《河南社会科学》2012 年第 4 期,第 24—27 页。
84. 何晓夏:《我国货币政策区域不对称效应的金融结构因素》,《云南财经大学学报》2010 年第 2 期,第 62—68 页。
85. 胡志浩:《美联储如何制定货币政策》,《银行家》2008 年第 2 期,第 64—66 页。
86. 黄飞鸣:《货币政策区域效应的调控新范式》,《金融理论与实践》2011 年第 9 期,第 8—12 页。
87. 黄国妍:《最优货币视角下我国货币政策区域效应研究》,《上海金融》2009 年第 6 期,第 27—30 页。
88. 黄平:《我国房地产财富效应与货币政策关系的实证检验》,《上海金融》2006 年第 6 期,第 32—34、51 页。
89. 贾丽华、司艳春:《关于保留大区行体制的思考》,《特区经济》2004 年第 11 期,第 215—216 页。
90. 贾卓鹏、贺向明:《最优货币区理论与我国区域货币政策选择》,《上海金融学院学报》2004 年第 3 期,第 12—15 页。
91. 蒋益民、陈璋:《SVAR 模型框架下货币政策区域效应的实证研究:1978—2006》,《金融研究》2009 年第 4 期,第 180—195 页。
92. 焦瑾璞、孙天琦、刘向耘:《货币政策的执行效果地区差别分析》,

《金融研究》2006年第3期,第1—15页。

93. 匡国建、林平、何伟刚:《新形势下中国人民银行分支行执行货币政策问题研究》,《金融研究》2004年第10期,第1—14页。

94. 李宝仁、邬琼、杨倩:《我国货币政策区域效应的实证分析——基于面板数据模型的研究》,《北京工商大学学报》(社会科学版)。

95. 李国杰:《中国利率政策效应的区域性差别研究》,西南财经大学硕士学位论文,2006年4月。

96. 李海海:《中国货币政策区域效应研究——非对称的机制与治理》,华东师范大学博士学位论文,2006年4月。

97. 李宏瑾、项卫星:《论中央银行的大区体制安排——美联储和欧洲中央银行体系的经验及对1998年以来人民银行体制改革的反思》[EB/OL]. http://web.cenet.org.cn/web/leehongjin/2003 - 07 - 20/ 2005 - 06 - 12。

98. 李树丞、曾华珑、李林:《房地产价格波动对货币政策传导的作用研究》,《财经理论与实践》2008年第11期,第17—21页。

99. 梁云芳、高铁梅:《中国房地产价格波动区域差异的实证分析》,《经济研究》2007年第8期,第133—142页。

100. 刘斌:《作为传导途径的房地产业对货币政策的影响——以上海为例》,《上海金融》2003年第1期,第21—23页。

101. 刘传哲、何凌云:《我国货币政策房地产渠道传导效率检验》,《南方金融》2006年第7期,第5—7页。

102. 刘飞:《我国货币政策区域效应实证研究》,《四川大学学报》(哲学社会科学版)2007年第2期,第33—40页。

103. 刘丽巍:《当代中央银行体制:世界趋势与中国的选择》,人民出版社2007年版。

104. 刘锡良、肖龄:《从独立走向合作——中央银行未来发展趋势》,《金融研究》2003年第10期,第17—26页。

105. 刘玄、王剑:《货币政策传导地区差异:实证检验及政策含义》,《财经研究》2006年第5期,第70—79页。

106. 刘郁葱:《银行体制影响货币政策区域效应分析》,《中国经济问题》2010年第4期,第67—70页。

107. 陆前进、卢庆杰:《中国货币政策传导机制研究》,立信会计出版社

2006 年版。

108. 彭连清：《东、中、西部地区产业结构特征与区域转移趋向》，《经济纵横》2007 年第 6 期，第 29—31 页。

109. 彭伶：《紧缩性货币政策下中小企业融资问题探讨》，《当代经济》2008 年第 4 期，第 124—125 页。

110. 祁红：《美国联邦储备银行的运行及特点》，《西南金融》2006 年第 6 期，第 48—49 页。

111. 邱崇明、黄燕辉：《消费者流动性约束差异与货币政策区域效应研究》，《财经问题研究》2012 年第 4 期，第 38—44 页。

112. 人民银行总行党校第十期赴甘肃调研课题组：《对货币信贷政策促进区域经济发展的思考——赴甘肃省对货币信贷政策效应的调查》，《西南金融》2006 年第 6 期，第 11—13 页。

113. 赛尔维特尔·C. W. 艾芬格、雅各布·德·汉：《欧洲货币与财政政策》，中国人民大学出版社 2003 年版。

114. 沙安文、沈春丽、邹恒甫：《中国地区差异的经济分析》，人民出版社 2006 年版。

115. 尚福林、赵海宽：《中国金融业务运作全书》，中国金融出版社 1996 年版。

116. 宋旺、钟正生：《我国货币政策区域效应的存在性及原因——基于最优货币区理论的分析》，《经济研究》2006 年第 3 期，第 46—58 页。

117. 孙天琦：《货币政策：统一性前提下部分内容的区域差别化研究》，《金融研究》2004 年第 5 期，第 1—19 页。

118. 覃道爱：《货币效应在欠发达地区有弱化的趋势》，《海南金融》2003 年第 9 期，第 15—17 页。

119. 童锦治、赵川、孙健：《出口退税、贸易余额和外汇储备的一般均衡分析与中国的实证》2012 年第 4 期，第 124—135 页。

120. 王丹：《中国货币政策区域效应研究》，浙江大学博士学位论文，2009 年 8 月。

121. 王丹：《货币政策区域效应乘数模型及在中国的应用》，《重庆大学学报》（社会科学版）2011 年第 5 期，第 1—6 页。

122. 王东明：《我国货币政策区域差异化操作研究》，《现代管理科学》2011 年第 9 期，第 85—87 页。

123. 王先柱、毛中根、刘洪玉：《货币政策的区域效应——来自房地产市场的证据》，《金融研究》2011 年第 9 期，第 42—53 页。

124. 王剑、刘玄：《货币政策传导的行业效应研究》，《财经研究》2005 年第 5 期，第 104—111 页。

125. 王琼、刘少华、倪添杰：《稳健财政政策与稳健货币政策区域协调性思考》，《武汉金融》2005 年第 9 期，第 32—33 页。

126. 王维安、王丹：《货币政策区域非对称效应研究述评》，《重庆大学学报》（社会科学版）2009 年第 4 期，第 1—5 页。

127. 王先、赵奉军：《房地产市场货币政策效应：基于我国 35 个大中型城市的实证分析》，《经济体制改革》2010 年第 3 期，第 157—161 页。

128. 王煜：《中国货币政策趋势》，中国金融出版社 2000 年版。

129. 武剑：《外国直接投资的区域分布及其经济增长效应》，《经济研究》2002 年第 4 期，第 27—35 页。

130. 吴伟军、方霞：《居民储蓄行为差异对货币政策区域效应的影响》，《山西财经大学学报》2008 年第 11 期，第 73—76 页。

131. 吴旭、蒋难、唐造时：《从区域金融发展差异看金融调控政策的区域化取向》，《中国金融》（半月刊）2004 年第 13 期，第 57—58 页。

132. 熊鹏、王飞：《1997 年后中国货币政策传导梗阻的成因分析——兼论我国国债的公开市场业务发展》，《广东经济管理学院学报》2004 年第 12 期，第 48—52 页。

133. 许红琳：《从紧货币政策对区域经济的影响及其对策》，《福建行政学院学报》2008 年第 4 期，第 86—89 页。

134. 严波：《美联储的结构模式及其央行职能分析》，《新金融》2006 年第 9 期，第 43—45 页。

135. 闫红波：《我国货币政策传导的区域差异——基于经济增长的实证研究》，复旦大学博士学位论文，2007 年 4 月。

136. 杨红芬、余志伟：《我国货币政策效应的成因和对策分析》，《河南师范大学学报》（哲学社会科学版）2011 年第 11 期，第 94—96 页。

137. 杨胜刚、朱红：《中部塌陷、金融弱化与中部崛起的金融支持》，《经济研究》2007 年第 5 期，第 55—67、77 页。

138. 杨晓、杨开忠：《中国货币政策影响的区域差异性研究》，《财经研究》2007 年第 2 期，第 4—15 页。
139. 于则：《我国货币政策的区域效应分析》，《管理世界》2006 年第 2 期，第 18—22 页。
140. 张晶：《基于面板模型的我国货币政策区域不对称效应研究》，《价格月刊》2007 年第 3 期，第 39—40 页。
141. 张晶：《我国货币财政政策存在区域效应的实证分析》，《数量经济技术经济研究》2006 年第 8 期，第 39—46 页。
142. 张晶：《中国货币政策区域效应差异及其原因研究》，《广东金融学院学报》2006 年第 7 期，第 70—79 页。
143. 张平：《论中国三大区域产业结构的差异》，《经济评论》2007 年第 5 期，第 53—57、99 页。
144. 赵平：《企业负债率：形成我国货币政策区域效果差异的重要因素》，《上海金融》2006 年第 7 期，第 25—28 页。
145. 曾拥政：《我国货币政策区域非对称效应：来自投资的解释》，《新疆社会科学》2011 年第 4 期，第 19—26 页。
146. 周建松：《浙江地方金融发展研究》，浙江大学出版社 2005 年版。
147. 周孟亮、李海艳：《区域努力、金融努力与货币政策效应区域差异化》，《湖南农业大学学报》（社会科学版）2007 年第 6 期，第 48—51 页。
148. 周孟亮、李明贤：《我国货币政策区域效应差别行实证研究》，《贵州财经学院学报》2007 年第 2 期，第 21—25 页。
149. 周孟亮、李明贤：《中国货币政策内部传导机制效应区域差异化研究》，《金融与经济》2007 年第 3 期，第 12—16 页。
150. 周孟亮、马昊：《货币政策的区域总量性与结构性研究——基于中国的真实情况》，《财经科学》2007 年第 9 期，第 15—22 页。
151. 周孟亮、王凯丽：《货币政策传导机制理论中的结构因素及其应用分析》，《中央财经大学学报》2006 年第 1 期，第 45—49 页。
152. 周孟亮、王凯丽：《基于我国区域金融差异的货币供给调控》，《上海金融》2005 年第 12 期，第 31—33 页。
153. 周敏：《欧元区货币政策传导机制研究——基于成员国金融结构的分析》，复旦大学博士学位论文，2006 年 4 月。